쓱싹 시리즈 ❻

쓱 하고 싹 배우는
윈도우 10 & 인터넷

저자 송정아

YoungJin.com Y.
영진닷컴

쓱 하고 싹 배우는
윈도우 10 & 인터넷

401, STX-V Tower, 128, Gasan digital 1-ro, Geumcheon-gu, Seoul, Republic of Korea 08507
All rights reserved. First published by Youngjin.com. in 2020. Printed in Korea
저작권법에 의해 한국 내에서 보호를 받는 저작물이므로 무단 전재와 복제를 금합니다.

ISBN 978-89-314-6298-2

독자님의 의견을 받습니다

이 책을 구입한 독자님은 영진닷컴의 가장 중요한 비평가이자 조언가입니다. 저희 책의 장점과 문제점이 무엇인지, 어떤 책이 출판되기를 바라는지, 책을 더욱 알차게 꾸밀 수 있는 아이디어가 있으면 이메일, 또는 우편으로 연락주시기 바랍니다. 의견을 주실 때에는 책 제목 및 독자님의 성함과 연락처(전화번호나 이메일)를 꼭 남겨 주시기 바랍니다. 독자님의 의견에 대해 바로 답변을 드리고, 또 독자님의 의견을 다음 책에 충분히 반영하도록 늘 노력하겠습니다.

이메일 : support@youngjin.com
주 소 : 서울특별시 금천구 가산디지털1로 128 STX-V타워 4층 401호 (우)08507
등 록 : 2007. 4. 27. 제16-4189호

STAFF

저자 송정아 | **기획** 기획 1팀 | **총괄** 김태경 | **진행** 김연희 | **디자인** 박지은 | **편집** 박지은, 고은애
영업 박준용, 임용수 | **마케팅** 이승희, 김근주, 조민영, 김예진, 이은정 | **제작** 황장협 | **인쇄** SJ P&B

이 책은요!

윈도우 10과 인터넷의 기본 기능을 익혀 컴퓨터를 좀 더 효율적으로 사용하는 방법을 배우고 인터넷을 통해 실생활을 조금 더 편리하게 만들어 보세요!

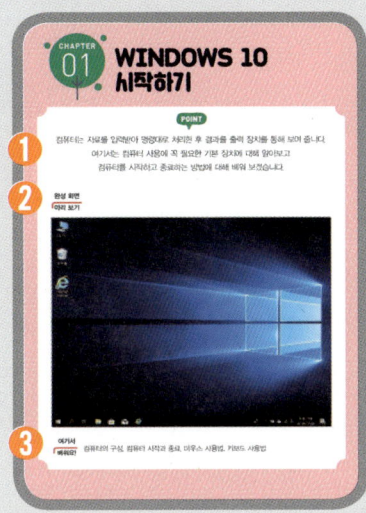

① POINT

챕터에서 배우게 될 내용을 간략하게 소개해요.

② 완성 화면 미리 보기

챕터에서 배우게 되는 예제의 완성된 모습을 미리 만나요.

③ 여기서 배워요!

어떤 내용을 배울지 간략하게 살펴봐요. 배울 내용을 미리 알아 두면 훨씬 쉽고 재미있게 배울 수 있어요.

④ STEP

예제를 하나하나 따라 하면서 본격적으로 기능들을 익혀 봐요.

⑤ 조금 더 배우기

본문에서 설명하지 않은 내용 중 중요하거나 알아 두면 좋을 내용들을 알 수 있어요.

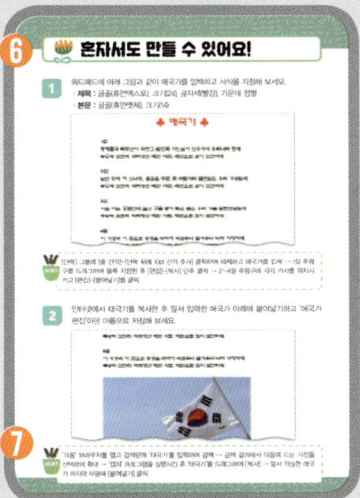

⑥ 혼자서도 만들 수 있어요!

챕터에서 배운 내용을 연습하면서 한 번 더 기능을 숙지해 봐요.

⑦ HINT

문제를 풀 때 참고할 내용을 담았어요.

이 책의 목차

CHAPTER 01 Windows 10 시작하기 · **06**

CHAPTER 02 시작 메뉴와 창 다루기 · **17**

CHAPTER 03 나만의 Windows 10 만들기 · **25**

CHAPTER 04 메모장과 워드패드를 이용해 문서 작성하기 · · · · · · · · · · · · · · · **33**

CHAPTER 05 캡처 도구 활용하기 · **40**

CHAPTER 06 그림판으로 그림 그리기 · **46**

CHAPTER 07 메모장을 활용한 카드 만들기 · **52**

CHAPTER 08 3D 그림판 활용하기 · **59**

CHAPTER 09 파일과 폴더 관리하기 · **68**

CHAPTER 10 파일 복사하고 이동하기 · **72**

CHAPTER 11 인터넷 시작하기 · **78**

CHAPTER 12 인터넷 시작 페이지와 검색 기록 알아보기 · · · · · · · · · · · · · · · · · · **83**

CHAPTER 13	즐겨찾기 추가하고 관리하기	87
CHAPTER 14	인터넷을 이용한 정보 검색하기	93
CHAPTER 15	인터넷 메일 계정 만들기	101
CHAPTER 16	주소록 추가하고 변경하기	116
CHAPTER 17	인터넷 활용하기	121
CHAPTER 18	인터넷을 이용한 드라마 보기	130
CHAPTER 19	인터넷을 이용한 예약하기	136
CHAPTER 20	인터넷을 이용한 민원 업무하기	145

CHAPTER 01

WINDOWS 10 시작하기

POINT

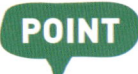

컴퓨터는 자료를 입력받아 명령대로 처리한 후 결과를 출력 장치를 통해 보여 줍니다.
여기서는 컴퓨터 사용에 꼭 필요한 기본 장치에 대해 알아보고
컴퓨터를 시작하고 종료하는 방법에 대해 배워 보겠습니다.

완성 화면 미리 보기

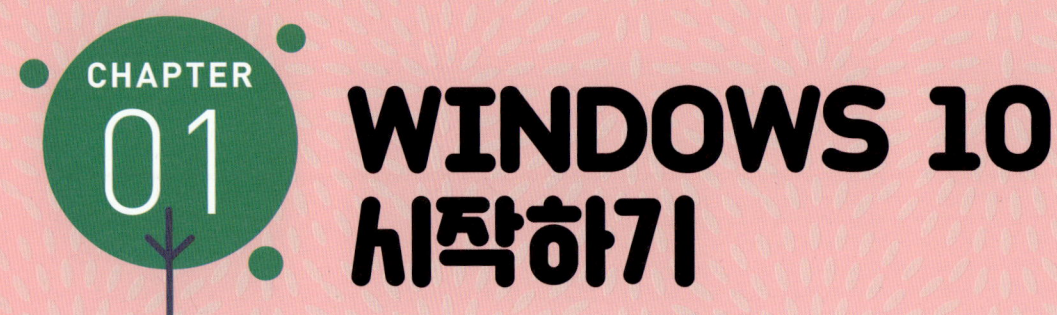

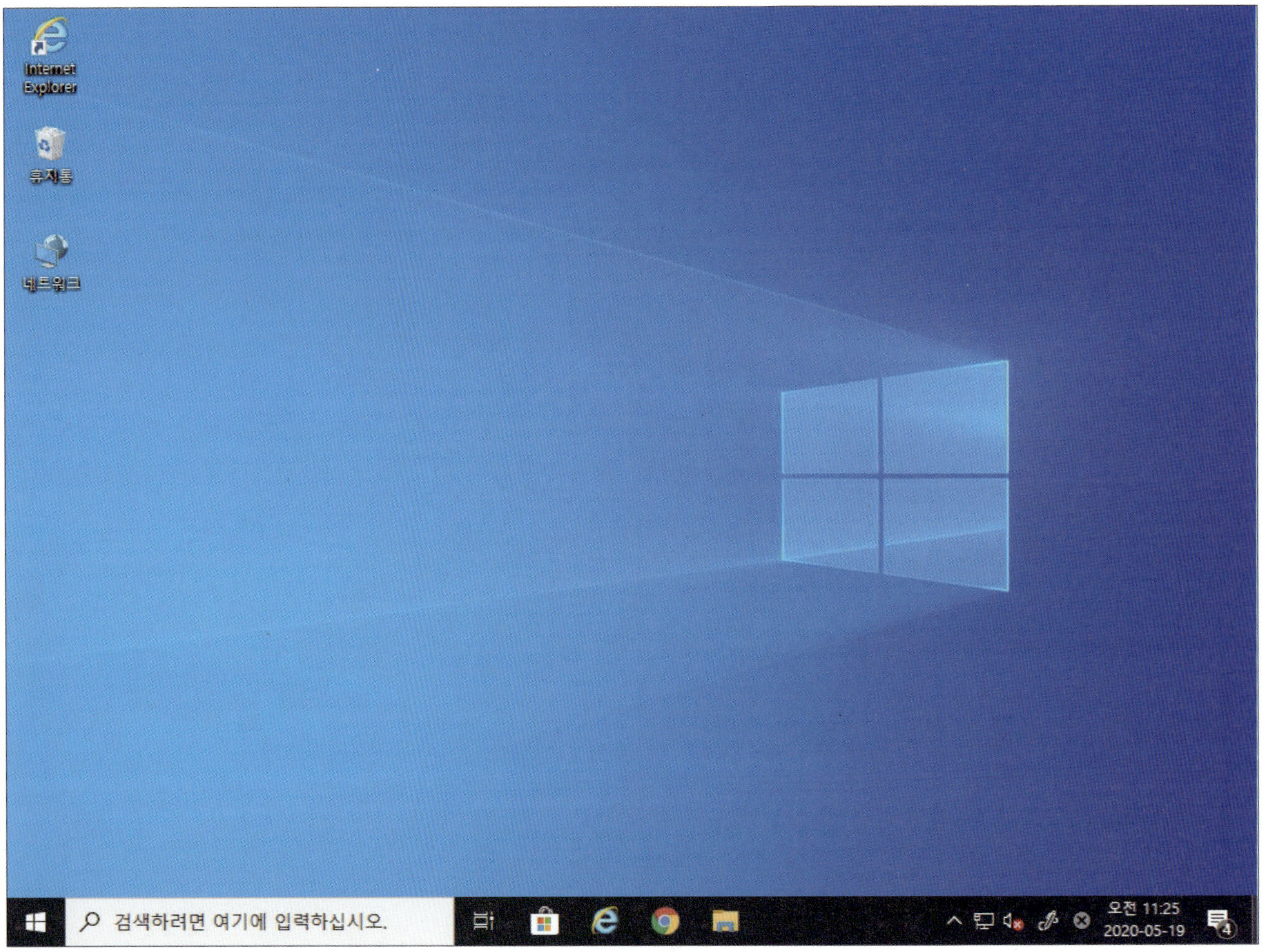

여기서 배워요! 컴퓨터의 구성, 컴퓨터 시작과 종료, 마우스 사용법, 키보드 사용법

STEP 1 컴퓨터의 구성 장치 알아보기

1 컴퓨터 기본 구성

컴퓨터를 사용하기 위해 꼭 필요한 기본 장치에는 본체, 모니터, 키보드, 마우스가 있습니다.

	명칭	사용 방법
	본체	인간의 머리와 같은 역할을 하는 장치로, 컴퓨터의 모든 동작을 제어합니다.
	모니터	출력 장치로써 본체의 처리 결과를 화면으로 보여 줍니다.
	키보드	입력 장치로써 특정 키를 이용하여 명령을 내리거나 글자를 입력하여 문서를 작성합니다.
	마우스	바탕 화면의 아이콘이나 메뉴의 명령 버튼을 눌러 프로그램을 제어합니다.

2 컴퓨터의 주변 장치

컴퓨터를 보다 편리하게 사용할 수 있도록 도와주는 장치로 프린터, 스피커, 헤드셋, 화상 카메라 등이 있습니다.

	명칭	사용 방법
	프린터	화면에 보이는 그림이나 문서를 종이로 출력해 줍니다.
	스피커	컴퓨터의 효과음, 음악, 동영상의 소리를 들을 수 있습니다.
	헤드셋	스피커와 마이크가 함께 붙어 있어 소리를 듣고 녹음을 할 수 있습니다.
	화상 카메라	카메라에 비친 모습을 녹화하여 화상 채팅이나 영상 제작에 활용할 수 있습니다.

| STEP 2 | 컴퓨터 실행시키고 종료하기 |

1 모니터의 전원 단추와 본체의 전원 단추를 누릅니다. 컴퓨터에 전원이 들어오면서 윈도우 10이 실행되며 모니터에 '바탕 화면'이 나타납니다.

2 모니터 왼쪽 하단에 [시작](■) 단추를 클릭한 후 [전원](⏻)-[시스템 종료]를 차례대로 클릭합니다. 본체의 전원이 꺼지면 모니터의 전원 단추를 눌러 줍니다.

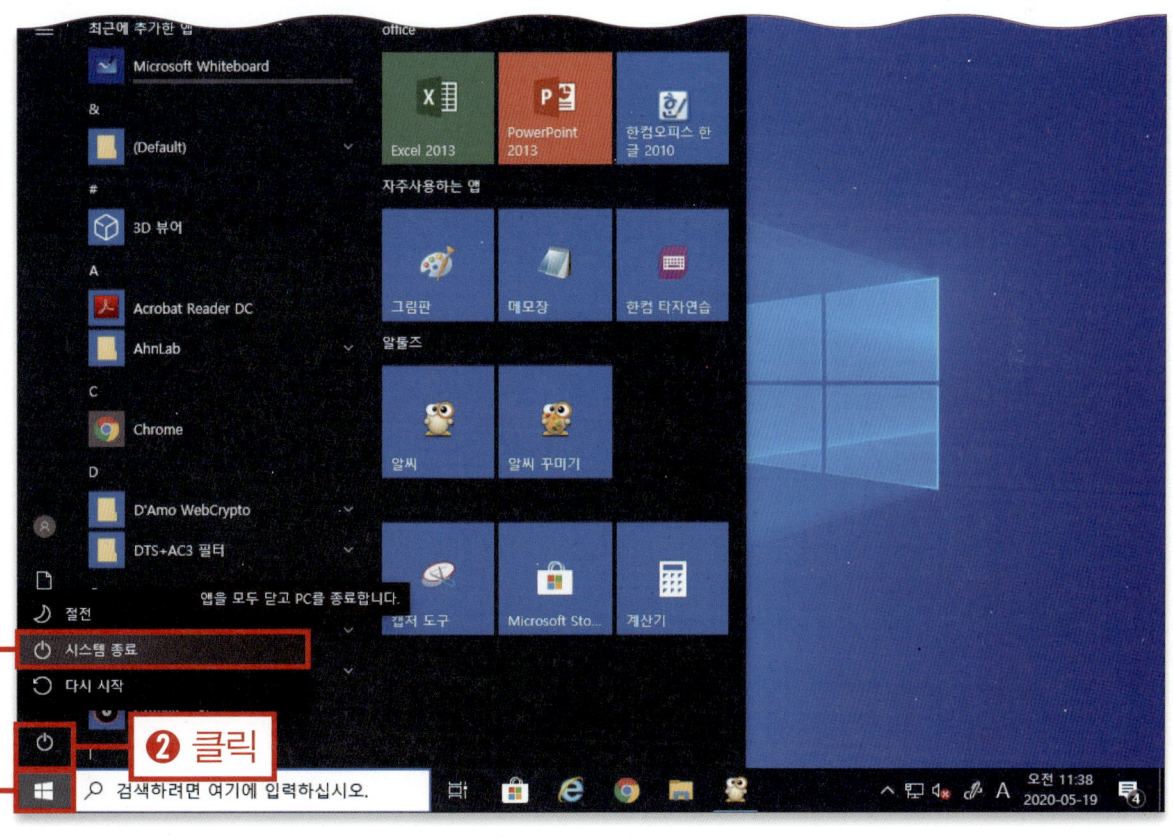

> **조금 더 배우기**
> **강제 종료** : 컴퓨터가 다운되어 동작하지 않을 때 현재 계정을 강제로 종료시켜 안전하게 컴퓨터를 끌 수 있는 방법입니다. Ctrl + Alt + Delete 를 동시에 누른 후 [로그아웃]을 클릭하거나 오른쪽 하단의 [전원](⏻) 단추를 클릭하여 종료합니다.

3 바탕 화면 살펴보기

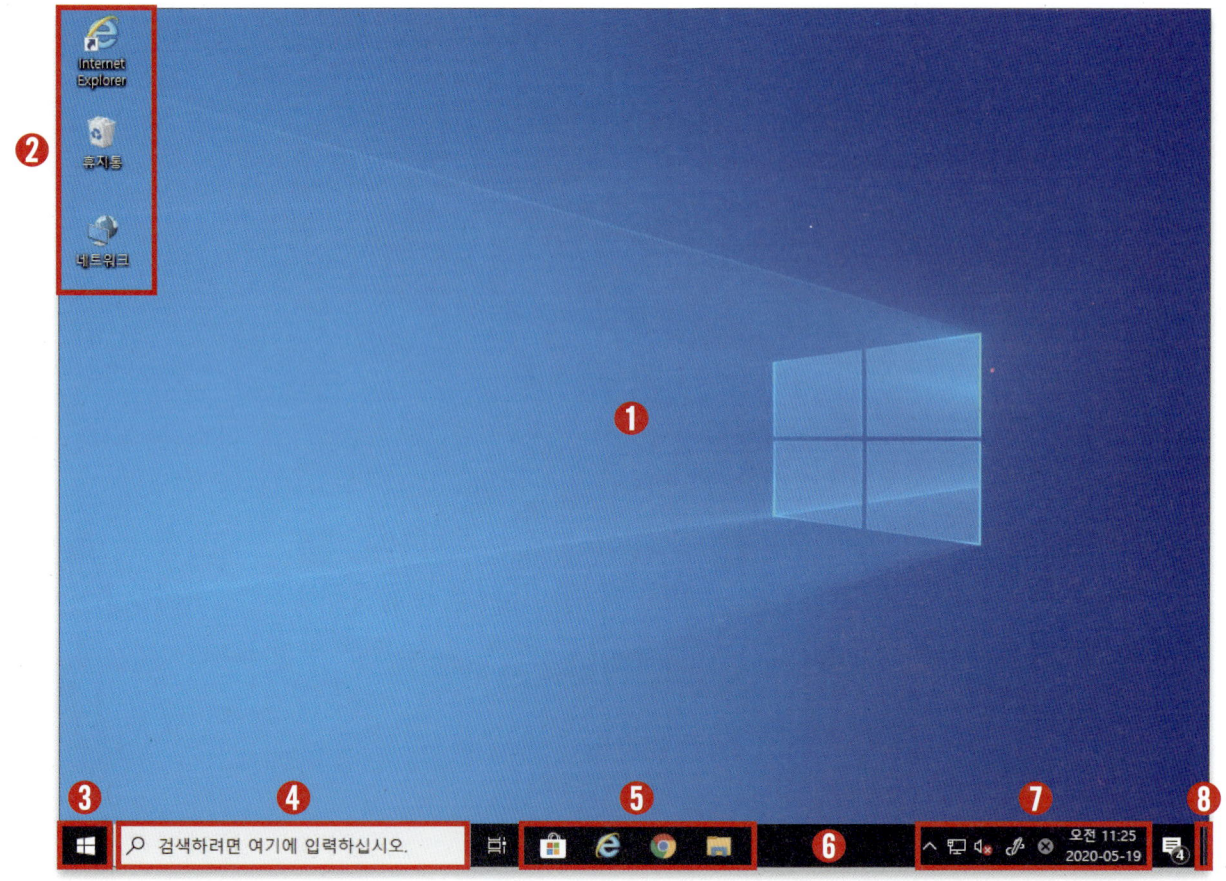

① **바탕 화면** : 컴퓨터가 시작하면 처음 만나는 작업 공간을 의미합니다.

② **아이콘** : 프로그램을 나타내는 작은 그림으로, 더블 클릭하면 프로그램이 실행됩니다.

③ **시작 단추** : [사용자], [문서], [사진], [설정], [전원], [최근에 추가한 앱], [모든 앱]이 함께 표시되어 컴퓨터를 설정 및 종료하고 원하는 앱을 빠르게 찾을 수 있습니다.

④ **검색** : 프로그램이나 파일을 검색할 수 있습니다.

⑤ **중간 섹션** : 작업 표시줄에 고정된 프로그램을 볼 수 있고 클릭하면 실행됩니다.

⑥ **작업 표시줄** : 실행 중인 프로그램을 작은 이미지 모양으로 표시해 줍니다.

⑦ **알림 영역** : 네트워크, 볼륨, 시계 등을 설정할 수 있습니다.

⑧ **바탕 화면 보기** : 바탕 화면의 모든 창을 최소화하여 바탕 화면을 보여 줍니다.

STEP 3 마우스 사용법 익히기

1 마우스 살펴보기

마우스는 일반적으로 왼쪽 단추, 오른쪽 단추, 휠로 구성되어 있습니다. 마우스 동작에 대해 살펴보겠습니다.

	명칭	사용 방법
	클릭	마우스 왼쪽 단추를 한 번 눌러 주는 동작입니다. 바탕 화면의 아이콘이나 메뉴를 선택할 때 사용합니다.
	더블 클릭	마우스 왼쪽을 빠르게 두 번 누르는 동작입니다. 아이콘이나 폴더를 열거나 실행할 때 사용합니다.
	드래그	마우스 왼쪽 단추를 누른 상태에서 상하좌우로 끄는 동작입니다. 아이콘이나 창을 이동시키거나 크기를 조절할 때 사용합니다.
	오른쪽 클릭	마우스 오른쪽 단추를 한 번 누르는 동작입니다. 바로 가기 메뉴를 나타낼 때 사용합니다.
	휠	왼쪽 단추와 오른쪽 단추 사이에 있는 작은 바퀴로 창의 내용이 많은 경우 위아래로 이동하면서 숨겨진 화면을 보여 줍니다.

2 마우스 포인터 기능 살펴보기

마우스의 움직임에 따라 바탕 화면에 이동하는 화살표 모양의 그림을 마우스 포인터라고 합니다. 마우스 포인터의 모양에 따른 작업 기능을 살펴보겠습니다.

마우스 모양	기능
↖	준비 상태입니다. 작업을 진행할 수 있습니다.
◯	현재 작업을 진행 중입니다. 준비 상태가 될 때까지 기다려 줍니다.
↕ ↔ ↖↘ ↗↙	수직, 수평, 대각선 방향으로 창의 크기를 조절합니다.
✥	개체, 창의 위치를 이동시킬 수 있습니다.
I	글자를 선택하거나 입력할 수 있습니다.
👆	단어나 개체가 특정 페이지와 연결되어 있어서 연결된 페이지로 이동할 수 있습니다.

STEP 4 키보드 사용법 익히기

1 키보드 살펴보기

① **Esc(이스케이프)** : 명령을 취소할 때 사용합니다.

② **Tab(탭)** : 커서를 일정 간격으로 이동하거나, 대화상자의 다음 칸으로 이동할 때 사용합니다.

③ **Caps Lock(캡스락)** : 영문 대문자/소문자 입력에 사용되며, 캡스락을 눌러 오른쪽 상단에 불이 켜지면 대문자 상태, 불이 꺼지면 소문자 상태를 나타냅니다.

④ **Shift(시프트)** : 키보드의 윗글쇠(!, @, #), 한글 입력 시 쌍자음(ㅃ, ㅉ, ㄸ, ㄲ), 캡스락을 켜지 않고 영문 입력 시 대문자 입력에 사용됩니다.

⑤ **Ctrl(컨트롤)/Alt(알트)** : 다른 키와 조합하여 단축키로 사용됩니다.
(예) Ctrl + C : 복사하기, Ctrl + V : 붙여넣기, Alt + F4 : 닫기)

⑥ **한자** : 입력한 한글을 한자로 변환합니다.

⑦ **Space Bar(스페이스 바)** : 띄어쓰기할 때 사용합니다.

⑧ **한/영** : 입력 상태를 한글/영문으로 전환할 때 사용합니다.

⑨ **Backspace(백스페이스)** : 커서 왼쪽에 있는 글자를 지웁니다. 인터넷에서는 이전 화면으로 이동합니다.

⑩ **Enter(엔터)** : 커서를 다음 줄로 이동시킵니다. 명령을 실행합니다.

⑪ **Insert(인서트)** : 한글 프로그램에서 입력 상태를 삽입/수정으로 변경합니다.

⑫ **Delete(딜리트)** : 커서의 오른쪽에 있는 글자를 지웁니다. 선택된 개체를 삭제합니다.

⑬ **Home(홈)/End(엔드)** : 커서를 현재 줄의 맨 앞으로 이동시키거나, 맨 뒤로 이동시킵니다.

⑭ **Pageup(페이지업)/Pagedown(페이지다운)** : 커서를 한 페이지 위쪽으로 이동시키거나 아래로 이동시킵니다.

⑮ **방향키** : 커서의 방향을 한 칸씩 이동시킵니다.

STEP 5 [한컴 타자연습]으로 키보드 익히기

1 [시작]() 단추를 클릭한 후 앱 뷰에서 [한글과컴퓨터]를 클릭한 다음 [한컴 타자연습]을 클릭합니다.

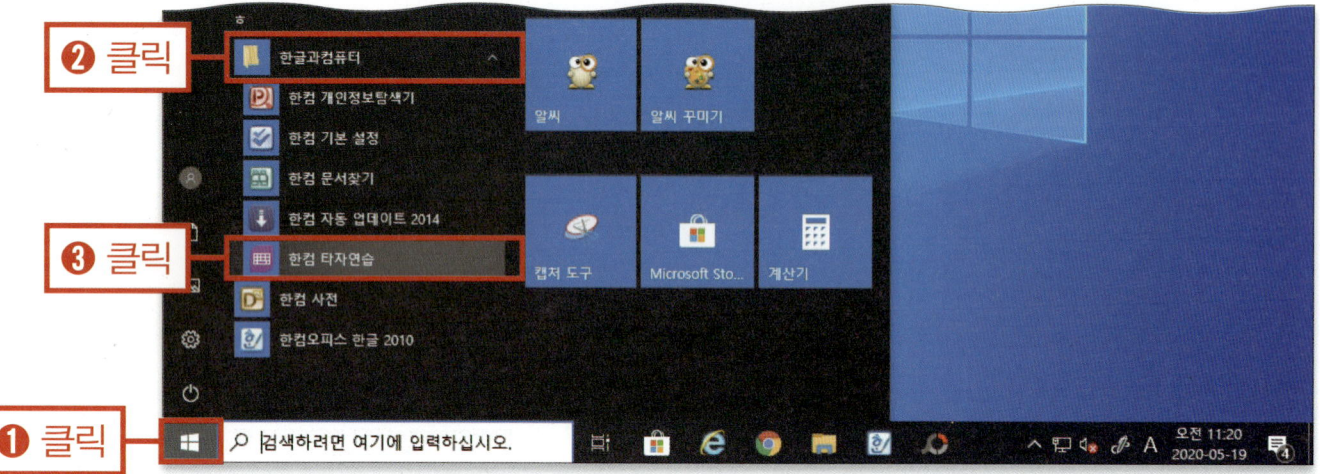

> **조금 더 배우기**
> '한글과컴퓨터'는 워드프로세서의 종류로 문서 작성에 최적화되어 있는 프로그램입니다. 프로그램 설치를 원하는 경우 인터넷에서 '한글과컴퓨터' 사이트를 통해 '한컴오피스 2020'을 구매하여 설치할 수 있습니다. 한컴오피스 2020을 구매하는 경우 한글, 한워드, 한셀, 한쇼, 한PDF 4가지 오피스 프로그램이 동시에 구매/설치됩니다.

2 [혼자하기] 단추를 클릭한 후 [시작] 단추를 클릭합니다.

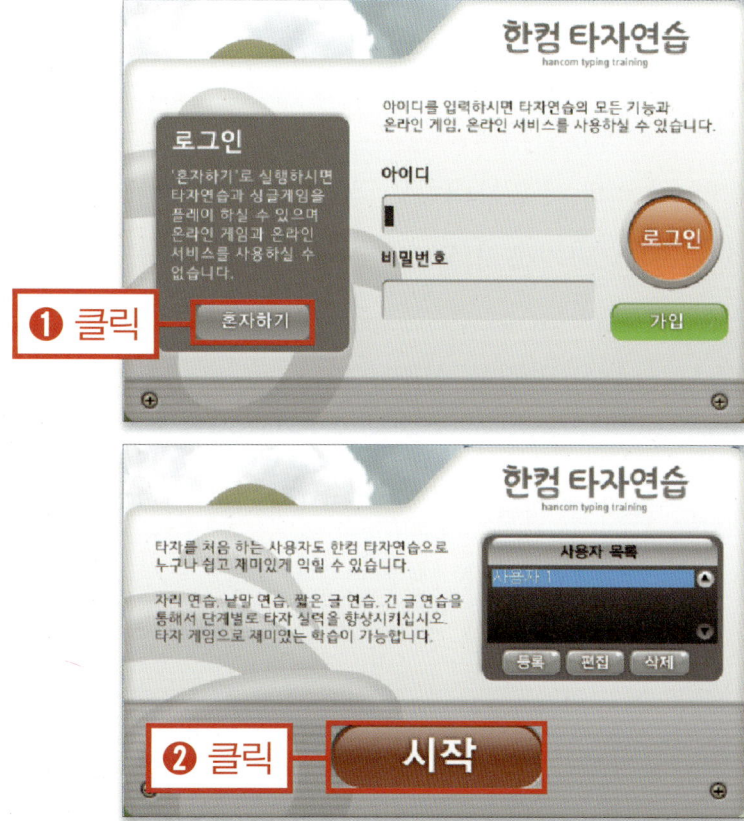

14 | 쓱 하고 싹 배우는 윈도우 10 & 인터넷

3 [자리연습] 탭에서 '1단계'가 선택되어 있는지 확인한 후 [시작] 단추를 클릭합니다.

4 왼손의 검지는 키보드의 'F'에, 오른쪽 검지는 'J'에 올린 후 이어서 순서대로 손가락을 키보드 위에 올립니다. 화면에 나타나는 글자 순서대로 화면을 보면서 눌러 줍니다.

5 '자리연습 1단계'를 익힌 후 [낱말연습] 탭을 클릭한 후 '1단계'에서 [시작]을 클릭합니다. 각 단계별로 자리연습과 낱말연습을 번갈아 연습합니다.

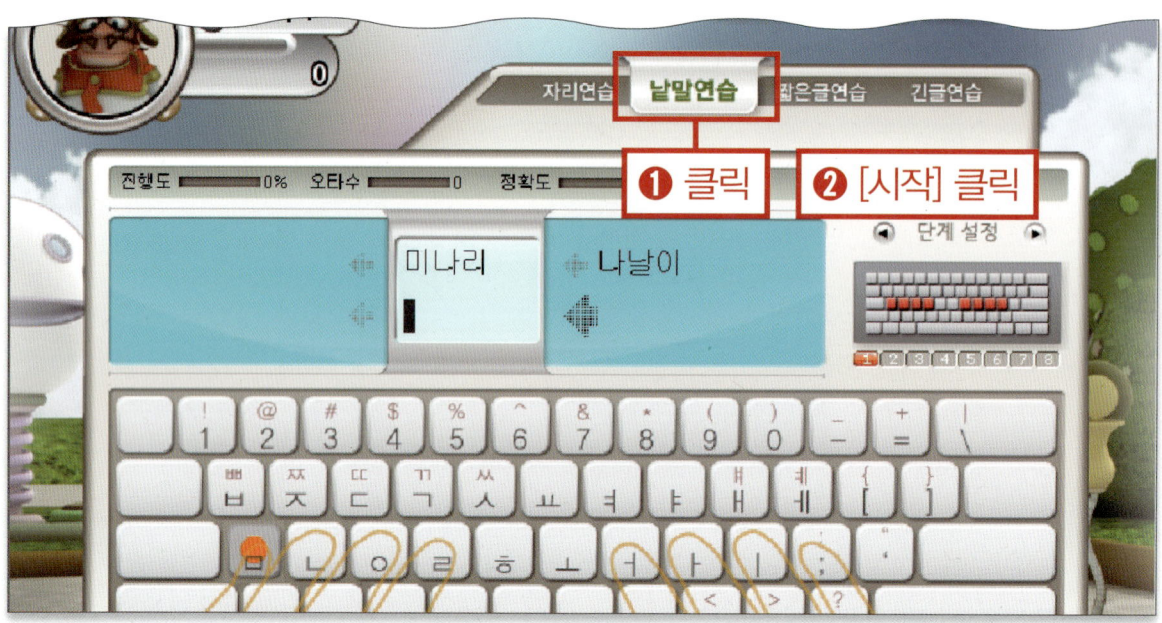

혼자서도 만들 수 있어요!

 영문 타자를 연습할 수 있도록 설정을 변경한 후 타자 연습을 해 보세요.

 메인 화면에서 [설정/통계] 클릭 → '글자판선택'에서 [한글] 클릭하여 [영문]으로 변경 → 하단의 [돌아가기] 단추 클릭

CHAPTER 02

시작 메뉴와 창 다루기

POINT

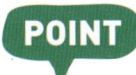

시작 메뉴를 알아보고 시작 메뉴에 프로그램을 추가한 후 그룹을 설정하는 방법을 배워 봅니다. 또한, 시작 메뉴에 고정된 프로그램을 제거하고 바탕 화면에 바로 가기 아이콘을 만드는 법, 창의 크기를 조절하고 이동하며 다양한 창 전환을 하는 방법에 대해 소개합니다.

완성 화면 미리 보기

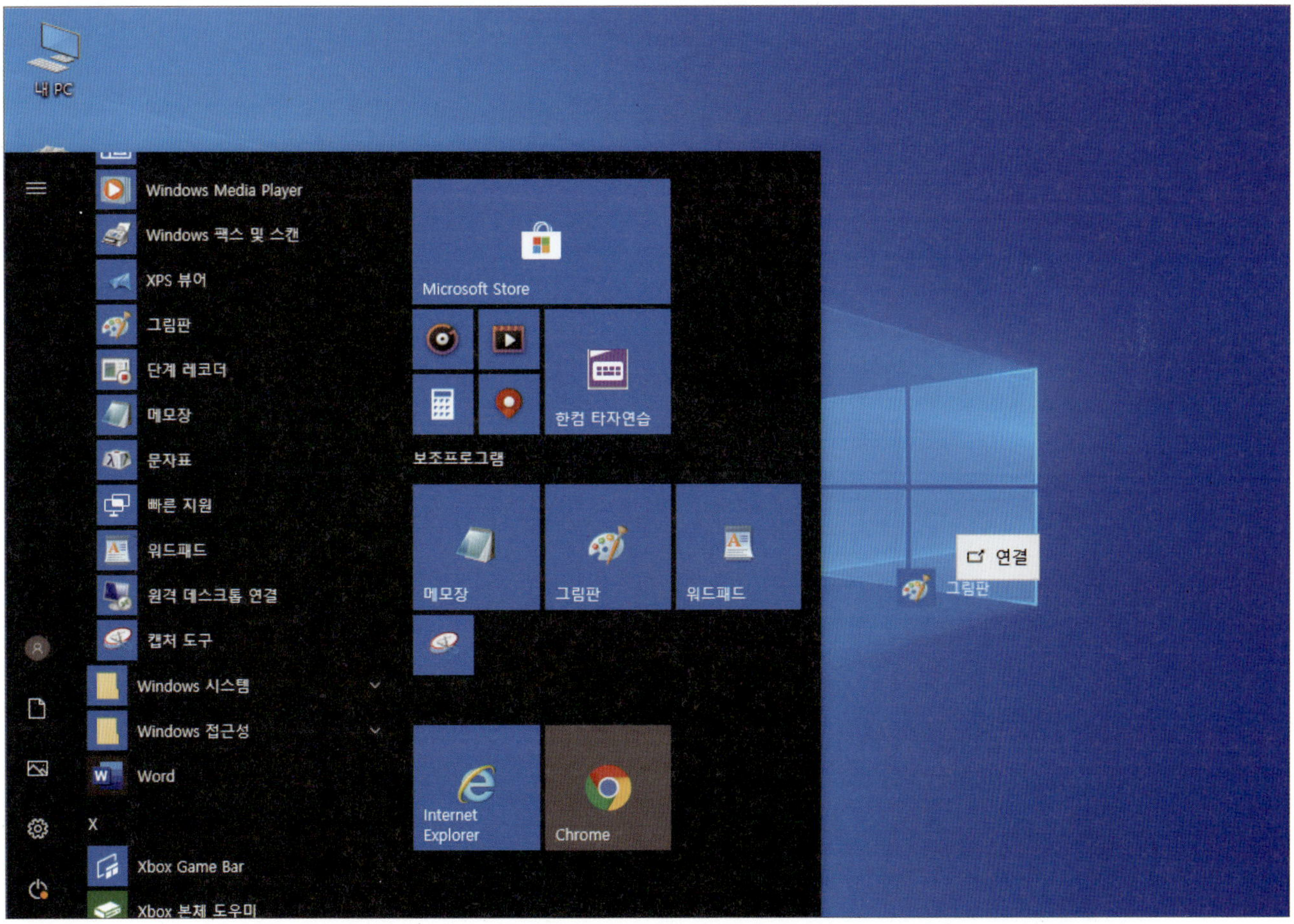

여기서 배워요! 시작 메뉴 추가하기, 바탕 화면 바로 가기 아이콘 만들기, 작업 표시줄 변경

STEP 1 시작 메뉴 다루기

1 [시작](▦) 단추를 클릭합니다. '시작' 메뉴 목록에서 [Windows 보조프로그램]을 클릭한 후 메뉴 목록에서 [메모장]을 라이브 타일로 드래그하여 추가합니다.

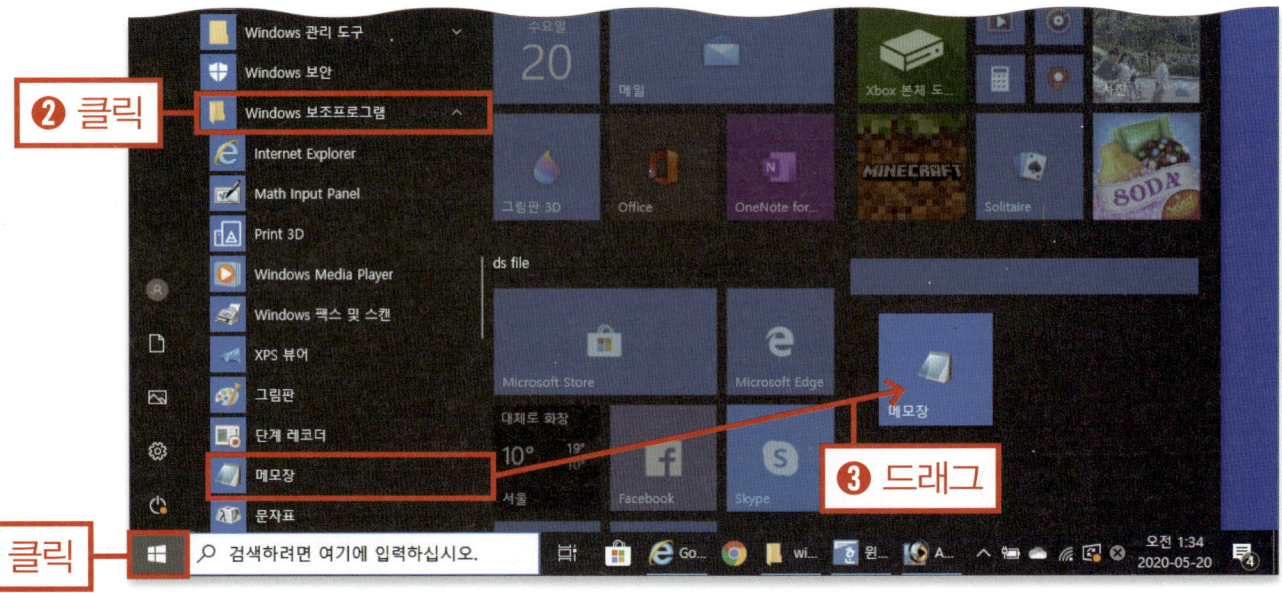

조금 더 배우기
라이브 타일에 추가할 프로그램 위에 마우스 오른쪽 버튼을 클릭하면 '바로가기' 메뉴가 나타납니다. 여기서 [시작 화면에 고정]을 클릭해도 됩니다.

2 이번에는 라이브 타일에서 불필요한 앱을 제거하기 위해 제거할 앱 위에 마우스 오른쪽 버튼을 클릭합니다. '바로가기' 메뉴에서 [시작 화면에서 제거]를 클릭합니다. 불필요한 앱을 제거하고 기존 앱을 드래그하여 정리합니다.

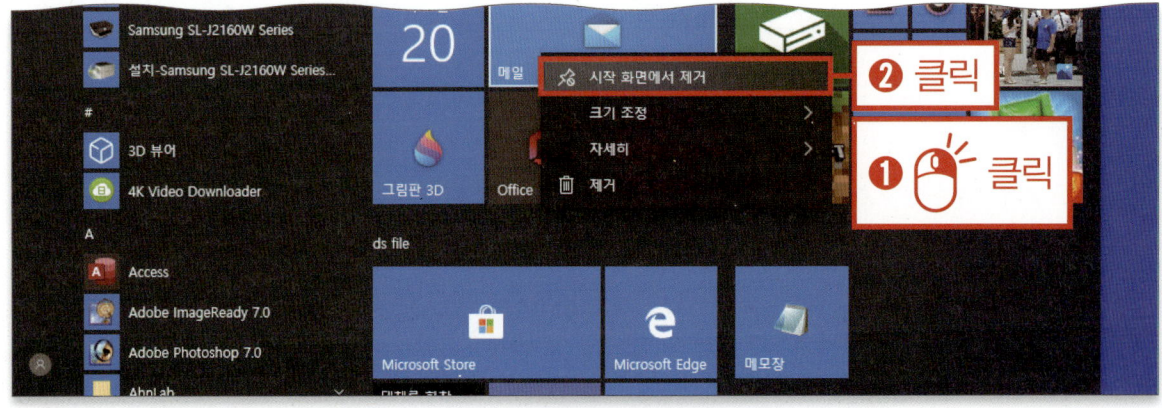

3 [시작](⊞) 단추를 클릭한 후 [Windows 보조프로그램]을 클릭합니다. [그림판], [워드패드], [캡처도구]를 각각 드래그하여 추가합니다. 이후 타일 그룹 상단에 마우스 포인터를 위치시키면 '그룹 이름 지정'이 나타납니다.

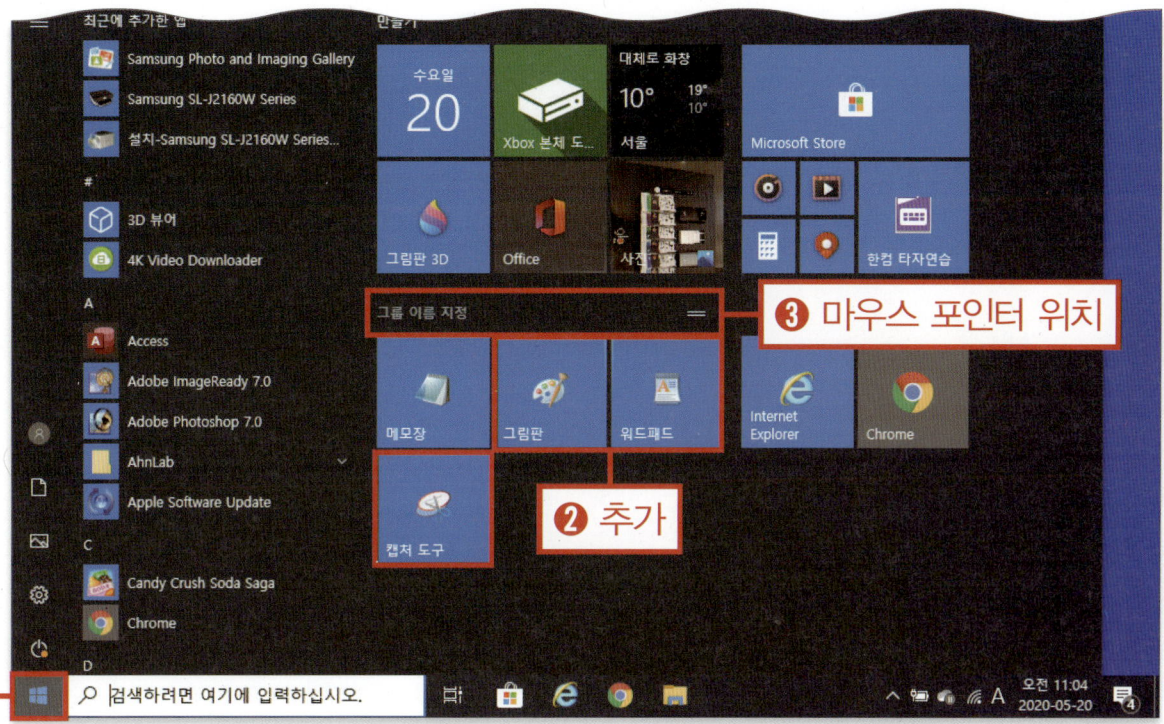

4 '그룹 이름 지정'을 클릭한 후 이름을 '보조프로그램'으로 입력한 다음 Enter↵를 누릅니다.

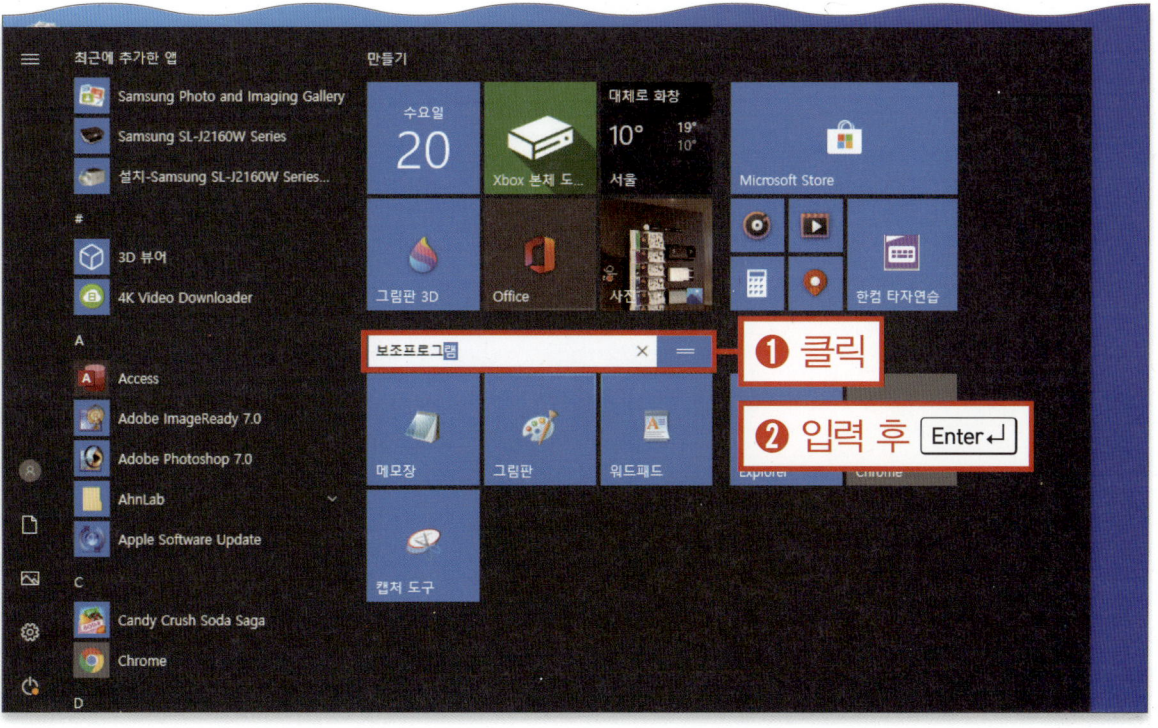

CHAPTER 02 시작 메뉴와 창 다루기 | **19**

5 타일 크기를 조절하기 위해 [캡처 도구] 앱에 마우스 오른쪽 버튼을 클릭합니다. '바로가기' 메뉴가 나타나면 [크기 조정]을 클릭한 후 [작게]를 클릭합니다. 타일의 크기가 작아집니다.

6 바탕 화면에 바로가기 아이콘을 만들어 보겠습니다. [시작](⊞) 단추-[Windows 보조프로그램]을 차례대로 클릭한 후 [그림판]을 바탕 화면으로 드래그합니다. 바탕 화면에 '그림판' 프로그램 아이콘이 생성됩니다.

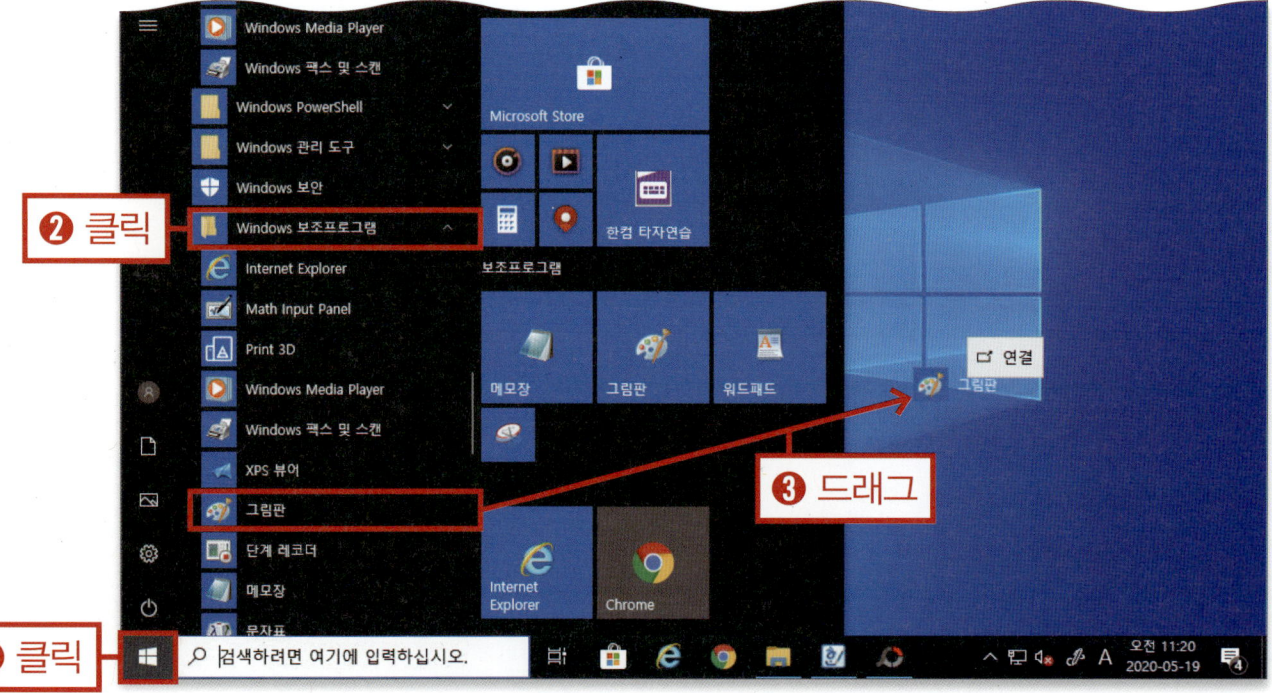

STEP 2 검색 단추 사용하기

1 ····· '작업 표시줄'에서 [검색하려면 여기에 입력하십시오.]를 클릭한 후 '메모장'을 입력합니다. 화면에 [메모장] 프로그램이 나타나면 클릭합니다. '메모장' 앱이 실행됩니다.

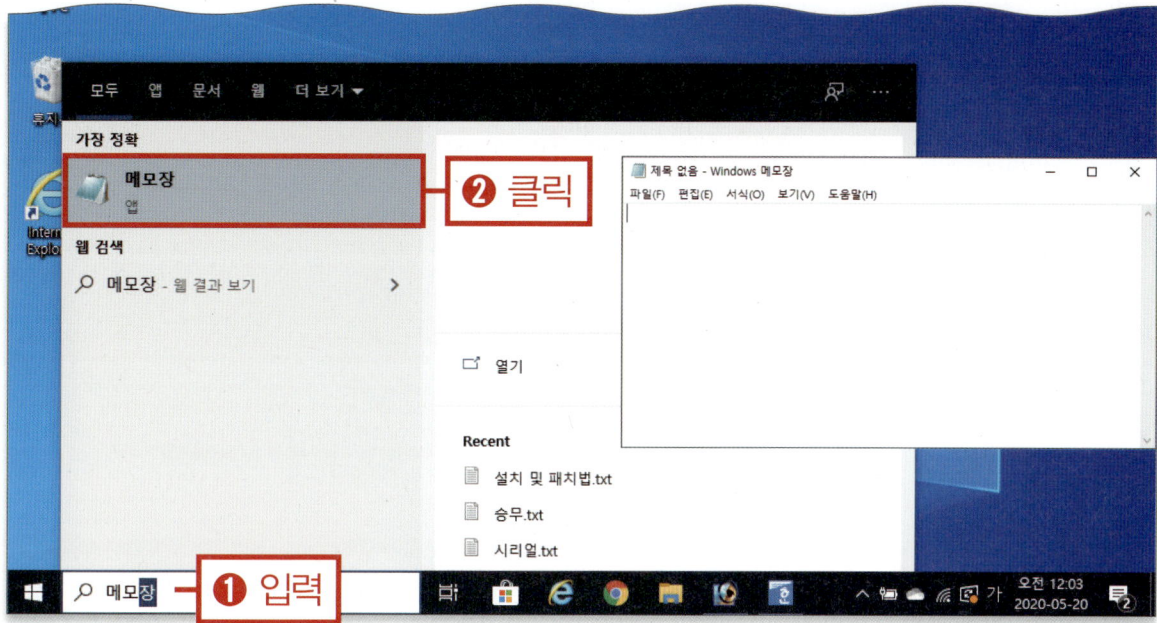

STEP 3 작업 표시줄 다루기

1 ····· '작업 표시줄'에서 마우스 오른쪽 버튼을 클릭합니다. '바로가기' 메뉴에서 [모든 작업 표시줄 잠금]을 클릭하여 체크 해제합니다. '작업 표시줄' 위쪽 경계선에 마우스를 위치시키면 마우스 포인터가 (↕)로 변경됩니다. 위아래로 드래그하여 크기를 조절합니다.

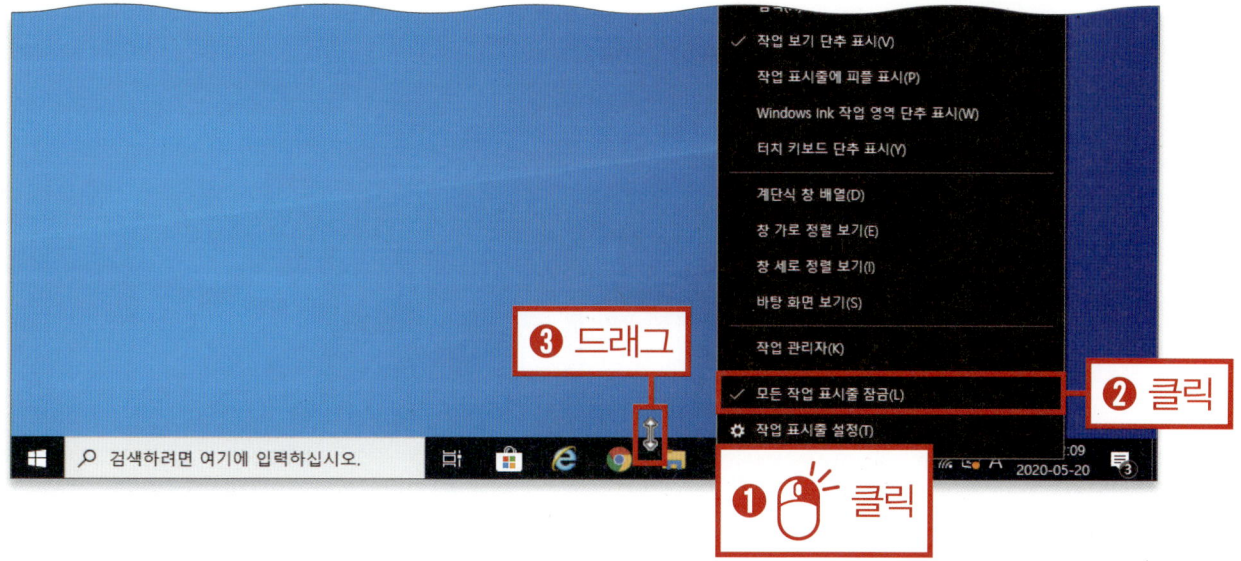

2 '작업 표시줄'의 '바로가기' 메뉴에서 [작업 표시줄 설정]을 클릭합니다. '작업 표시줄' 설정 화면이 나타나면 '작업 표시줄 잠금'을 클릭하여 [켬](●)으로 변경합니다.

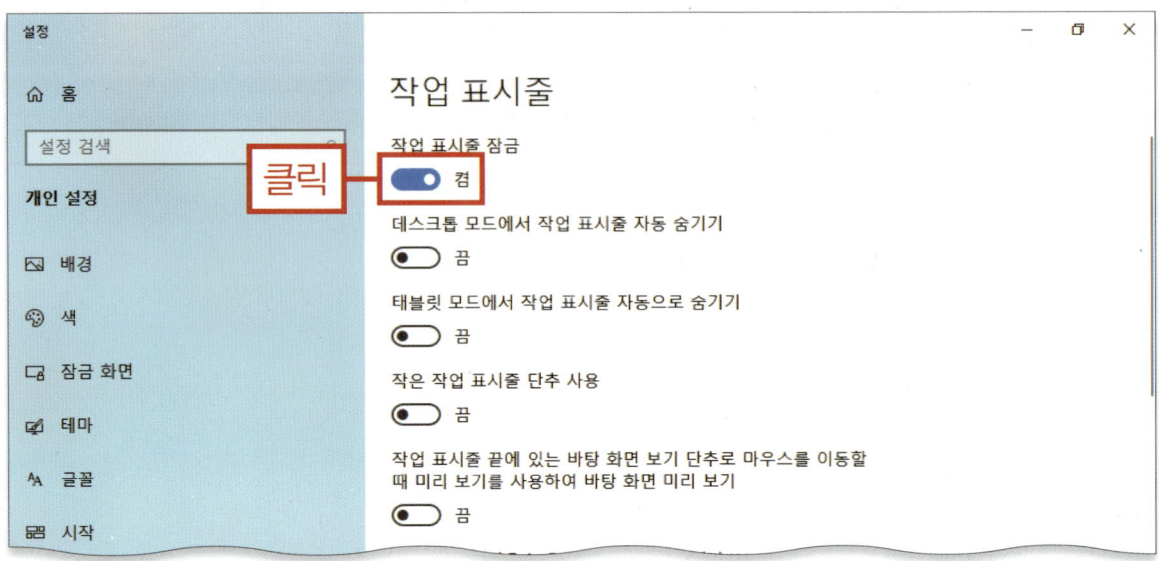

3 '작업 표시줄 단추 하나로 표시' 설정에 [항상, 레이블 숨기기]가 기본으로 설정이 되어 있어 같은 종류의 창을 여러 개 띄우면 하나의 아이콘으로 표시되고 마우스를 위치시키면 창 미리 보기가 나타납니다.

4 '작업 표시줄 단추 하나로 표시' 설정의 [항상, 레이블 숨기기]를 클릭한 후 [작업 표시줄이 꽉 찼을 때]를 클릭하여 변경합니다.

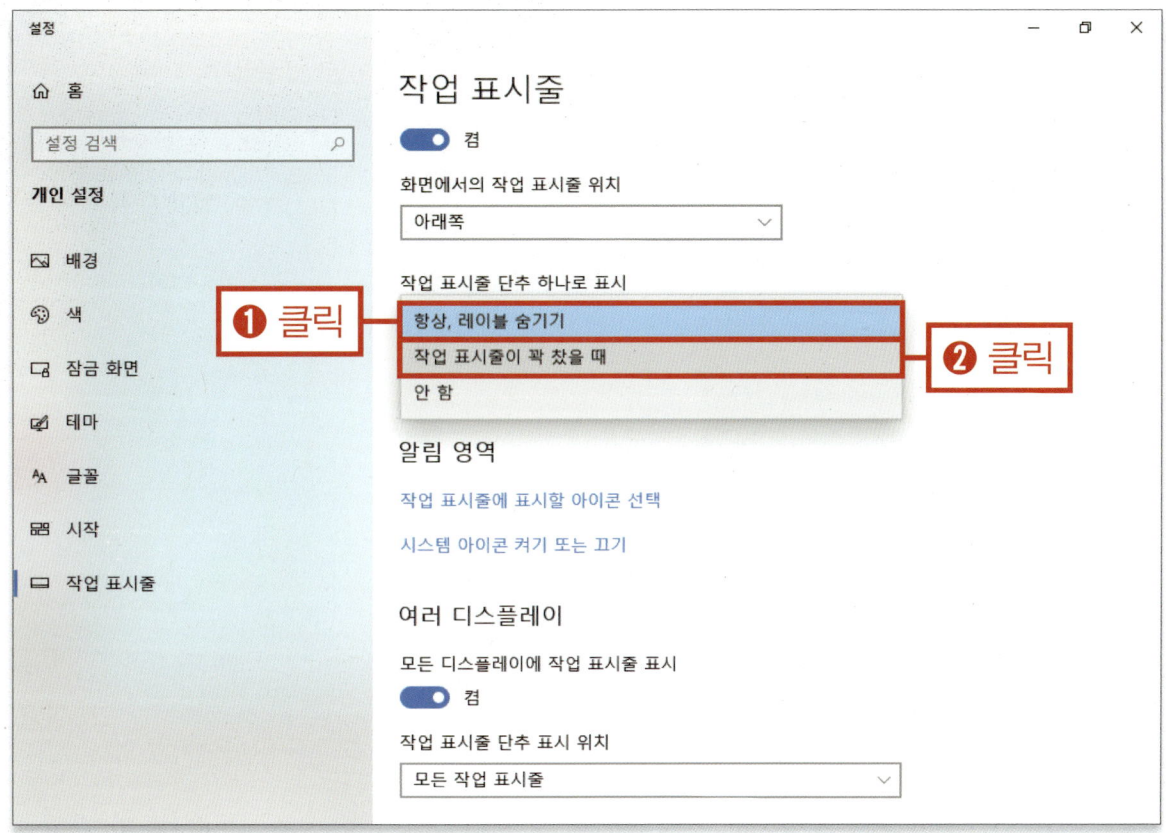

5 실행 중인 창의 이름이 모두 표시됩니다. 단, 열린 프로그램이 '작업 표시줄'을 꽉 채우면 아이콘 이미지로 표시됩니다.

혼자서도 만들 수 있어요!

1 라이브 타일에 '계산기', '한컴 타자연습', 'Chrome'을 추가하고 그룹 명을 '자주사용하는 앱'으로 변경해 보세요.

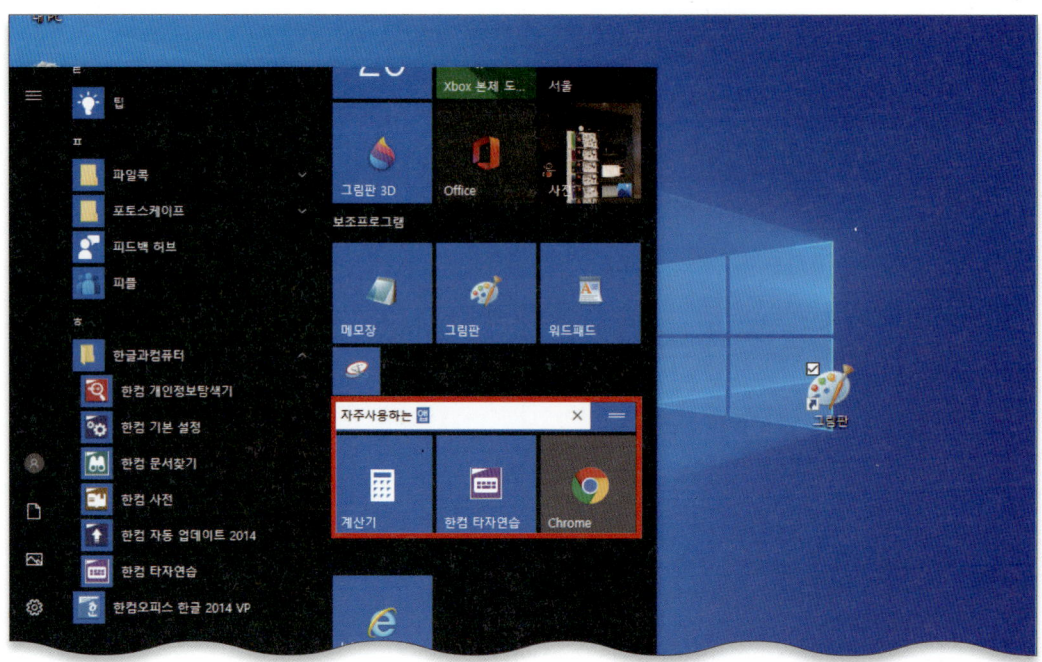

> **HINT** 앱 뷰에서 [계산기], [한컴 타자연습], [Chrome]을 각각 드래그하여 라이브 타일에 추가 → 그룹 명 변경

2 작업 표시줄의 잠금을 해제하고 작업 표시줄의 위치를 오른쪽으로 변경해 보세요.

> **HINT** '작업 표시줄' 위에 마우스 오른쪽 버튼 누른 후 '바로가기' 메뉴에서 [작업 표시줄 잠금 해제]를 클릭 → 작업 표시줄을 오른쪽으로 드래그하여 이동

CHAPTER 03 나만의 WINDOWS 10 만들기

POINT

개인 설정을 이용하여 배경 화면, 색, 소리 등을 변경하여 나만의 화면을 만들어 보겠습니다. Windows 10에서 기본적으로 제공되는 그림뿐만 아니라 온라인에서 제공해 주는 테마를 다운받아 개성 있는 배경을 꾸며 봅니다. 또한, 디스플레이 설정을 통해 해상도를 조절하는 방법을 알아봅니다.

완성 화면 미리 보기

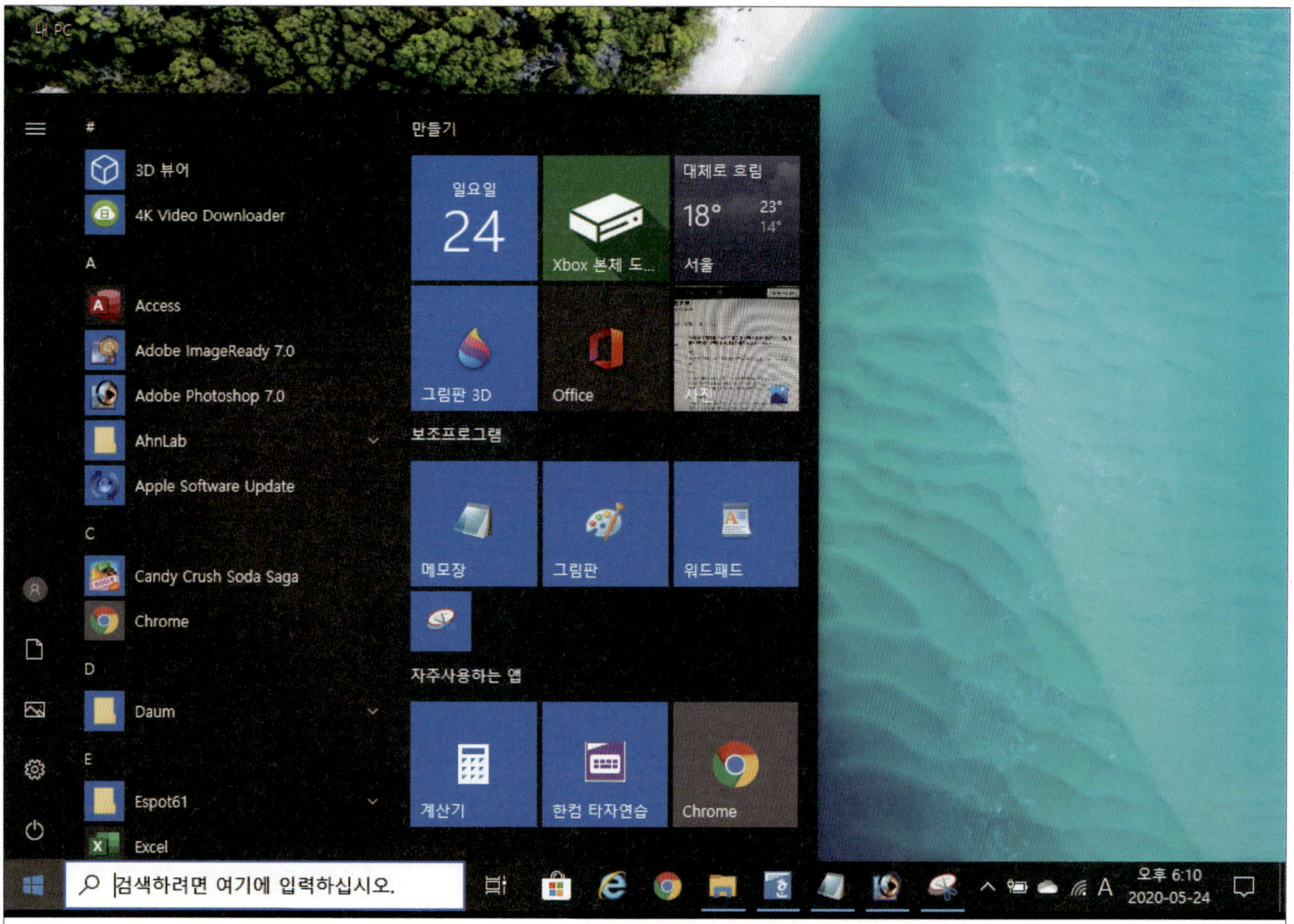

여기서 배워요!

개인 설정과 디스플레이 설정, 해상도 조절

STEP 1 Windows 10 테마 기능으로 배경 화면 꾸미기

1 바탕 화면에서 마우스 오른쪽 버튼을 클릭한 후 '바로가기' 메뉴에서 [개인 설정]을 클릭합니다.

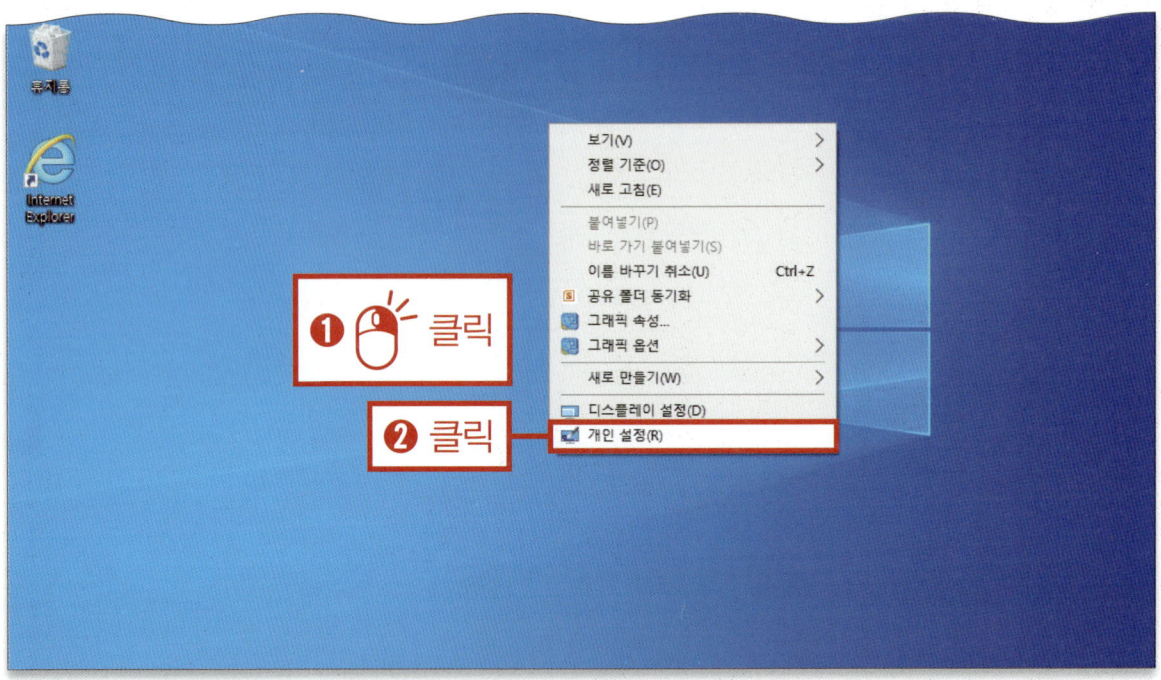

2 왼쪽 메뉴에서 [테마]를 클릭합니다. '테마 변경'에 있는 테마 중에서 자신이 원하는 테마를 클릭하면 배경 화면이 변경됩니다. 이번에는 [Microsoft Store에서 더 많은 테마 보기]를 클릭합니다.

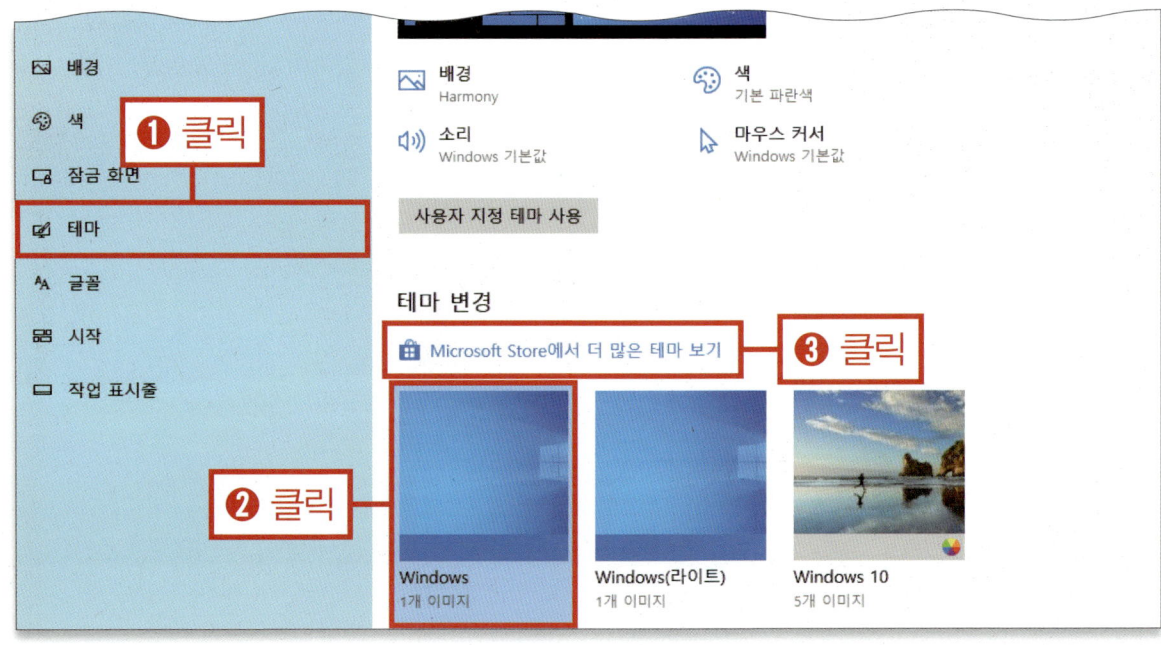

 '테마'는 '배경 화면', '색', '소리', '마우스 커서'를 한 번에 변경하는 기능입니다.

3 'Windows 테마' 화면이 나타납니다. 마음에 드는 배경 화면을 클릭합니다.

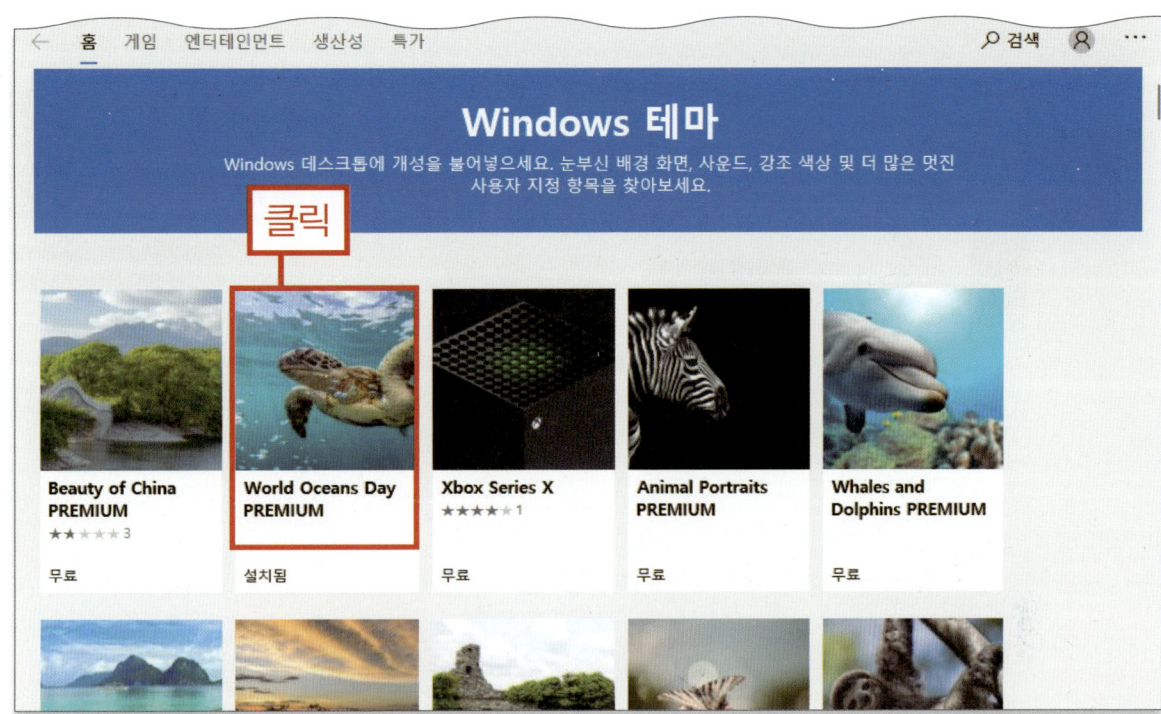

4 테마 상세 화면이 나타나면 [무료]를 클릭합니다. 파일 다운로드가 진행됩니다.

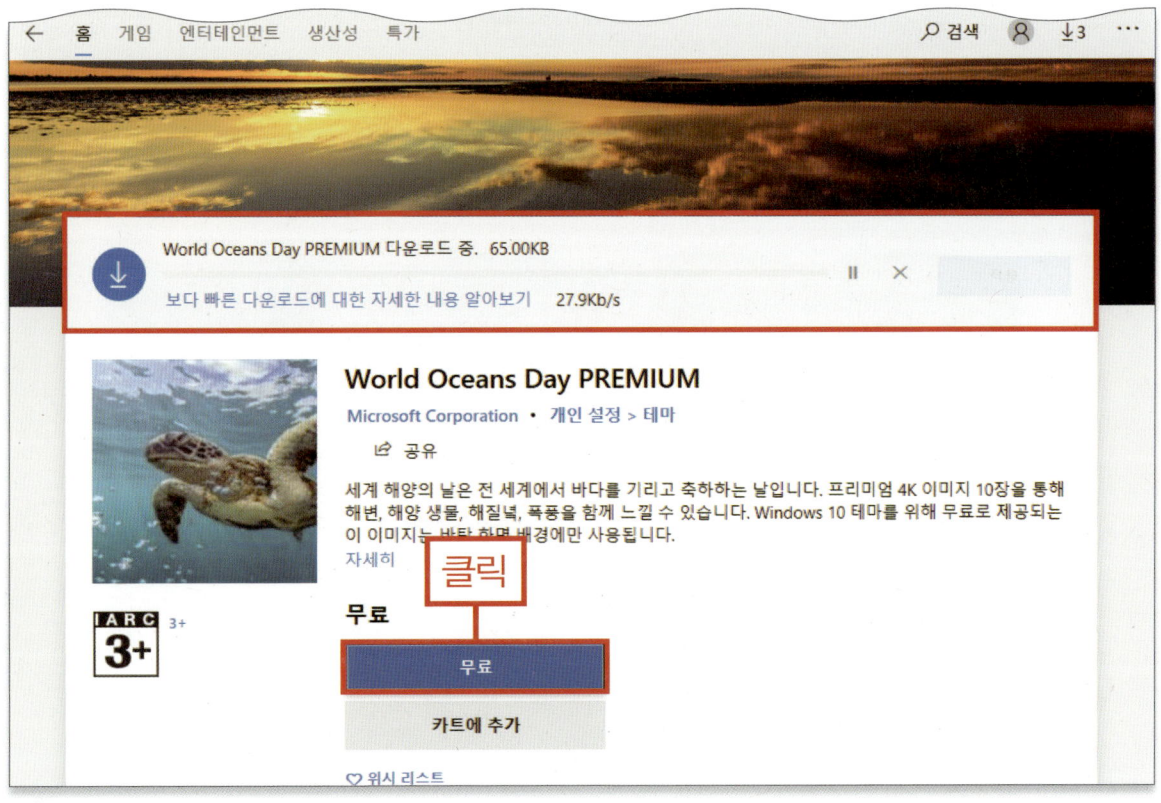

> **조금 더 배우기** '장치 간에 사용' 메시지가 나타나면 [관심 없음]을 클릭합니다.

5 [적용]을 클릭한 후 '테마' 화면이 나타나면 앞서 다운로드받은 '테마'를 클릭합니다.

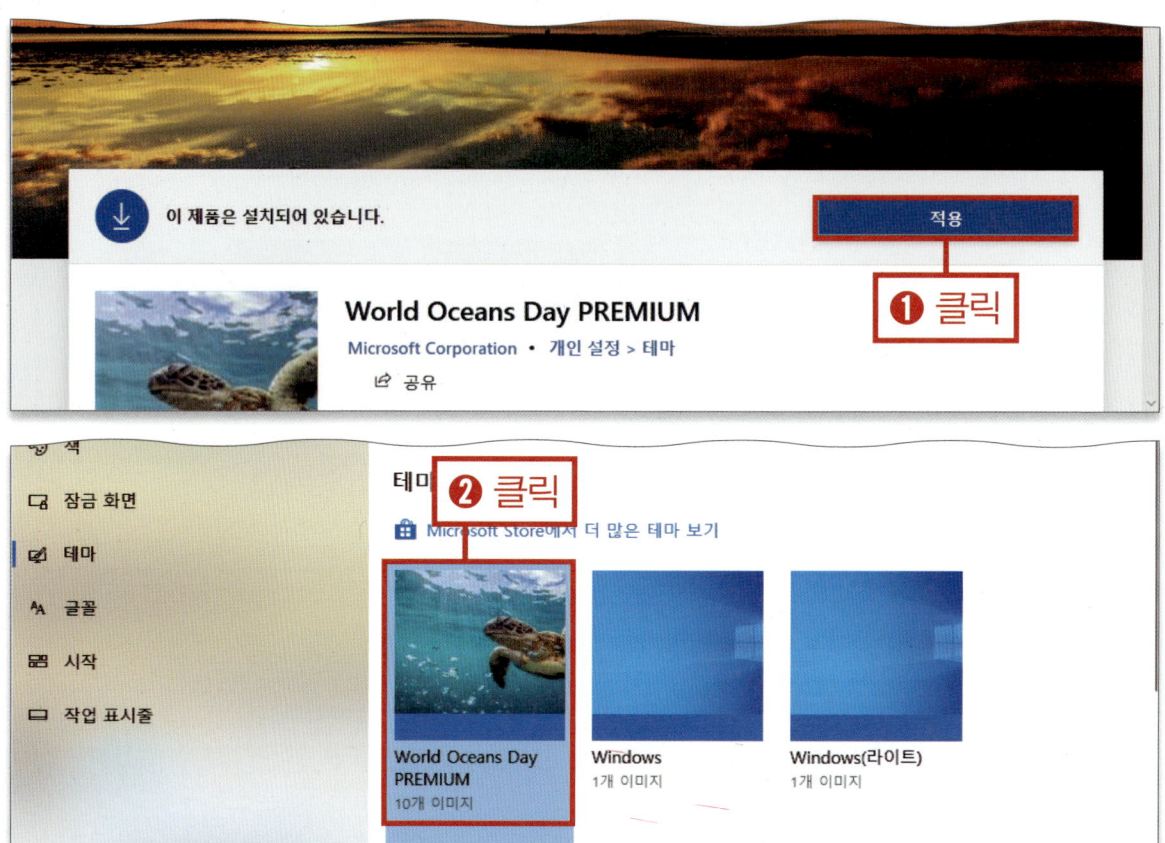

6 테마가 적용되어 바탕 화면과 색, 소리, 마우스 포인터가 변경된 것을 확인할 수 있습니다.

STEP 2　Windows 10 배경, 색, 잠금 화면 기능 알아보기

1 '설정' 화면 왼쪽 메뉴에서 [배경]을 클릭합니다. '배경'은 '사진', '단색', '슬라이드 쇼' 3가지 중 하나를 선택할 수 있습니다. '사진'과 '단색'은 정지 화면이고 '슬라이드 쇼'는 일정 시간이 지나면 사진이 변경됩니다.

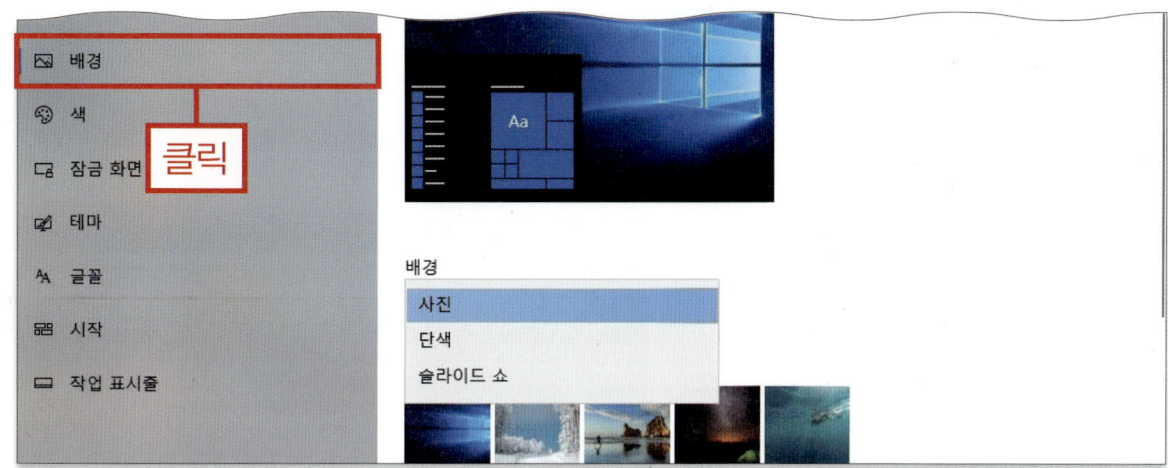

2 메뉴에서 [색]을 클릭합니다. '색'에서는 창이나 대화상자에 사용할 색상을 변경할 수 있습니다.

 일반적으로 눈이 편안한 푸른색 계열이나 녹색 계열의 색상을 많이 사용합니다.

3 메뉴에서 [잠금 화면]을 클릭한 후 '배경' 메뉴에서 [사진]을 선택합니다. '사용자 사진 선택' 목록에서 원하는 사진을 클릭합니다. '잠금 화면'은 컴퓨터를 장시간 사용하지 않을 때나 컴퓨터를 켤 때 볼 수 있습니다.

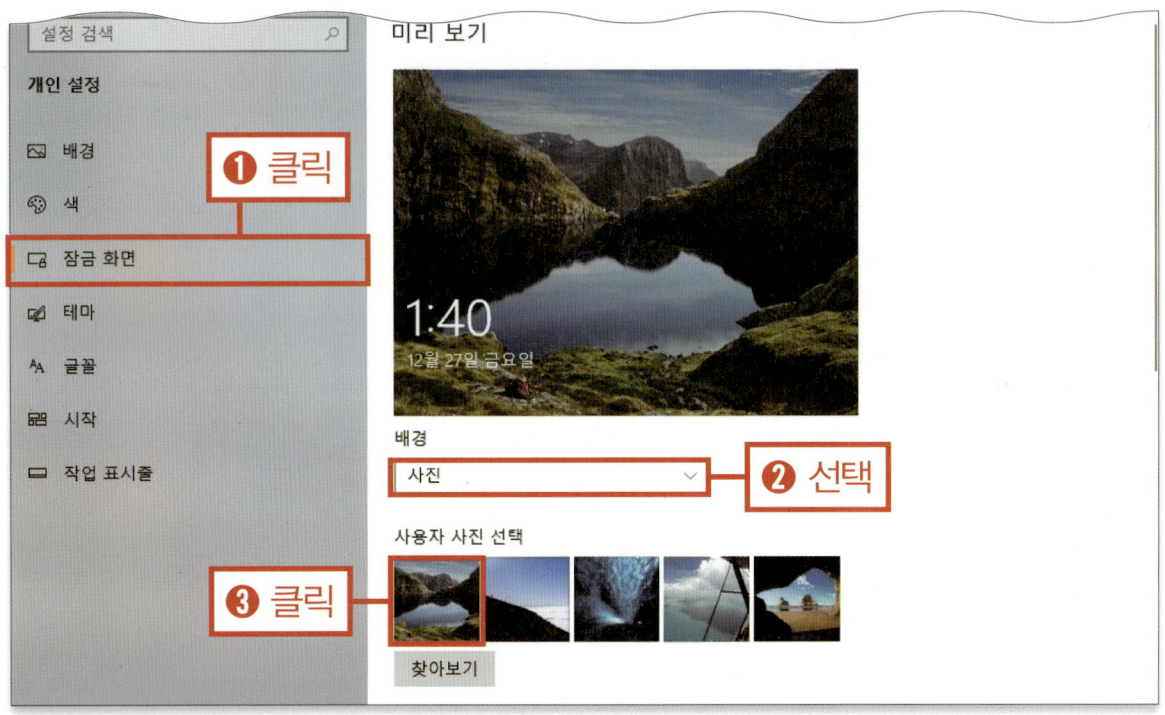

4 잠금 화면을 확인하기 위해 [시작](■) 단추를 클릭한 후 [계정](●)-[잠금]을 차례대로 클릭합니다.

5 잠금 화면을 확인할 수 있습니다. 잠금을 해제하기 위해 화면을 클릭합니다.

STEP 3 디스플레이 해상도 조절하기

1 바탕 화면에서 마우스 오른쪽 버튼을 누른 후 '바로가기' 메뉴에서 [디스플레이 설정]을 클릭합니다.

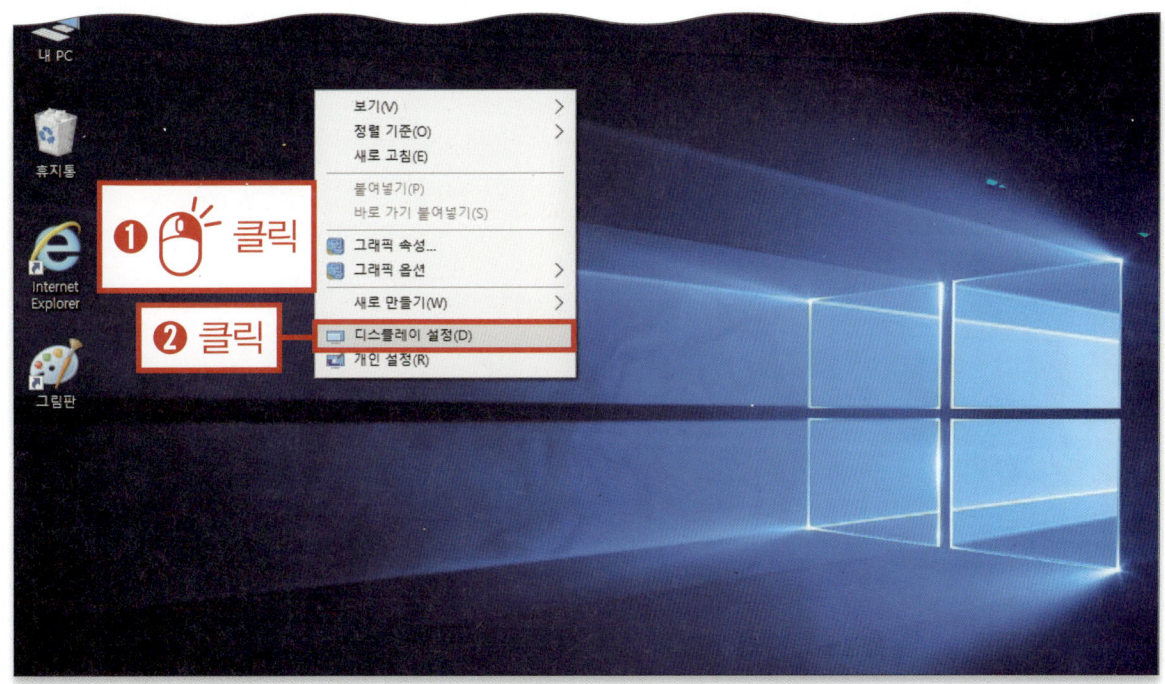

2 '설정' 왼쪽 메뉴에서 [디스플레이]를 클릭한 후 '디스플레이 해상도'에서 해상도를 [1600×900]으로 변경합니다.

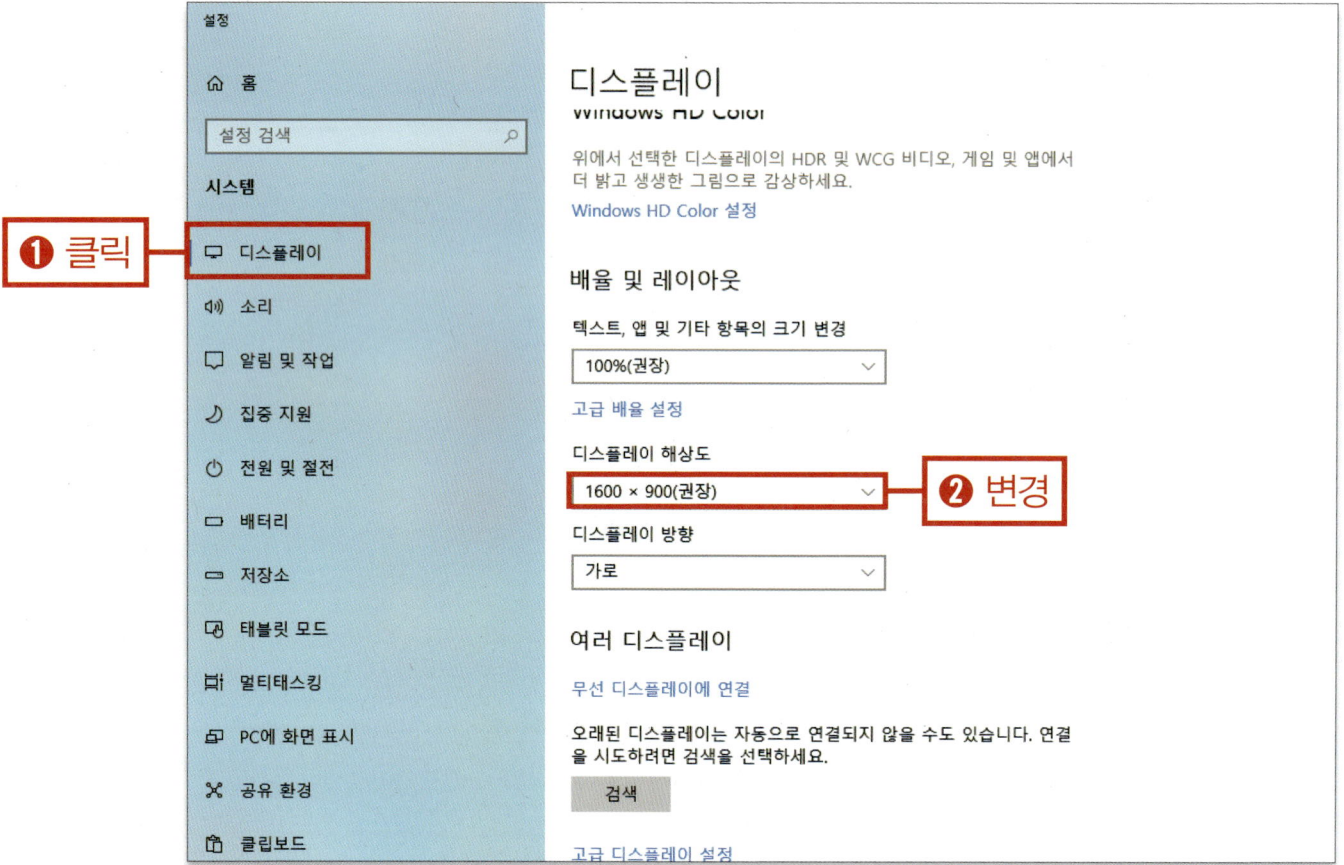

 해상도란 1인치 안 가로세로의 점(픽셀) 개수를 나타냅니다. 모니터 해상도에서 1920×1080은 모니터 화면을 가로 1920칸, 세로 1080칸으로 나누어 화면을 표시한다는 뜻입니다. 해상도가 높아질수록 아이콘의 크기가 작아지고 화면 면적이 넓어져 많은 영역을 볼 수 있으며 해상도가 낮아질수록 아이콘의 크기가 커지고 볼 수 있는 면적이 좁아집니다.

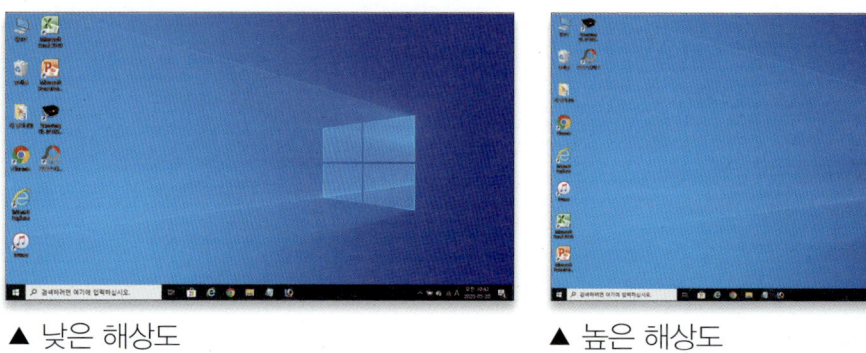

▲ 낮은 해상도   ▲ 높은 해상도

CHAPTER 04

메모장과 워드패드를 이용해 문서 작성하기

POINT

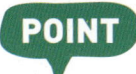

윈도우에서 기본적으로 제공하는 보조프로그램을 이용하여 간단한 문서 편집과 이미지 편집을 할 수 있습니다. 이번 장에서는 메모장, 워드패드를 이용하여 간단한 문서를 작성해 보겠습니다.

완성 화면 미리 보기

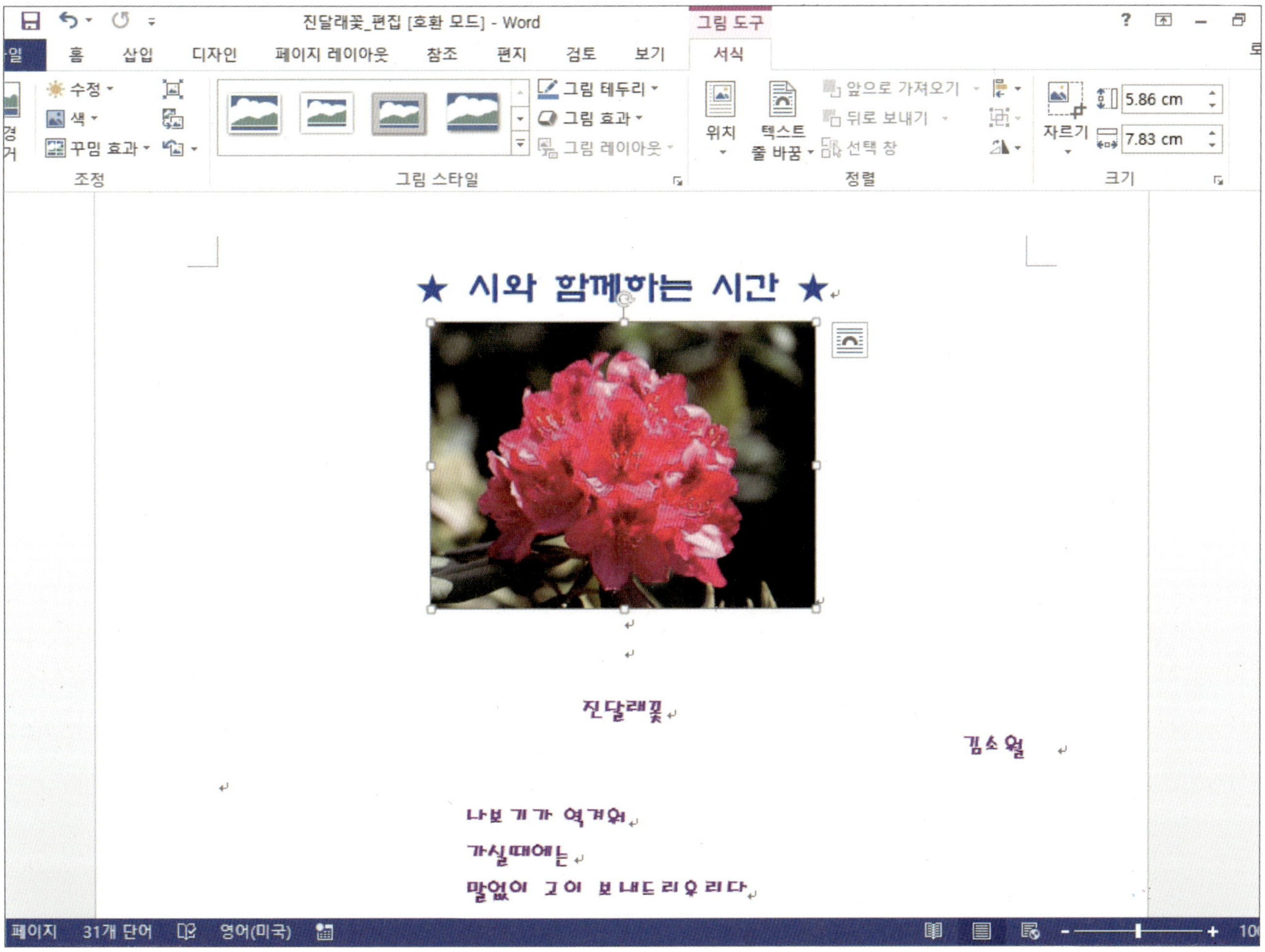

여기서 배워요! 메모장 서식 지정하기, 특수 문자 입력하기, 워드패드를 이용하여 문서 작성하고 저장하기

STEP 1 메모장 사용하기

1 [시작](⊞) 단추를 클릭한 후 라이브 타일에서 [메모장]을 클릭합니다.

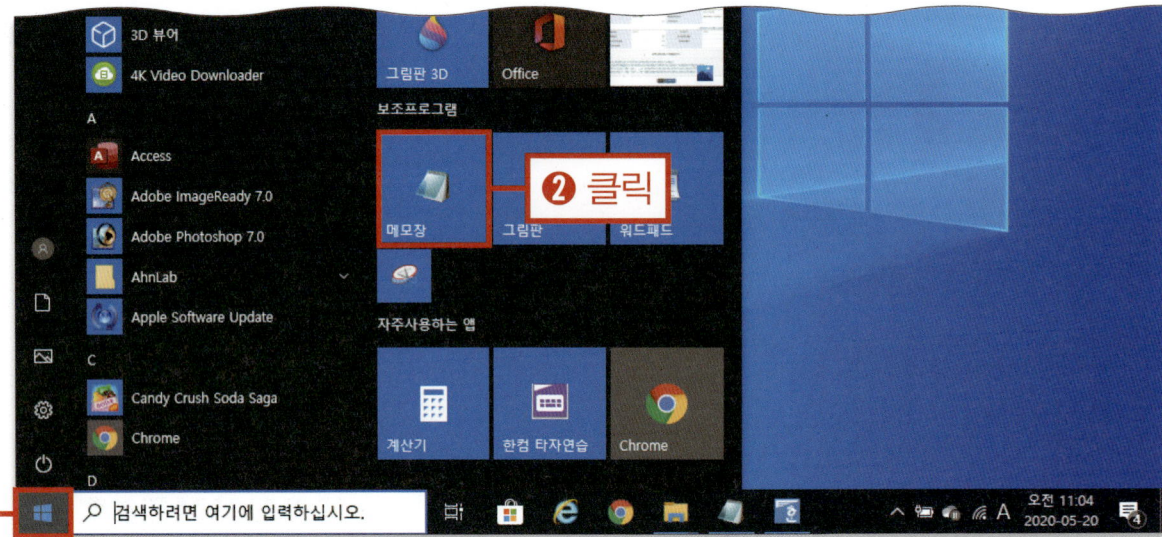

2 '메모장'이 실행됩니다. 상단 메뉴에서 [서식]을 클릭한 후 [글꼴]을 클릭합니다.

3 '글꼴' 대화상자가 나타납니다. '글꼴'은 [굴림체]를 선택하고 '크기'는 [20]을 클릭한 후 [확인] 단추를 클릭합니다.

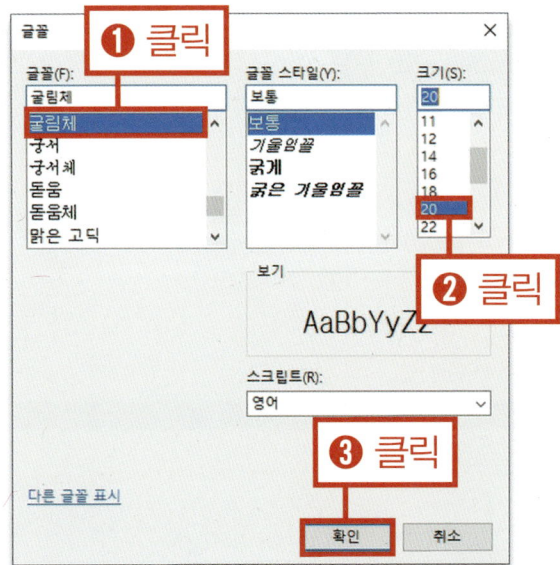

4 키보드에서 ㅁ(한글 자음)을 누른 후 [한자]를 누르면 '특수 문자'가 나타납니다. [★]을 찾아 클릭합니다.

조금 더 배우기 한글 자음과 [한자]를 이용하면 다양한 '특수 문자'를 사용할 수 있습니다.

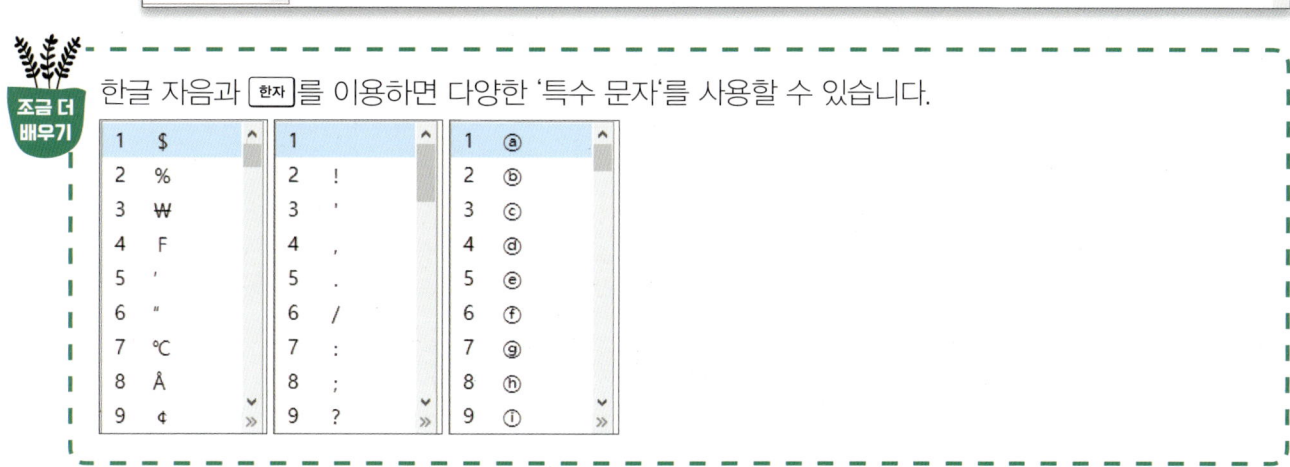

5 아래와 같이 입력합니다. 완료되면 [파일]을 클릭한 후 [저장]을 클릭합니다. '다른 이름으로 저장' 대화상자가 나타나면 '저장 위치'를 [문서]로 지정하고 '파일 이름'을 '진달래꽃'으로 입력한 다음 [저장] 단추를 클릭합니다.

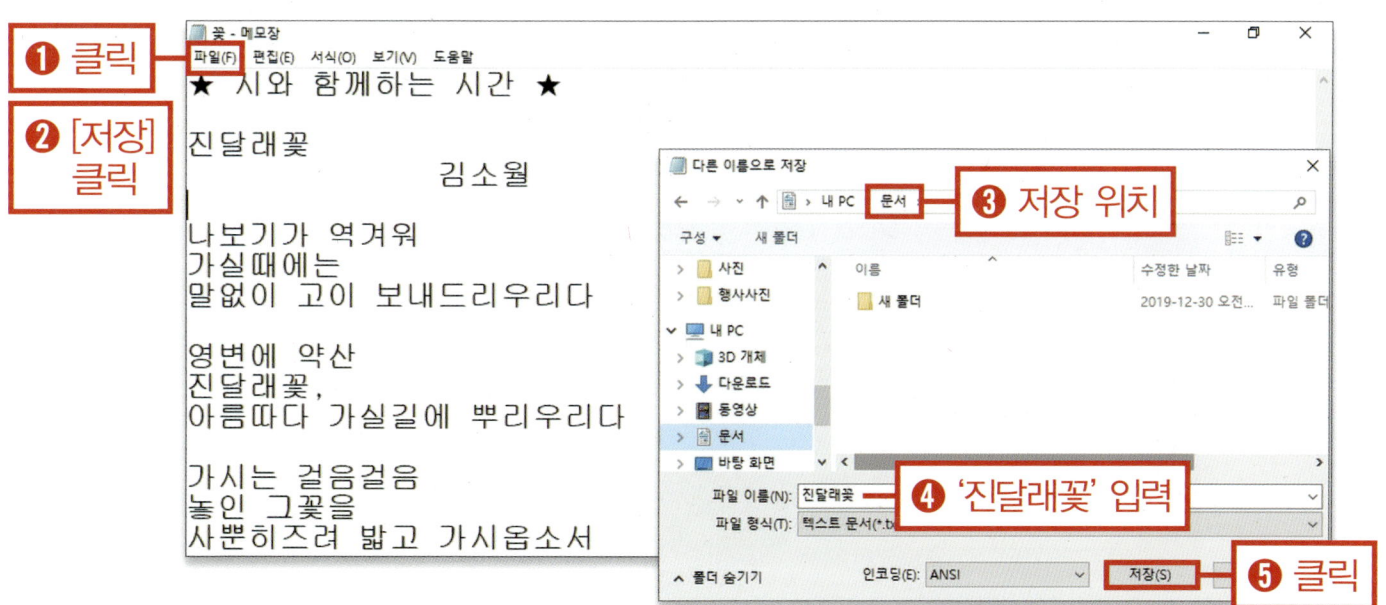

STEP 2 워드패드 사용하기

1 앞서 작성한 메모장을 불러온 다음 상단 메뉴에서 [편집]-[모두 선택]을 차례대로 클릭합니다. 이후 다시 한 번 [편집]을 클릭한 후 [복사]를 클릭합니다.

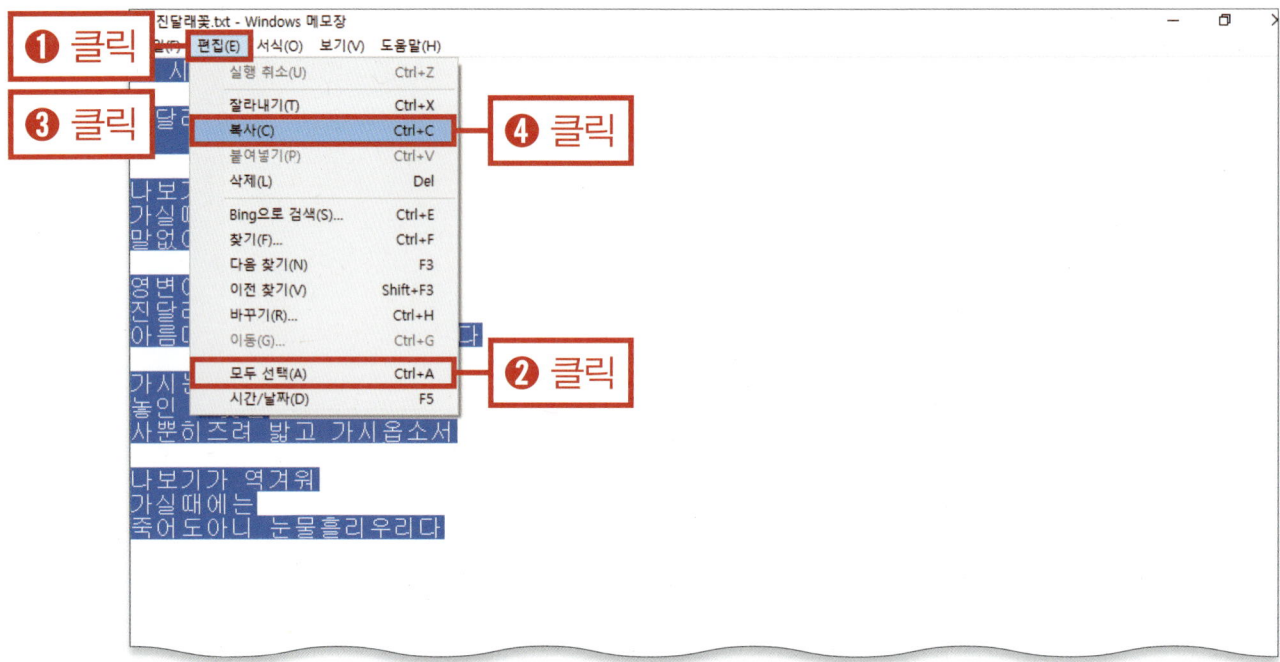

 전체 선택 단축키인 Ctrl + A 를 누른 후 복사 단축키인 Ctrl + C 를 눌러도 됩니다.

2 [시작](⊞) 단추를 클릭한 후 라이브 타일에서 [워드패드]를 클릭합니다.

3 '워드패드'가 실행됩니다. 상단 메뉴의 [단락] 그룹에서 [줄 간격]( )을 클릭한 후 [단락 뒤 10pt 간격 추가]를 클릭하여 해제합니다.

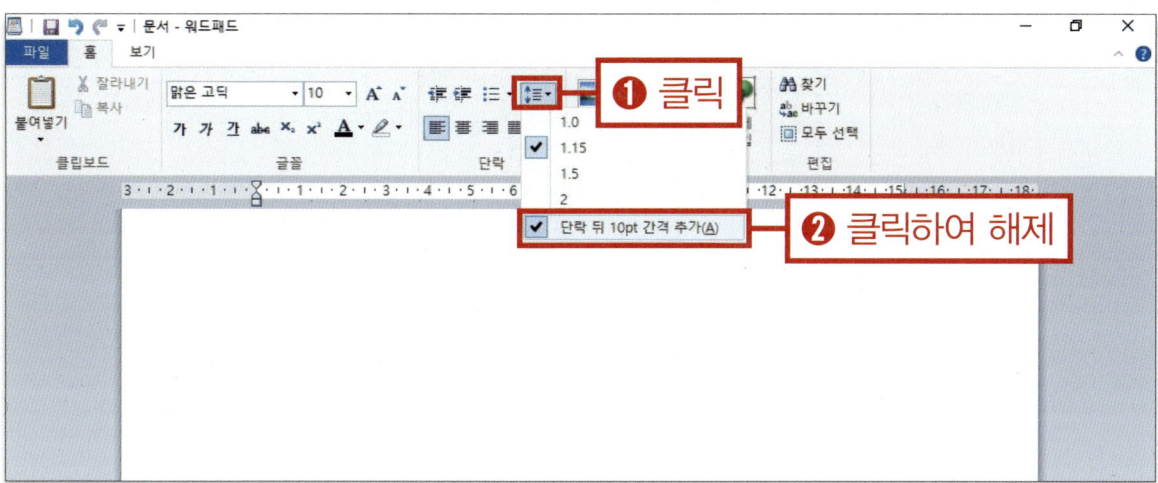

4 [클립보드] 그룹에 있는 [붙여넣기]( )를 클릭합니다. '메모장'에서 복사한 내용이 붙여넣기됩니다. 제목을 드래그하여 블록을 지정합니다.

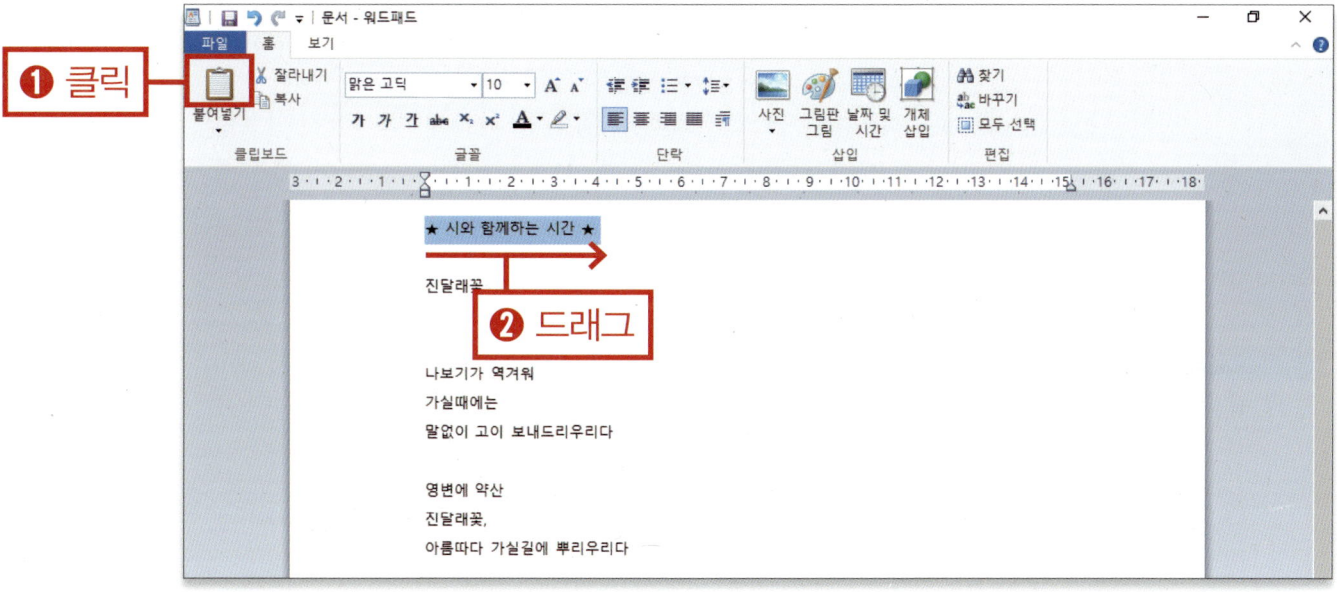

5 [글꼴] 그룹에서 '글꼴 패밀리'의 [목록 단추](▼)를 클릭하여 [휴먼옛체]를 선택합니다. '글꼴 크기'에 '20'을 입력하고 Enter↵를 누릅니다. [텍스트 색](A▼)의 [목록 단추](▼)를 클릭하여 [생생한 파랑]을 선택합니다.

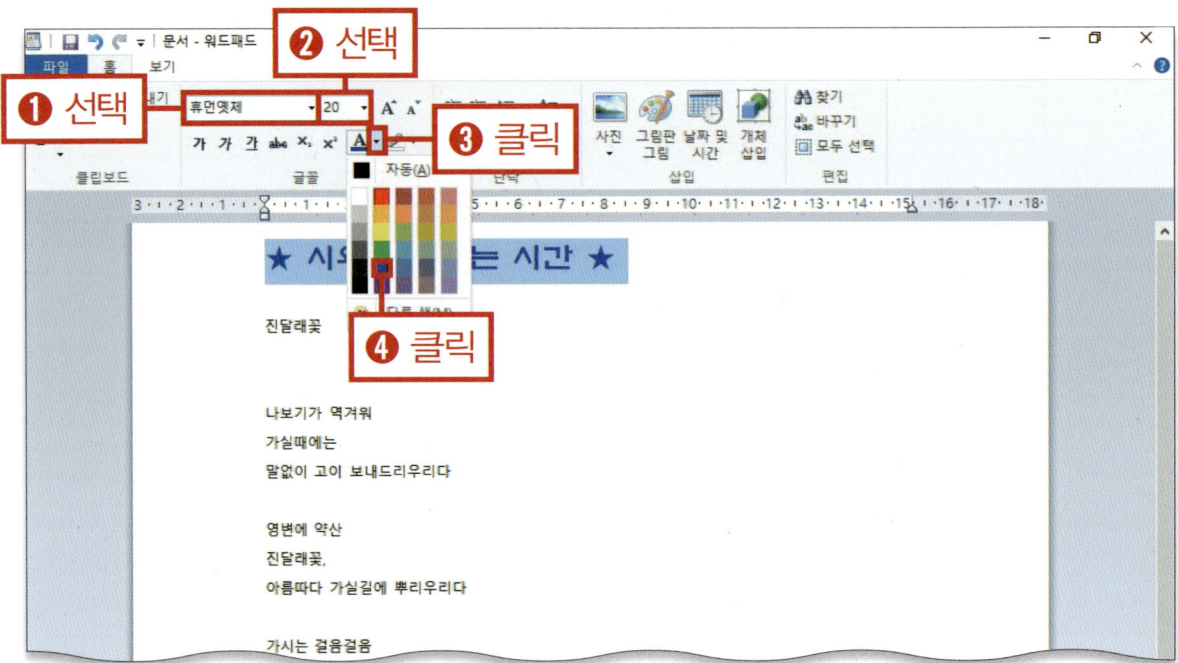

6 본문 내용을 전체 드래그하여 블록을 지정합니다. '글꼴 패밀리'의 [목록 단추](▼)를 클릭하여 [휴먼매직체]를 선택합니다. '글꼴 크기'에 '14'를 입력한 후 Enter↵를 누릅니다. [텍스트 색](A▼)의 [목록 단추](▼)를 클릭하여 [생생한 자주]를 선택합니다.

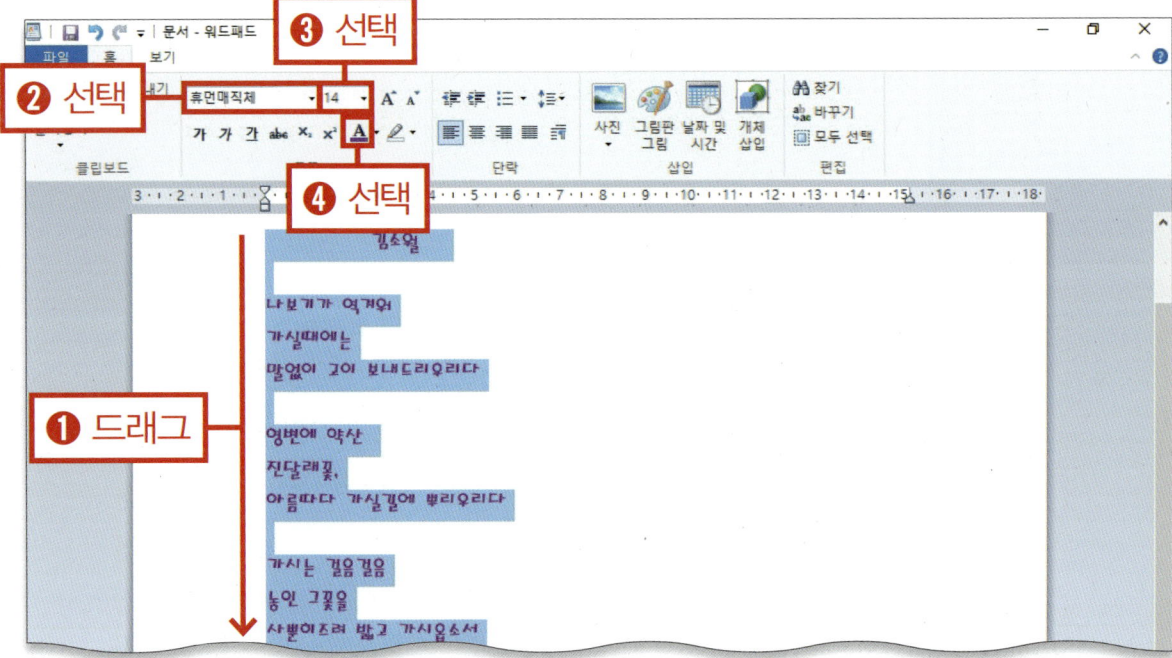

7 문서 제목과 시 제목을 드래그하여 블록을 지정한 다음 [단락] 그룹에서 [가운데 정렬](≡)을 클릭합니다. '김소월'을 드래그하여 블록을 지정한 다음 [오른쪽 정렬](≡)을 클릭합니다.

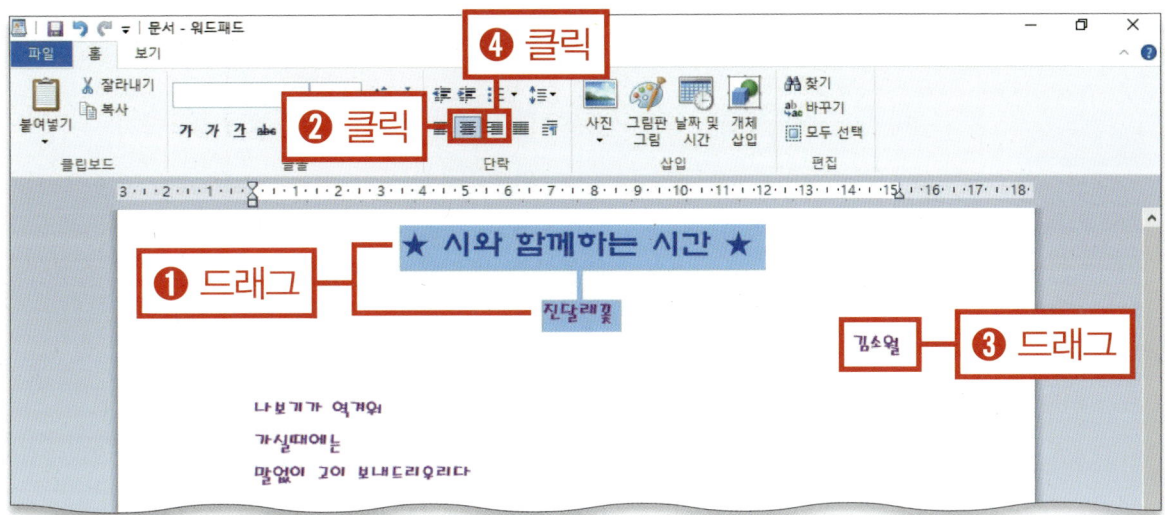

8 시 본문 전체를 드래그하여 블록을 지정하고 [단락] 그룹에서 [단락](≡)을 클릭합니다. '단락' 대화상자에서 '들여쓰기' 메뉴의 '왼쪽'에 '5'를 입력한 후 [확인] 단추를 클릭합니다. 작성이 완료되면 [파일]-[저장]을 클릭하여 파일 이름을 '진달래꽃_서식'으로 저장합니다.

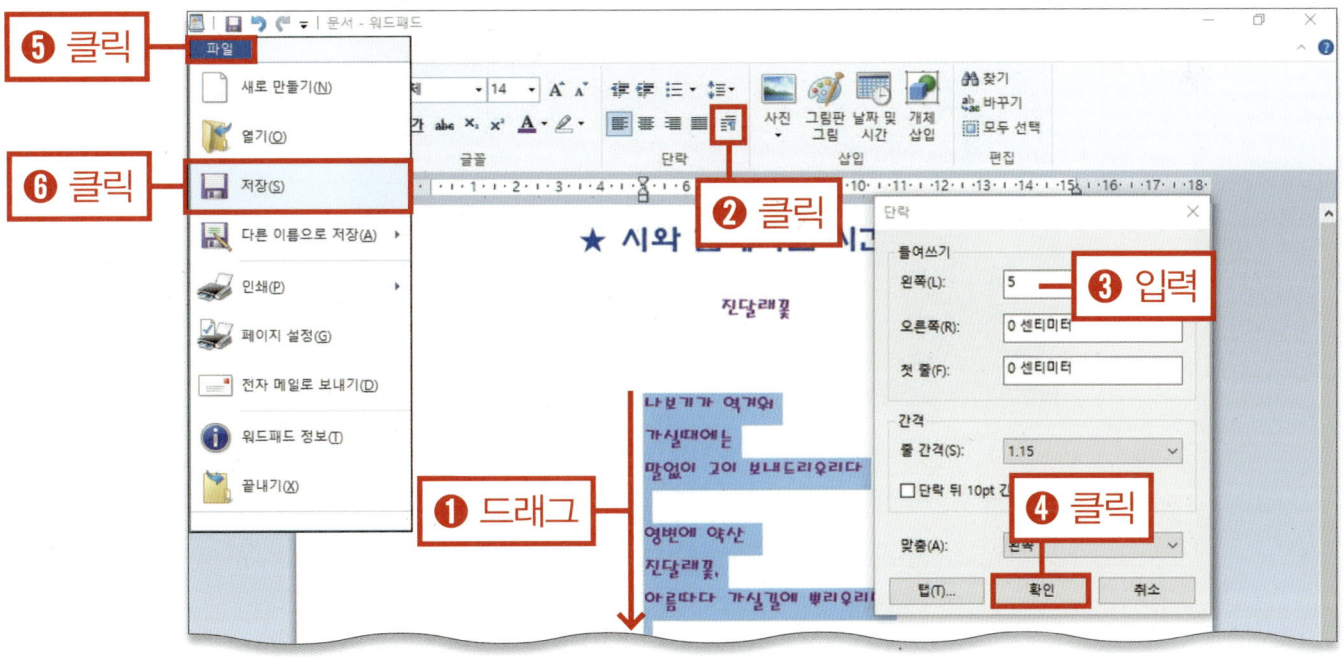

- **메모장** : 문서 전체에 글꼴과 글자 크기가 지정되며, 문서 일부분의 글꼴 지정은 할 수 없습니다.
- **워드패드** : 문서 전체 또는 일부분에 글꼴 및 크기, 색상을 지정할 수 있으며 정렬 및 그림 삽입도 가능합니다.

CHAPTER 05 캡처 도구 활용하기

화면 전체 또는 일부분을 캡처하는 방법에 대해 배우고
캡처 화면을 복사, 저장하는 법을 알아봅니다.

완성 화면 미리 보기

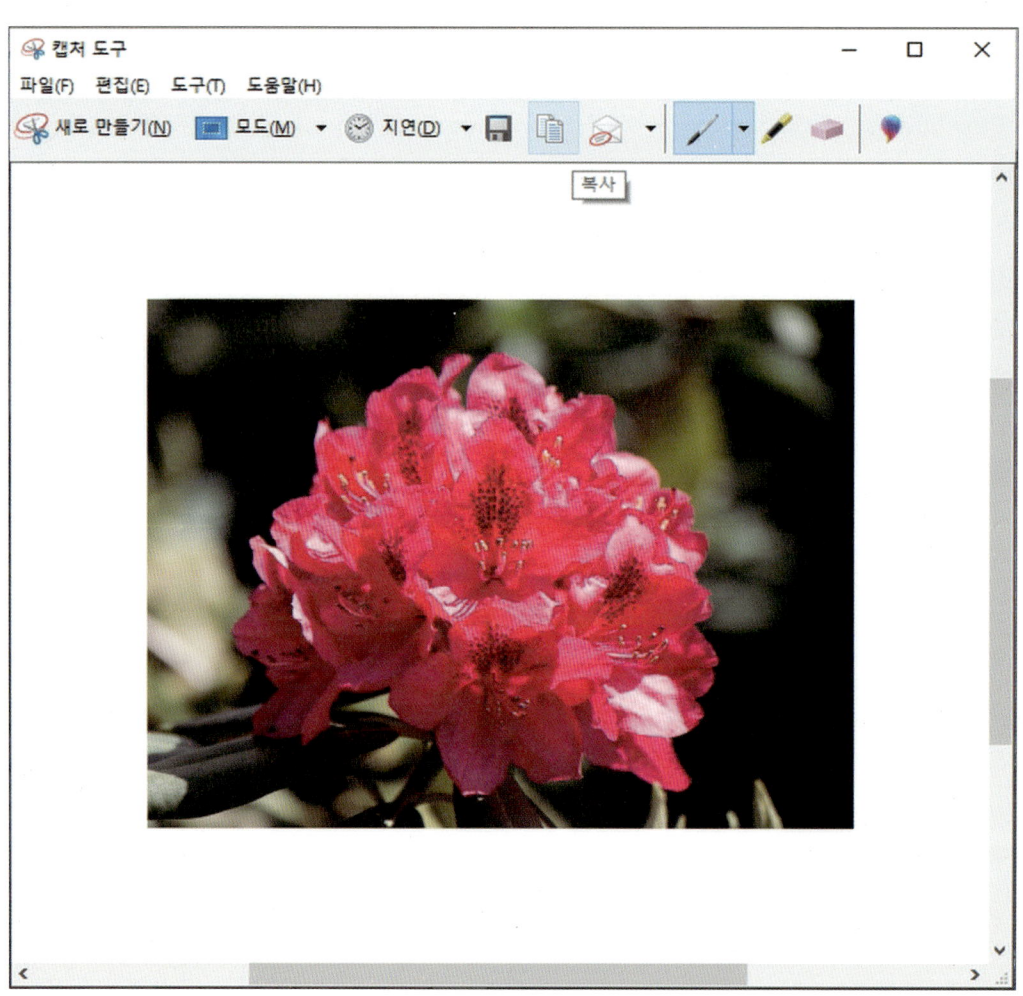

여기서 배워요! 전체 화면 캡처, 자유형 캡처, 저장하기, 복사하기

> **STEP 1** 캡처 도구를 이용하여 인터넷 사진 저장하고 복사하기

1 [시작](⊞) 단추를 클릭한 후 [크롬](🌀) 브라우저를 클릭하여 인터넷을 실행합니다. [Google 검색 또는 URL 입력]을 클릭한 다음 '진달래꽃'을 입력하고 Enter↲를 누릅니다.

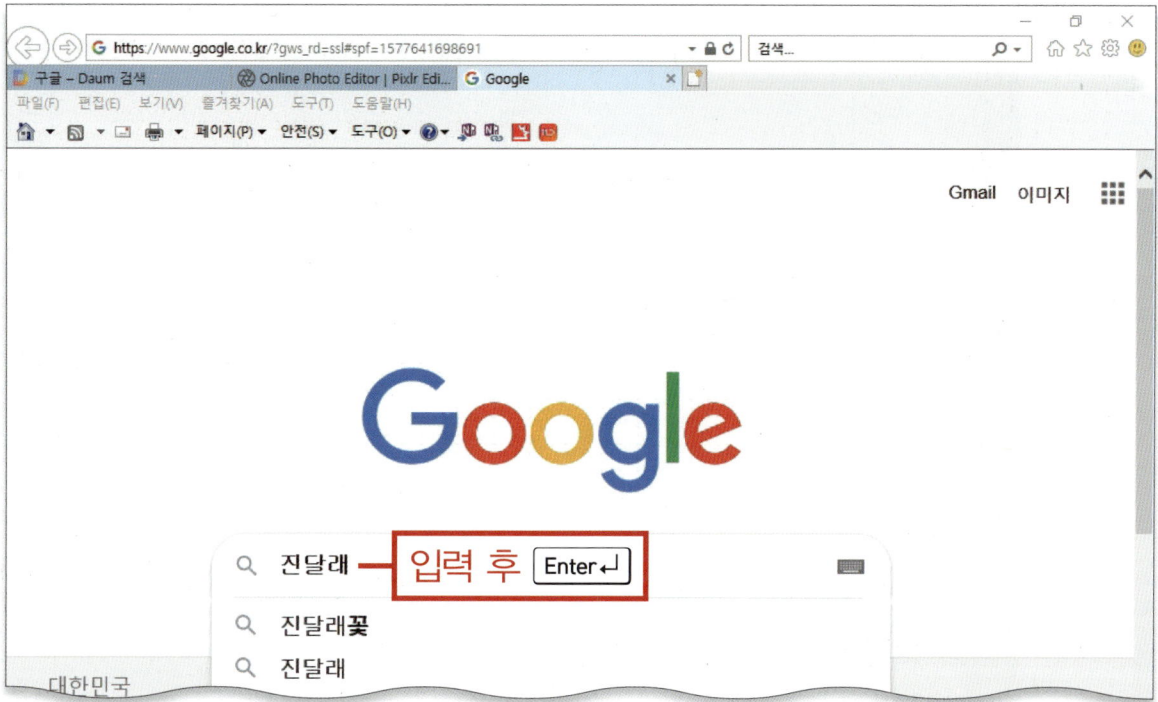

2 검색 결과가 나타나면 검색란 아래에 있는 [이미지] 탭을 클릭한 다음 오른쪽의 [도구] 단추를 클릭합니다. 하단에 메뉴 목록이 나타나면 [사용권▼]을 클릭한 다음 [수정 후 재사용 가능]을 클릭합니다.

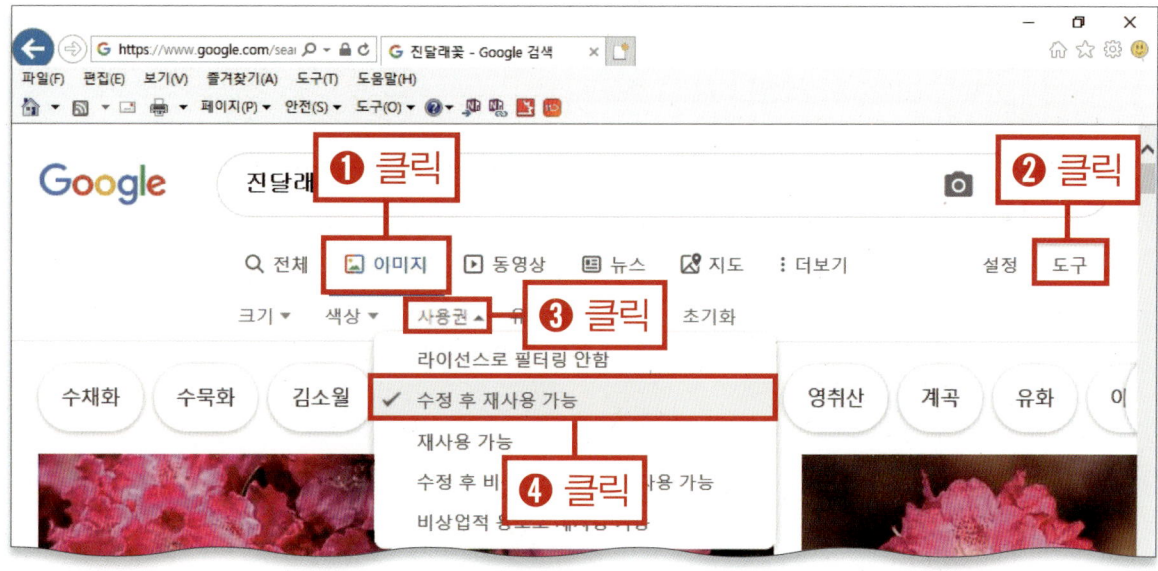

 '수정 후 재사용 가능'을 선택하면 사진을 편집하여 재사용할 수 있는 파일만 볼 수 있습니다.

3 사진 목록에서 원하는 사진을 클릭합니다. 클릭한 사진이 오른쪽에 확대되어 나타납니다. [시작](⊞) 단추를 클릭한 다음 [Windows 보조프로그램]-[캡처 도구]를 차례대로 클릭합니다.

4 '캡처 도구' 대화상자가 나타나면 [새로 만들기]를 클릭합니다. 캡처하고 싶은 사진 영역을 드래그합니다.

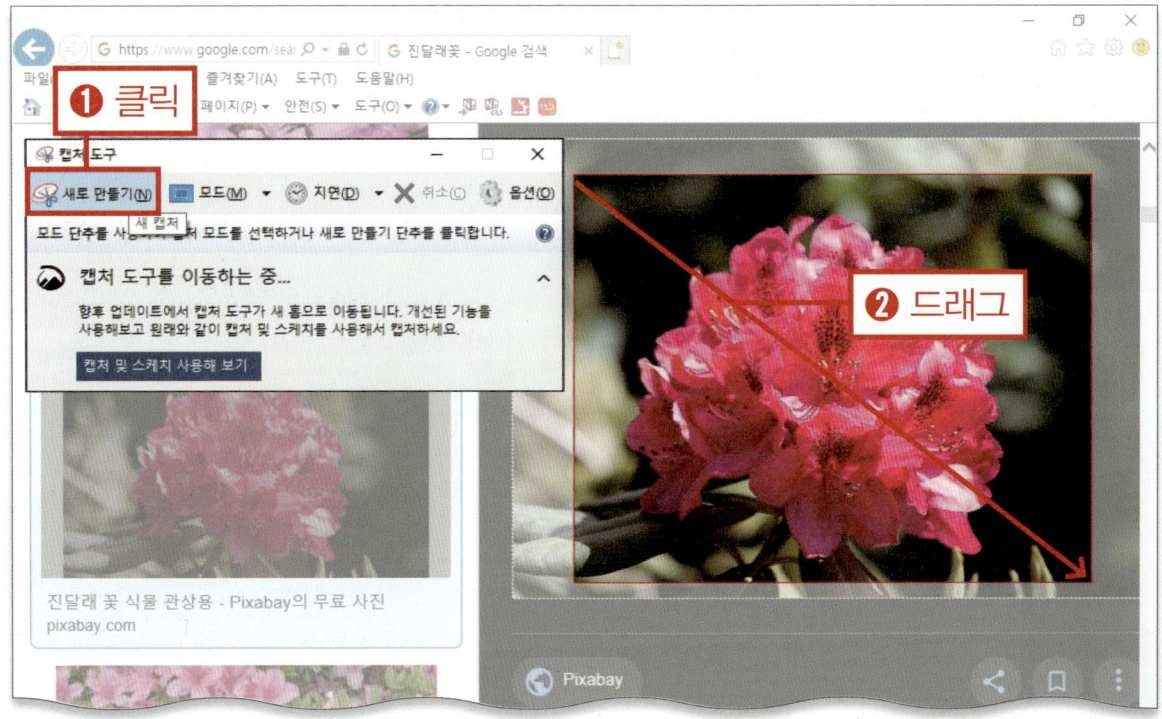

5 캡처 화면을 저장해 두고 재사용하기 위해 [캡처 저장](🖫) 단추를 클릭합니다. '다른 이름으로 저장' 대화상자가 나타나면 '저장 위치'는 [사진] 폴더를 선택하고 '파일 이름'에 '캡처'를 입력한 다음 [저장]을 클릭합니다.

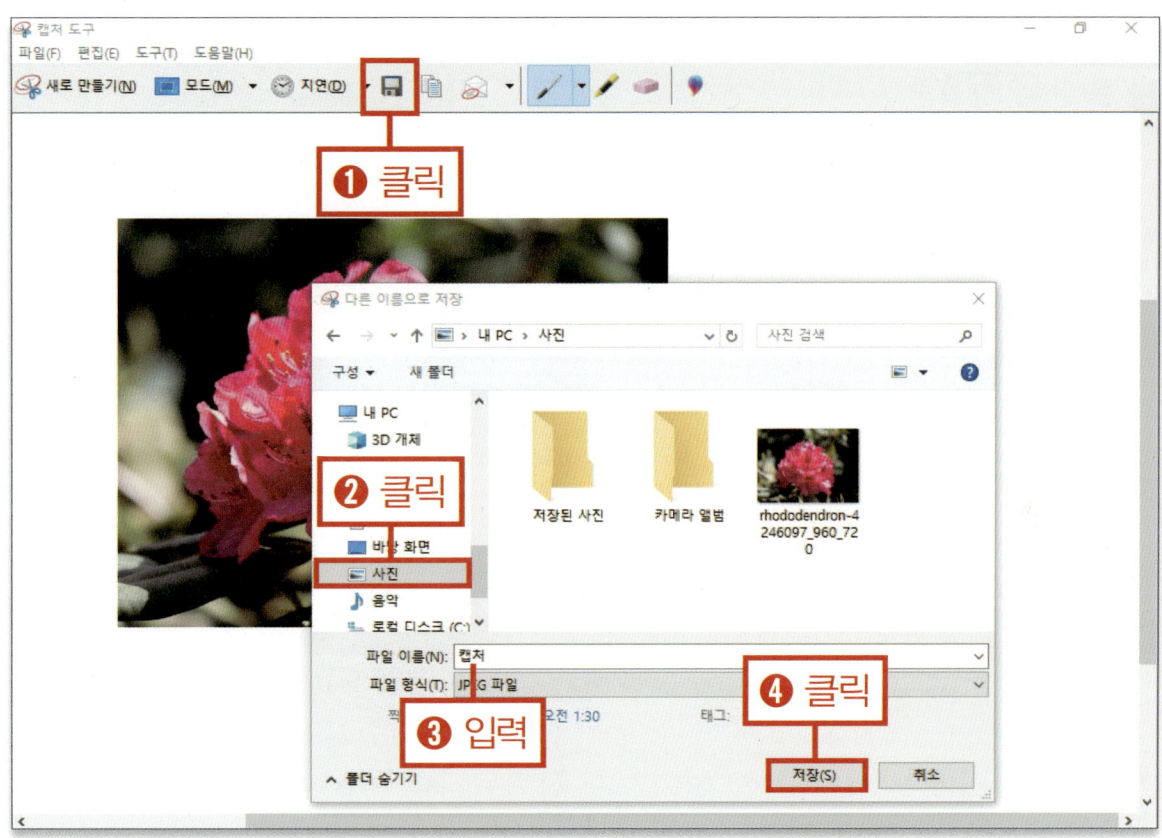

조금 더 배우기

캡처 화면을 일회성으로 사용하고 싶다면 [복사] 단추를 클릭합니다.

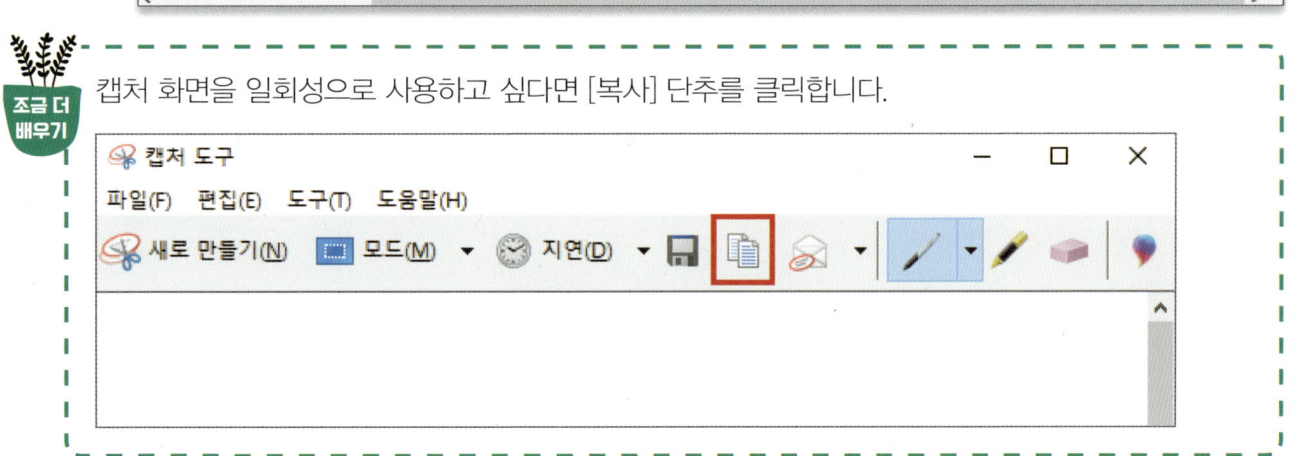

CHAPTER 05 캡처 도구 활용하기 | **43**

STEP 2 복사한 사진 워드패드에 붙여넣기

1 4강에서 만든 '진달래꽃_서식' 워드패드 파일을 불러옵니다. '★ 시와 함께하는 시간 ★' 바로 아래를 클릭하여 커서를 위치시킨 후 [클립보드] 그룹의 [붙여넣기](📋)를 클릭합니다.

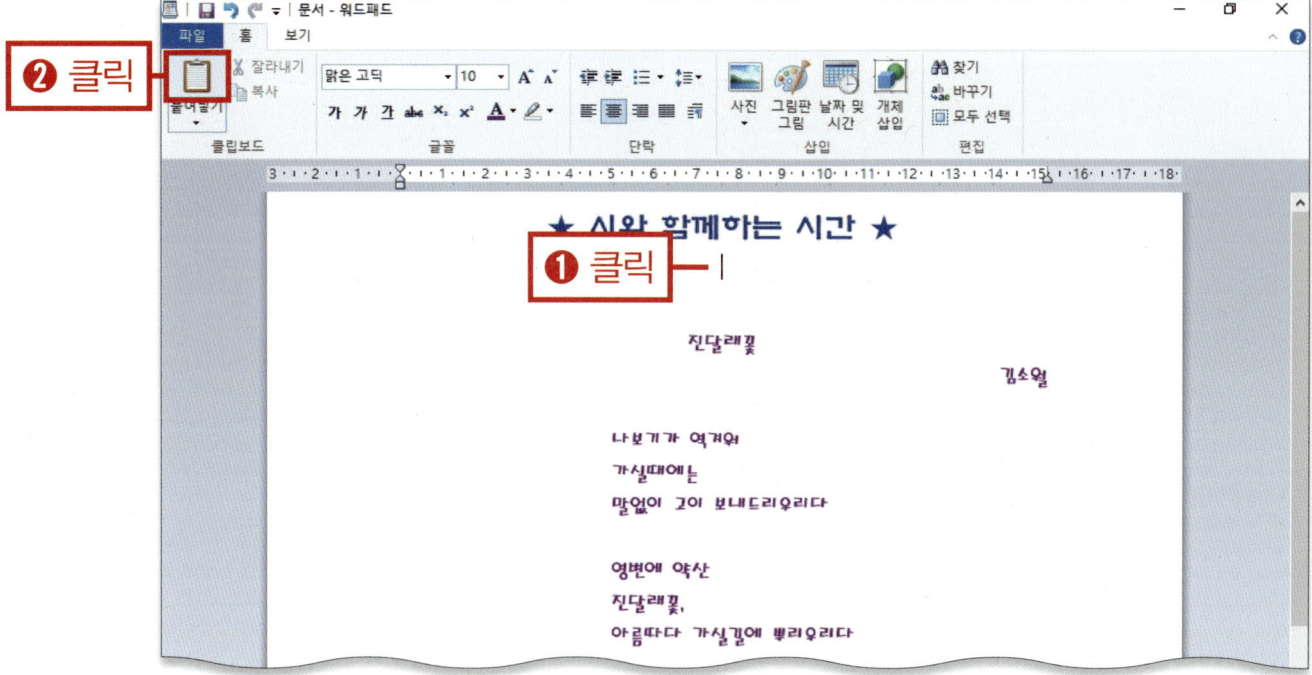

2 문서에 앞서 캡처한 이미지가 삽입됩니다. 완성된 문서를 저장하기 위해 [파일]-[다른 이름으로 저장]을 클릭합니다. '저장 위치'는 [문서], '파일 이름'은 '진달래꽃_편집'으로 입력하고 [저장] 단추를 클릭합니다.

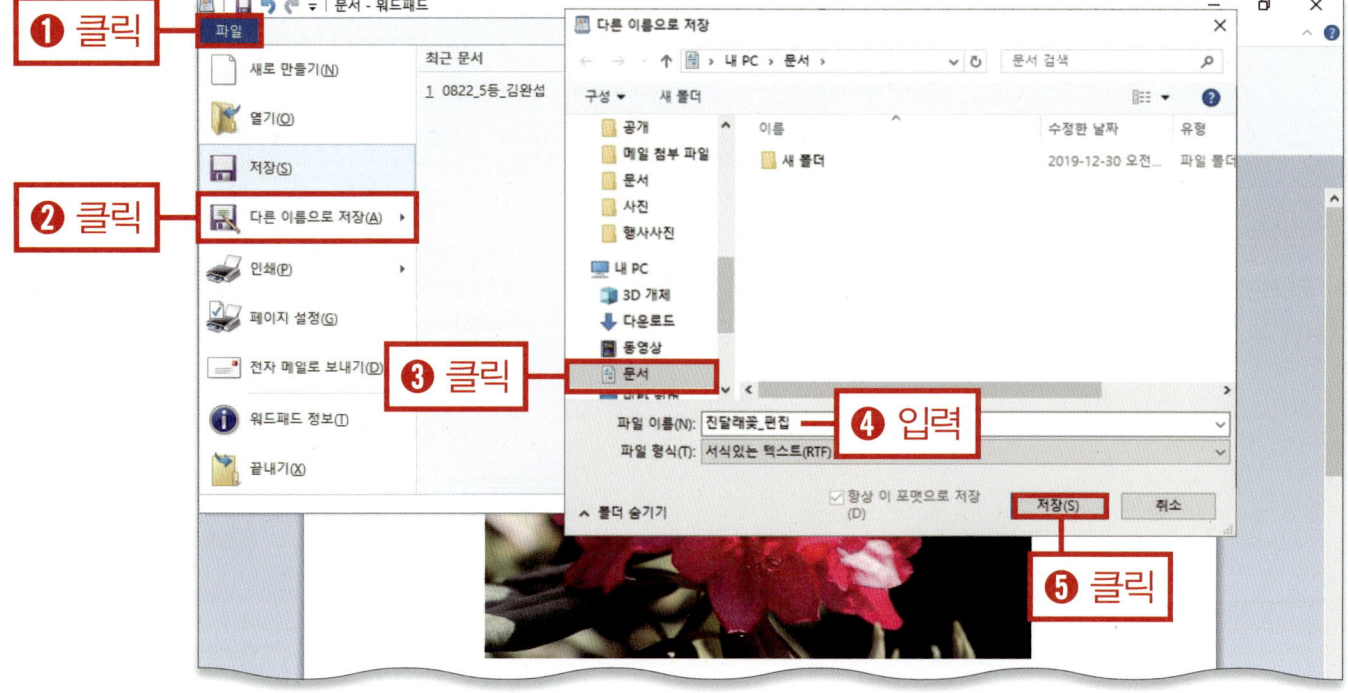

 혼자서도 만들 수 있어요!

1 워드패드에 아래 그림과 같이 애국가를 입력하고 서식을 지정해 보세요.
- **제목** : 글꼴(휴먼엑스포), 크기(24), 글자색(빨강), 가운데 정렬
- **본문** : 글꼴(휴먼옛체), 크기(14)

♣ **애국가** ♣

1절
동해물과 백두산이 마르고 닳도록 하느님이 보우하사 우리나라 만세
무궁화 삼천리 화려강산 대한 사람, 대한으로 길이 보전하세

2절
남산 위에 저 소나무, 철갑을 두른 듯 바람서리 불변함은 우리 기상일세
무궁화 삼천리 화려강산 대한 사람, 대한으로 길이 보전하세

3절
가을 하늘 공활한데 높고 구름 없이 밝은 달은 우리 가슴 일편단심일세
무궁화 삼천리 화려강산 대한 사람, 대한으로 길이 보전하세

4절
이 기상과 이 맘으로 충성을 다하여 괴로우나 즐거우나 나라 사랑하세

> **HINT** [단락] 그룹에 [줄 간격]-[단락 뒤 10pt 간격 추가] 클릭하여 해제하고 애국가 입력 → 1절 후렴구를 드래그하여 블록 지정한 후 [클립보드]-[복사] 단추 클릭 → 2~4절 후렴구에 각각 커서를 위치시키고 [클립보드]-[붙여넣기]를 클릭 → 서식 지정

2 인터넷에서 태극기를 복사한 후 앞서 입력한 애국가 아래에 붙여넣기하고 '애국가 편집'이란 이름으로 저장해 보세요.

> **HINT** '크롬' 브라우저를 열고 검색란에 '태극기'를 입력하여 검색 → 검색 결과에서 마음에 드는 사진을 선택 → '캡처' 프로그램을 실행시킨 후 '태극기'를 드래그하여 [복사] → 앞서 작성한 애국가 마지막 부분에 [붙여넣기] 클릭

CHAPTER 06

그림판으로 그림 그리기

POINT

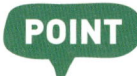

그림판을 이용하면 도형 그리기, 색칠하기, 글자 입력 등 다양한 기능을 활용하여 문서를 만들 수 있습니다. 여기서는 그림판 사용 방법을 배워 보도록 하겠습니다.

완성 화면 미리 보기

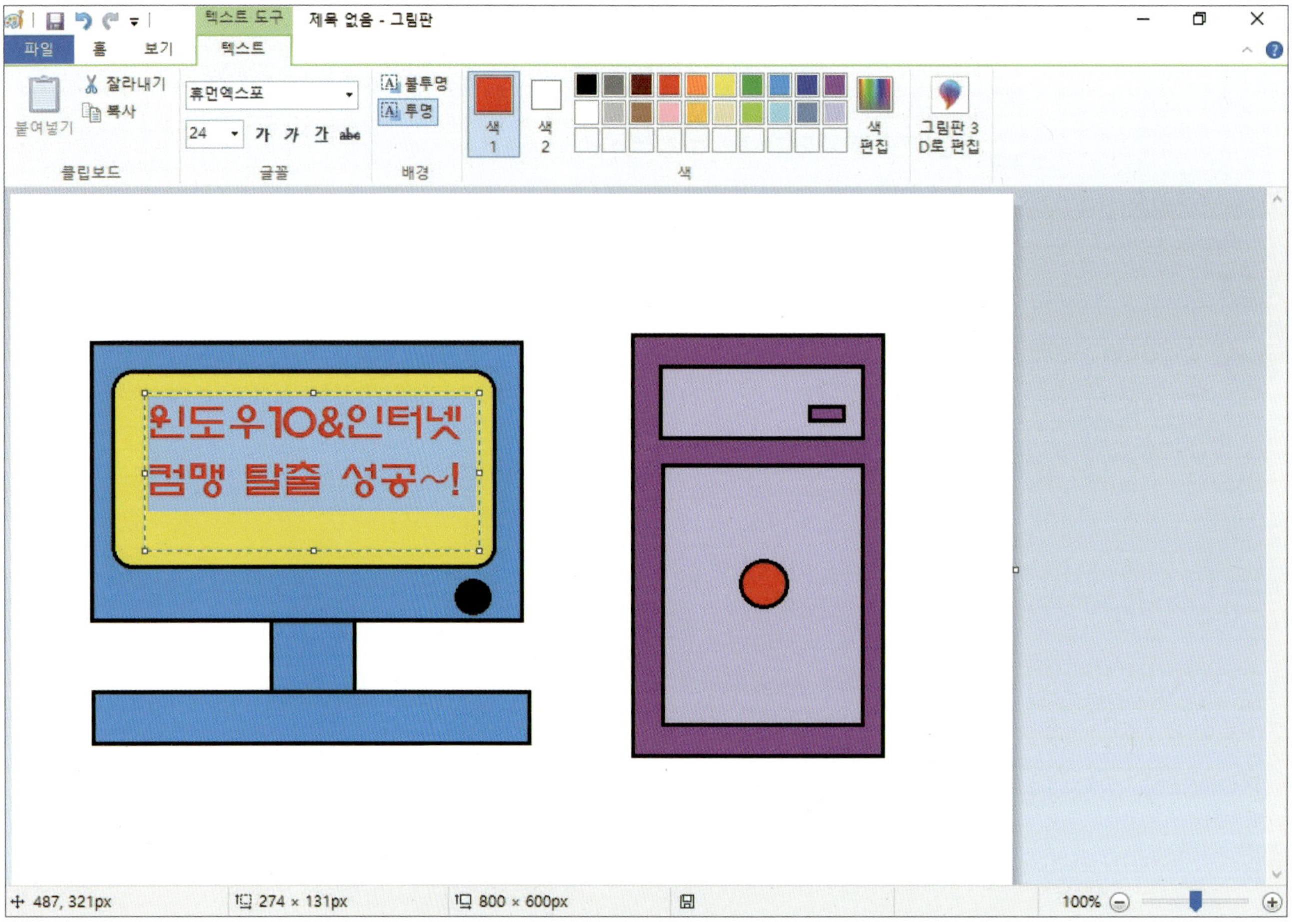

여기서 배워요! 그림판에서 도형 그리기, 색 채우기, 글자 입력하기, 저장하기, 복사하기

STEP 1 그림판 사용하기

1 [시작](⊞) 단추를 클릭한 후 라이브 타일에서 [그림판]을 클릭합니다.

2 '그림판'이 실행되면 그림판의 화면 사이즈를 변경하기 위해 [파일]-[속성]을 차례대로 클릭합니다. '이미지 속성' 대화상자가 나타나면 '너비'는 '800', '높이'는 '600'을 입력한 후 [확인] 단추를 클릭합니다.

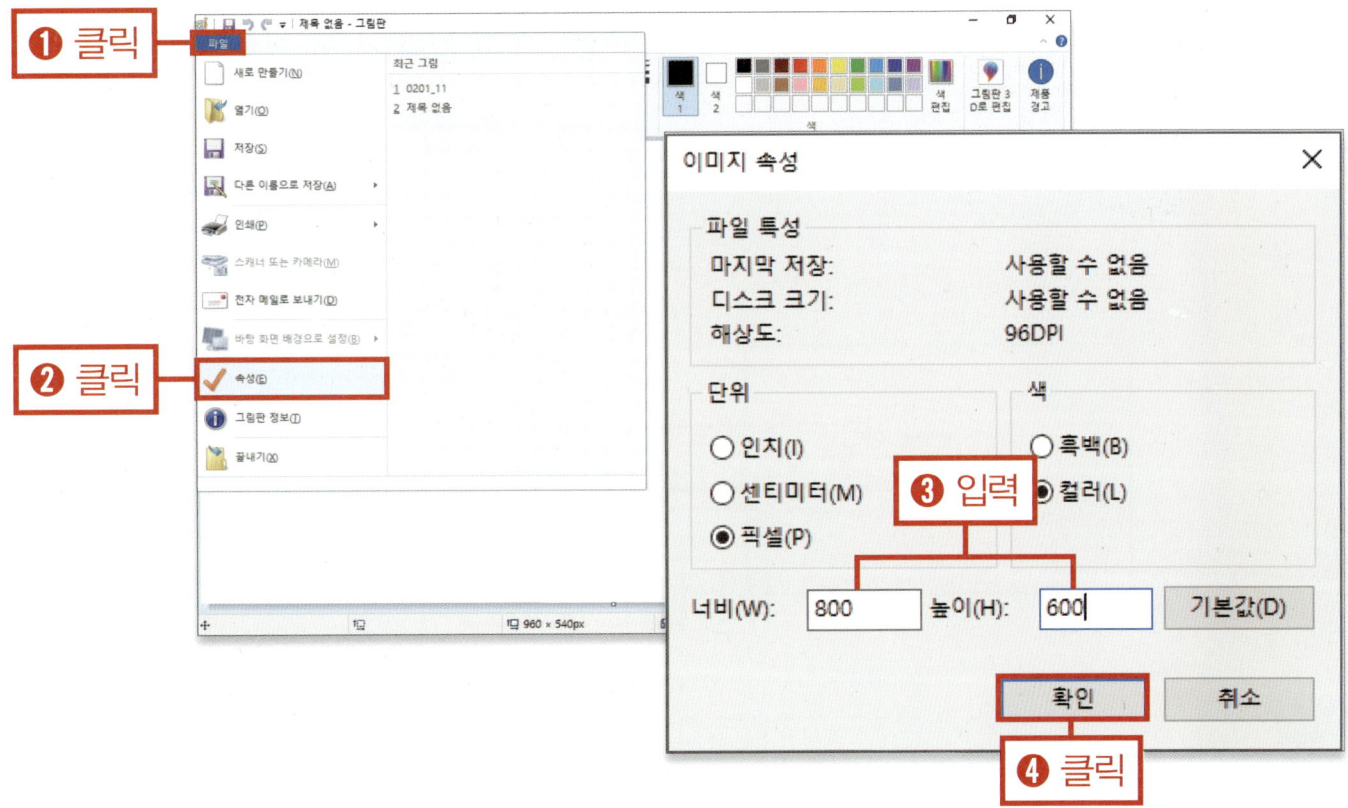

CHAPTER 06 그림판으로 그림 그리기 | **47**

3 [도형] 그룹에서 [직사각형](□)을 클릭한 다음 [크기]는 [3px]를 클릭합니다. 작업 공간에 적당한 크기의 사각형을 만듭니다.

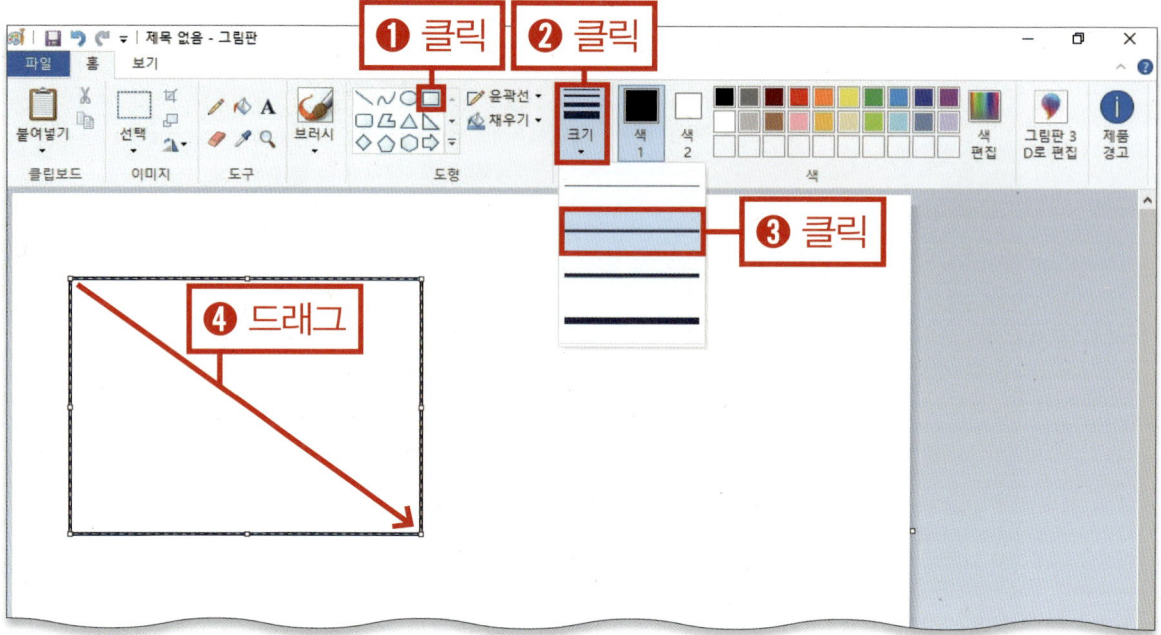

4 사각형 가운데에 마우스를 위치시키면 마우스 포인터가 [이동](✥)으로 변경됩니다. 도형을 원하는 곳으로 드래그해 이동시킵니다. 사각형의 꼭지점에 마우스를 위치시키면 마우스 포인터가 [크기 조절](⤢)로 변경됩니다. 사선으로 드래그하여 도형의 크기를 조절합니다.

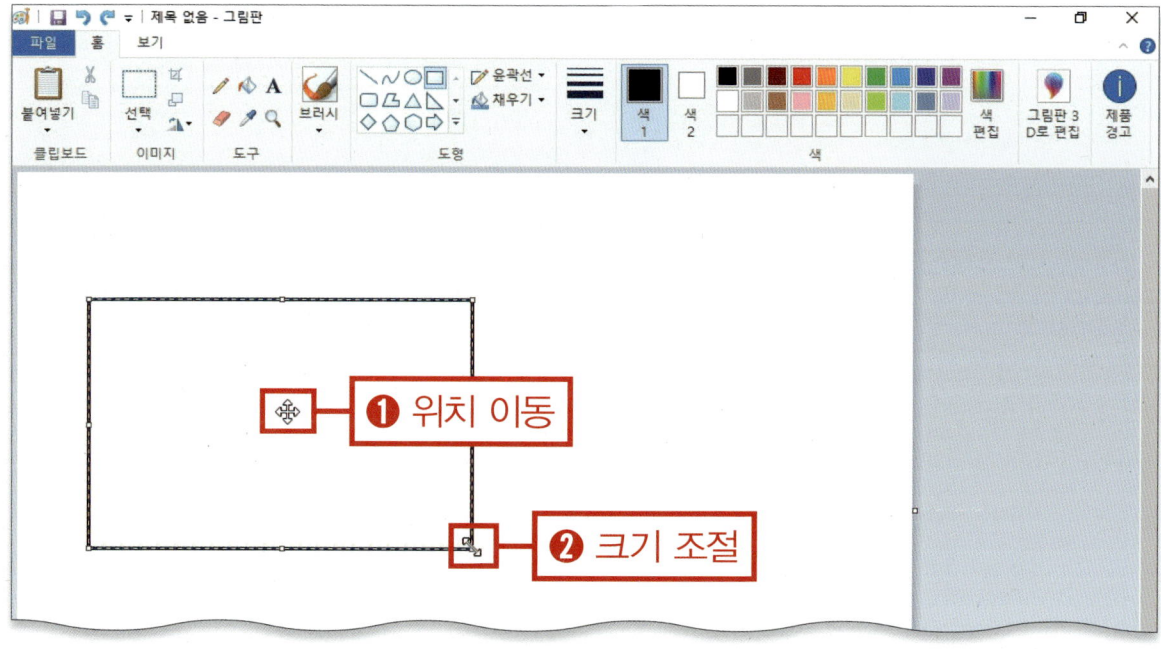

 사각형 바깥쪽의 빈 곳을 클릭하면 선택이 해제되면서 더는 수정할 수 없습니다.

5 같은 방법으로 [직사각형](▢), [둥근 직사각형](▢), [타원](◯)을 이용하여 컴퓨터 모양을 만들어 봅니다.

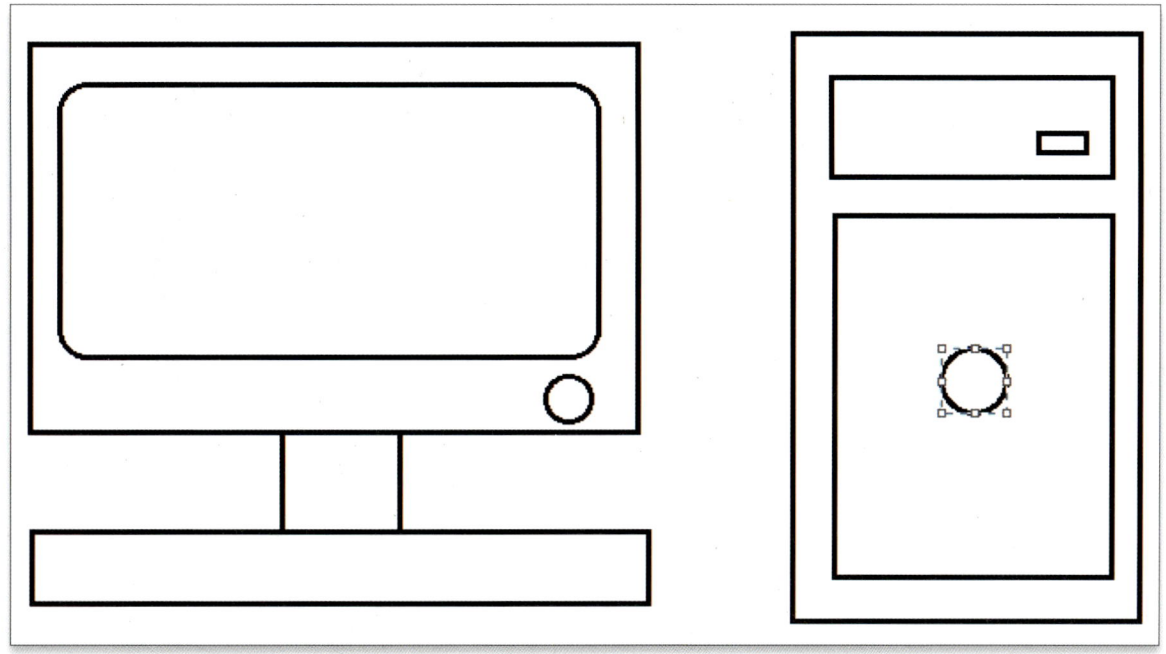

6 [도구] 그룹에서 [색 채우기](🪣)를 클릭한 후 [색] 그룹에서 원하는 색을 선택합니다. 이후 도형 안을 클릭하여 색상을 채워 줍니다. 같은 방법으로 아래 그림과 같이 색상을 넣습니다.

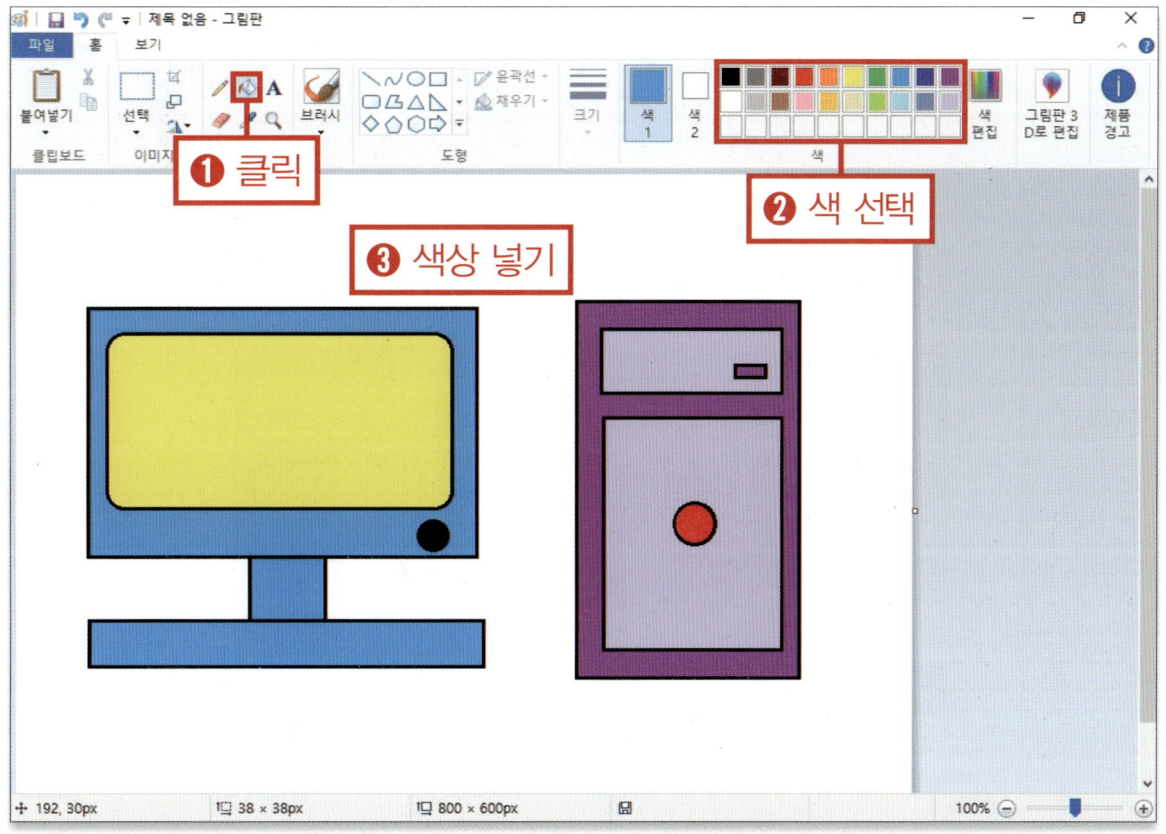

CHAPTER 06 그림판으로 그림 그리기 | **49**

7 [텍스트](A)를 클릭한 후 모니터 부분을 드래그하여 글상자를 만듭니다.

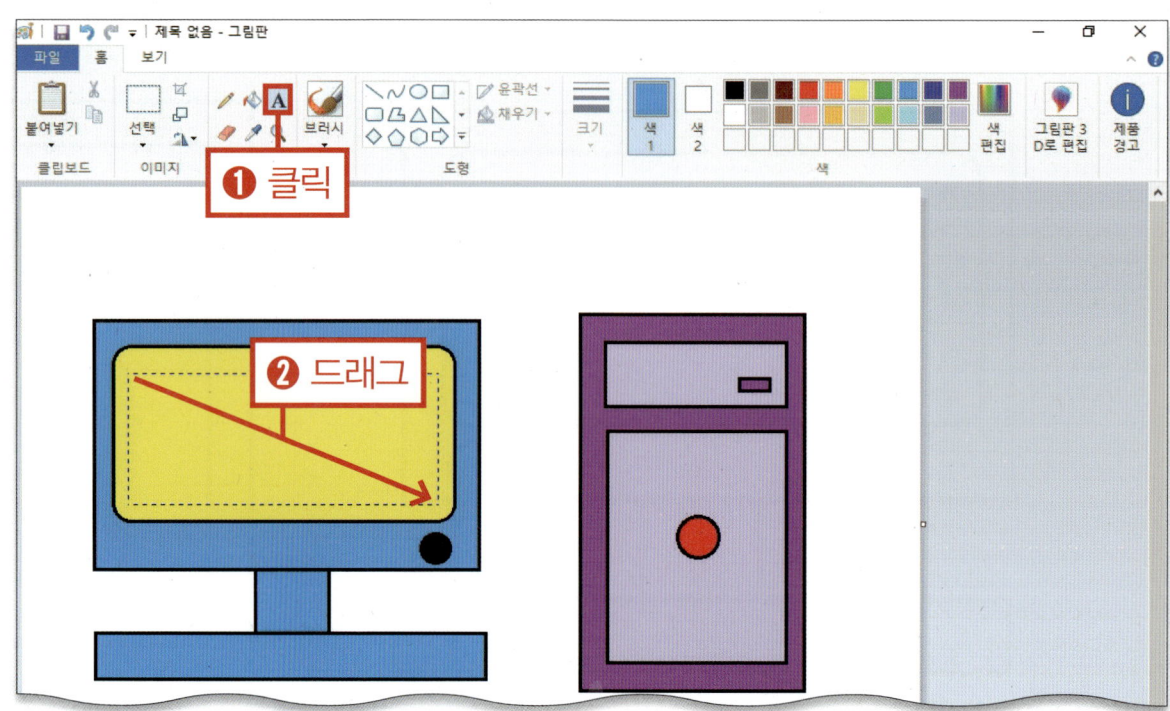

8 [텍스트 도구]-[텍스트] 탭의 [글꼴] 그룹에서 '글꼴 패밀리'의 [목록 단추] (▼)를 클릭하여 [휴먼엑스포]를 선택합니다. '글꼴 크기'에 '24'를 입력하고 Enter↵를 누릅니다. [색1]을 클릭하고 '색'에서 [빨강]을 클릭합니다. 설정이 완료되면 '윈도우10&인터넷 컴맹 탈출 성공~!'을 입력합니다.

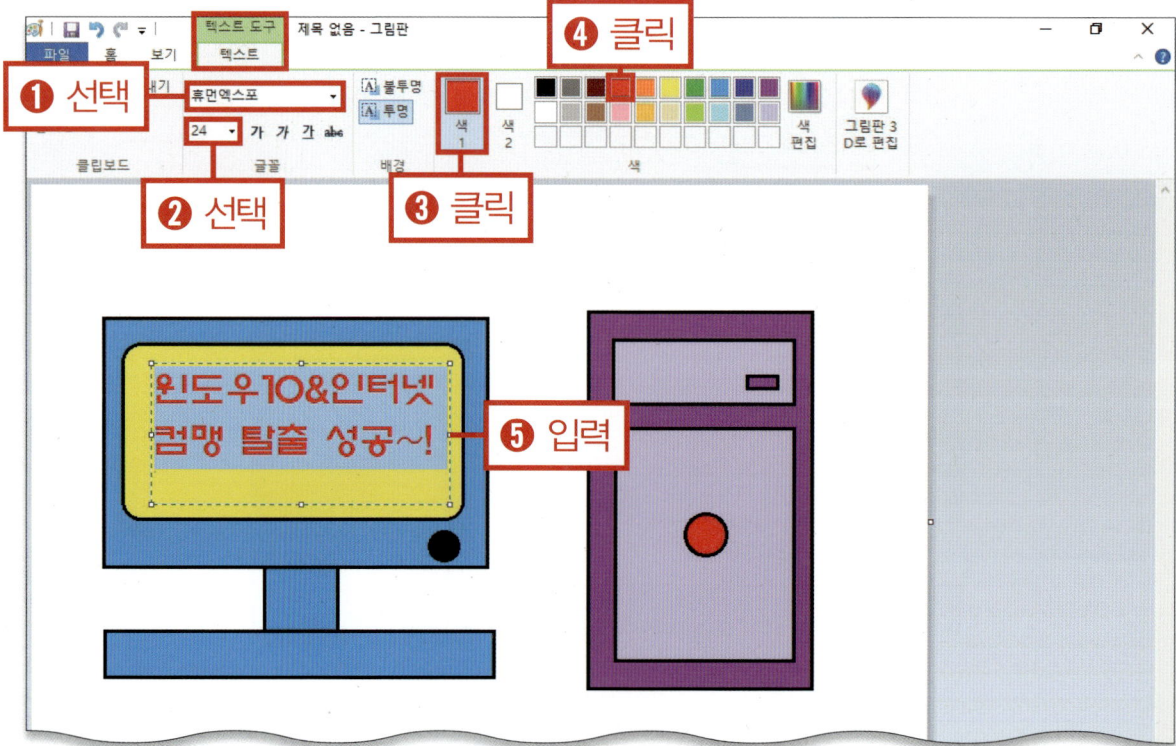

9 완성 파일을 저장하기 위해 [파일]을 클릭하고 [저장]을 클릭합니다. '저장 위치'는 [사진], '파일 이름'은 '배경그림'으로 입력하고 '파일 형식'은 [JPEG]를 선택합니다. [확인]을 클릭합니다.

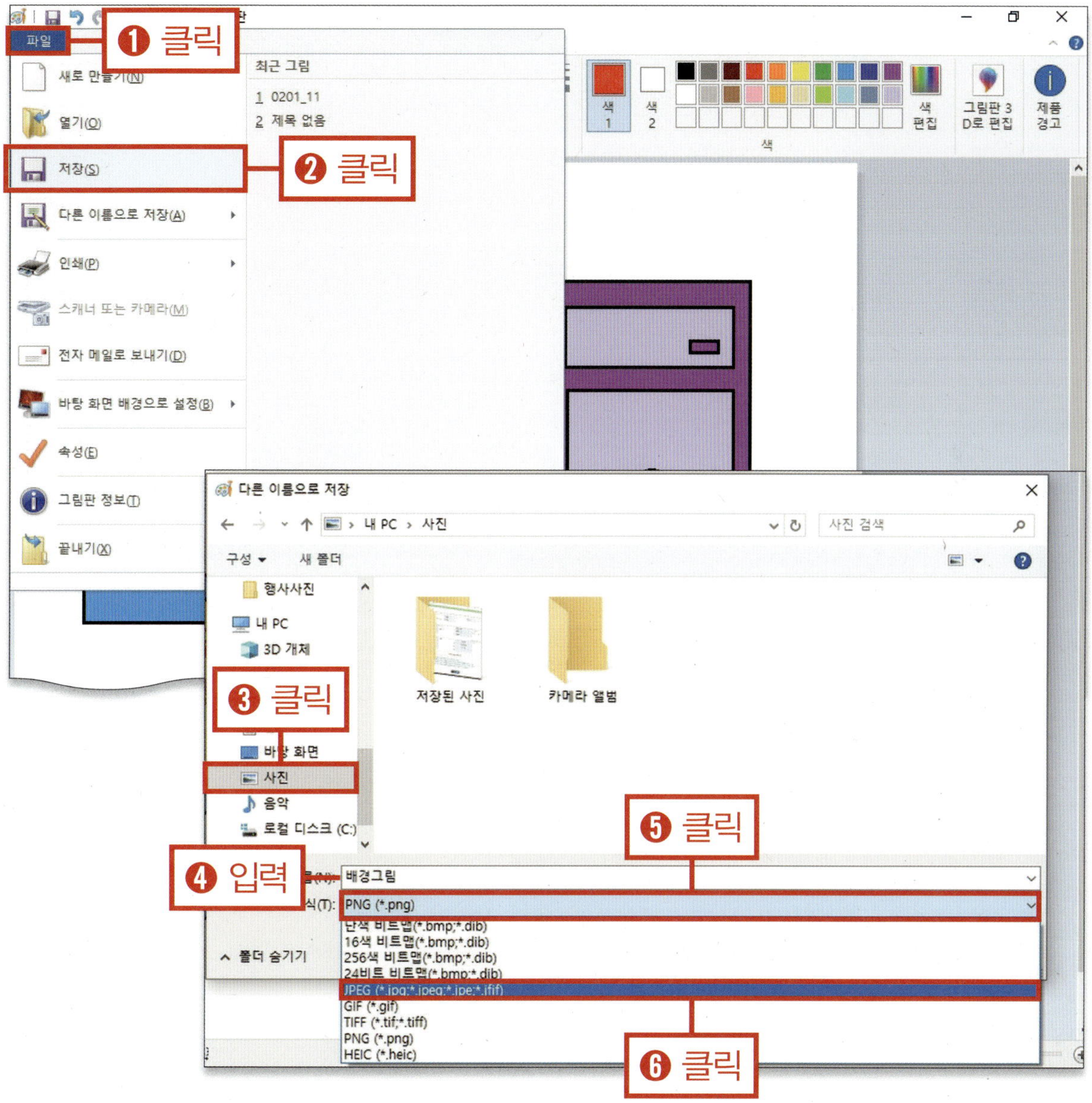

- **JPEG** : 가장 많이 사용되는 이미지 파일로, 용량이 적고 실사에 가깝게 표현할 수 있습니다. 투명색은 지정되지 않는 단점이 있습니다.
- **GIF** : 용량이 적고 움직이는 애니메이션을 표현할 수 있으나, 색상 수가 256컬러로 제한적입니다.
- **PNG** : 인터넷에서 이용하기 위해 만들어진 차세대 파일 형식으로, 트루컬러 지원과 투명색 설정이 가능합니다.

CHAPTER 07

메모장을 활용한 카드 만들기

POINT

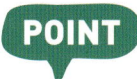

메모장 프로그램을 사용하여 이미지가 삽입된
엽서를 만드는 방법을 소개합니다.

완성 화면 미리 보기

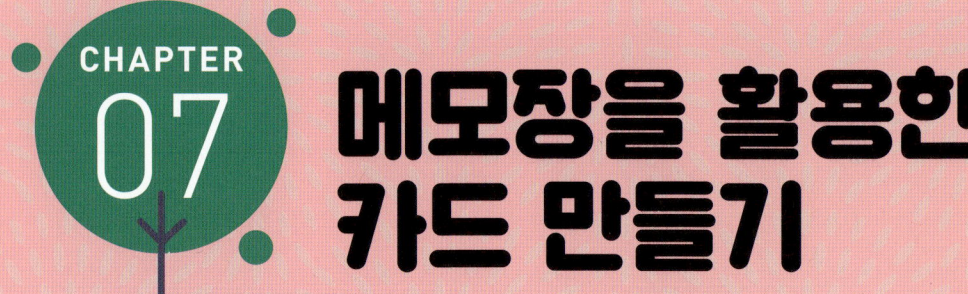

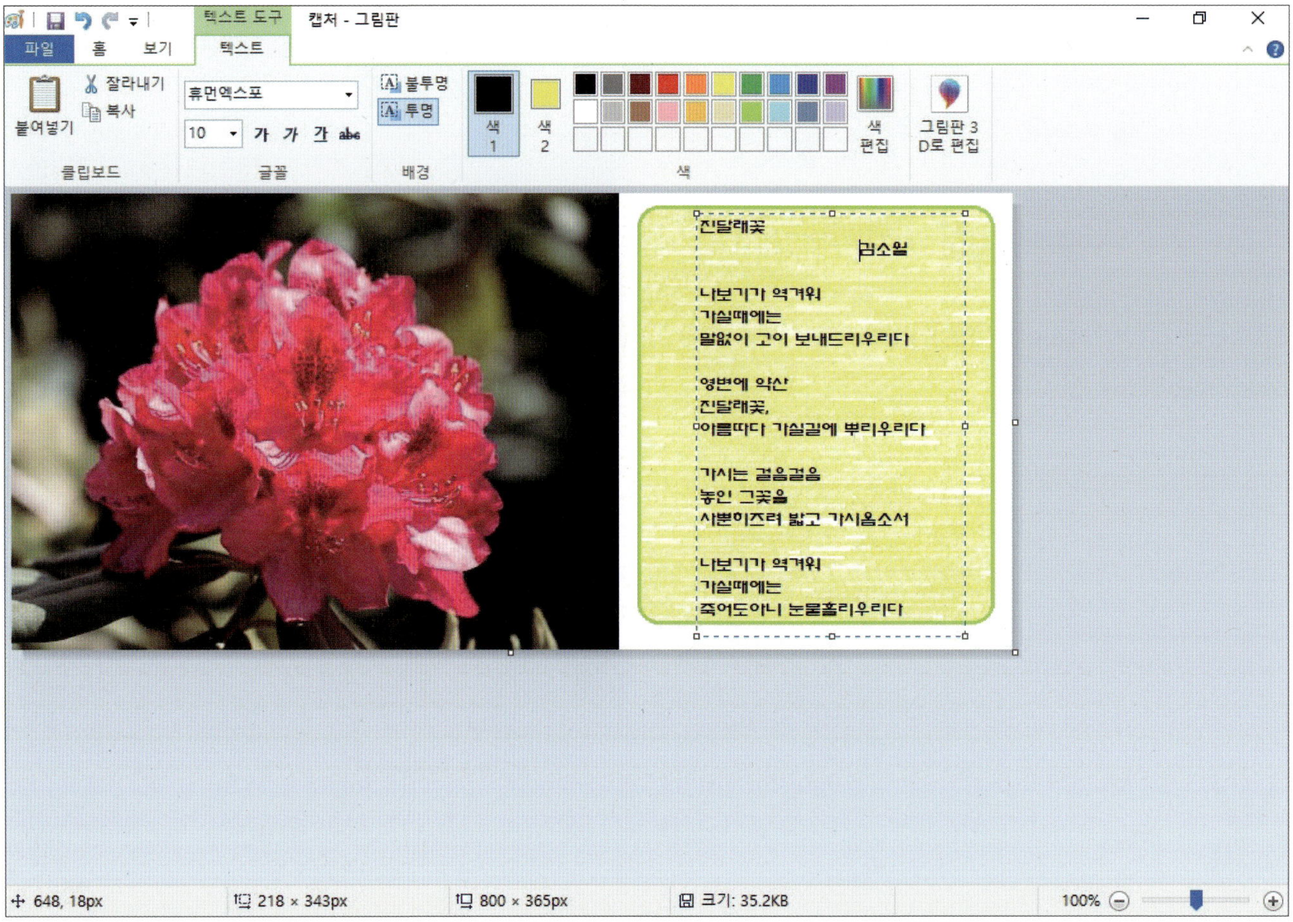

여기서 배워요! 그림판에서 사진 불러오기, 편집하기, 다른 이름으로 저장하기

STEP 1 그림판 사용하기

1 [시작](⊞) 단추를 클릭한 후 라이브 타일에서 [그림판]을 클릭합니다. '그림판' 프로그램이 실행되면 [파일]-[열기]를 차례대로 클릭합니다. [사진] 폴더에 [캡처] 이미지를 선택하고 [열기]를 클릭합니다.

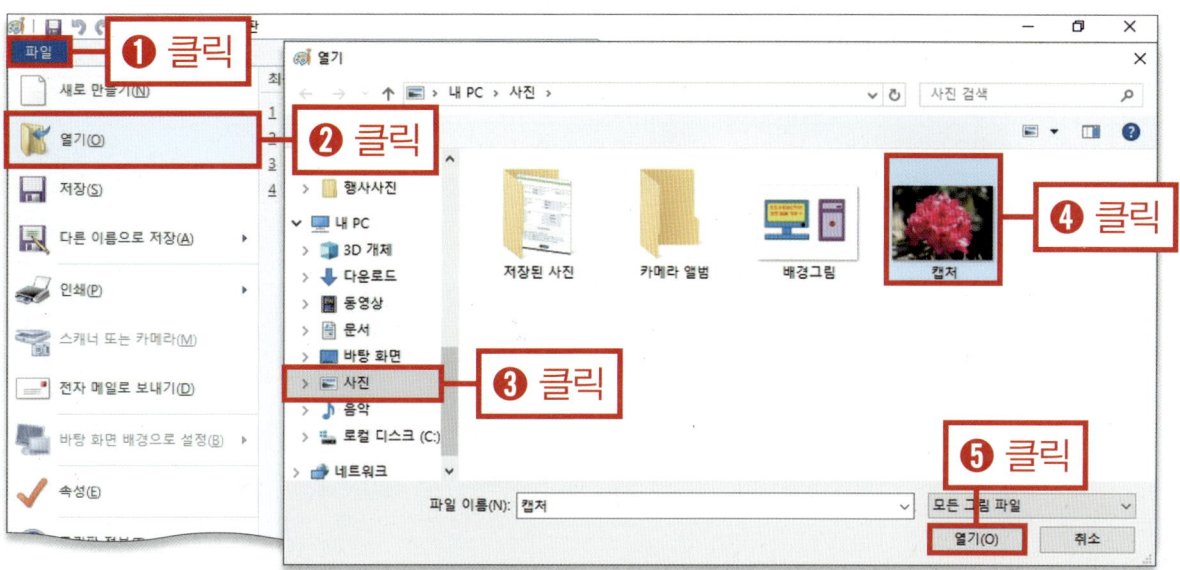

'캡처' 이미지가 없다면 다른 이미지를 불러와 사용하도록 합니다.

2 [파일]-[속성]을 차례대로 클릭합니다. '이미지 속성' 대화상자에서 '너비'는 '800', '높이'는 '365'를 입력한 후 [확인]을 클릭합니다.

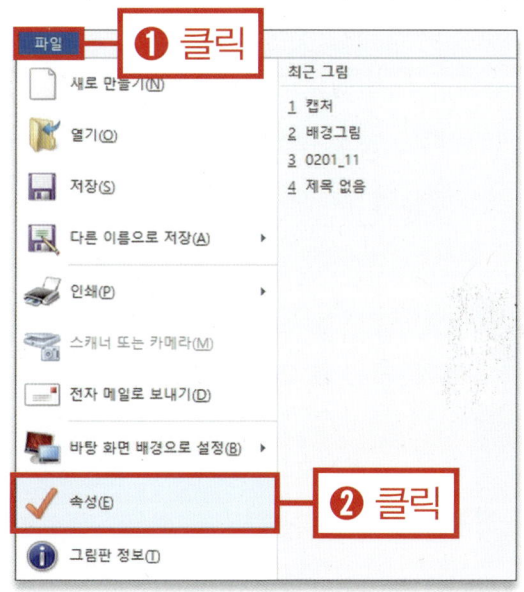
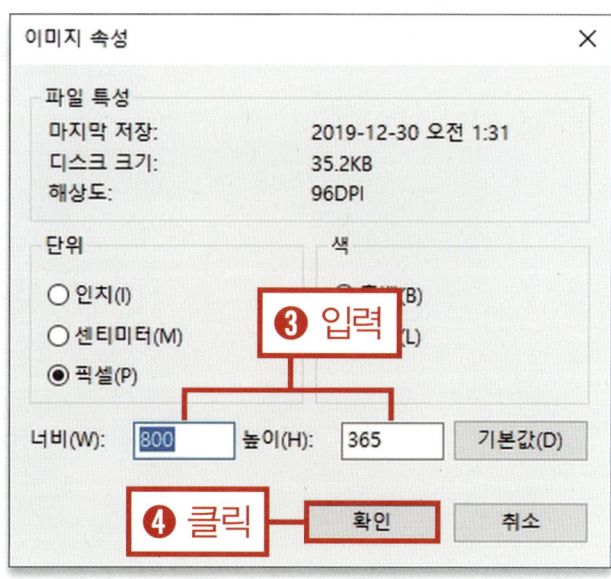

사방으로 8개의 크기 조절점이 생깁니다. 오른쪽 가운데 점에 마우스를 가까이하면 마우스 포인터가 [좌우 크기 조절](↔)로 변경됩니다. 드래그하여 크기를 조절합니다.

3 [둥근 직사각형](⬜)을 클릭합니다. [윤곽선]을 클릭한 후 [단색]을 선택합니다.

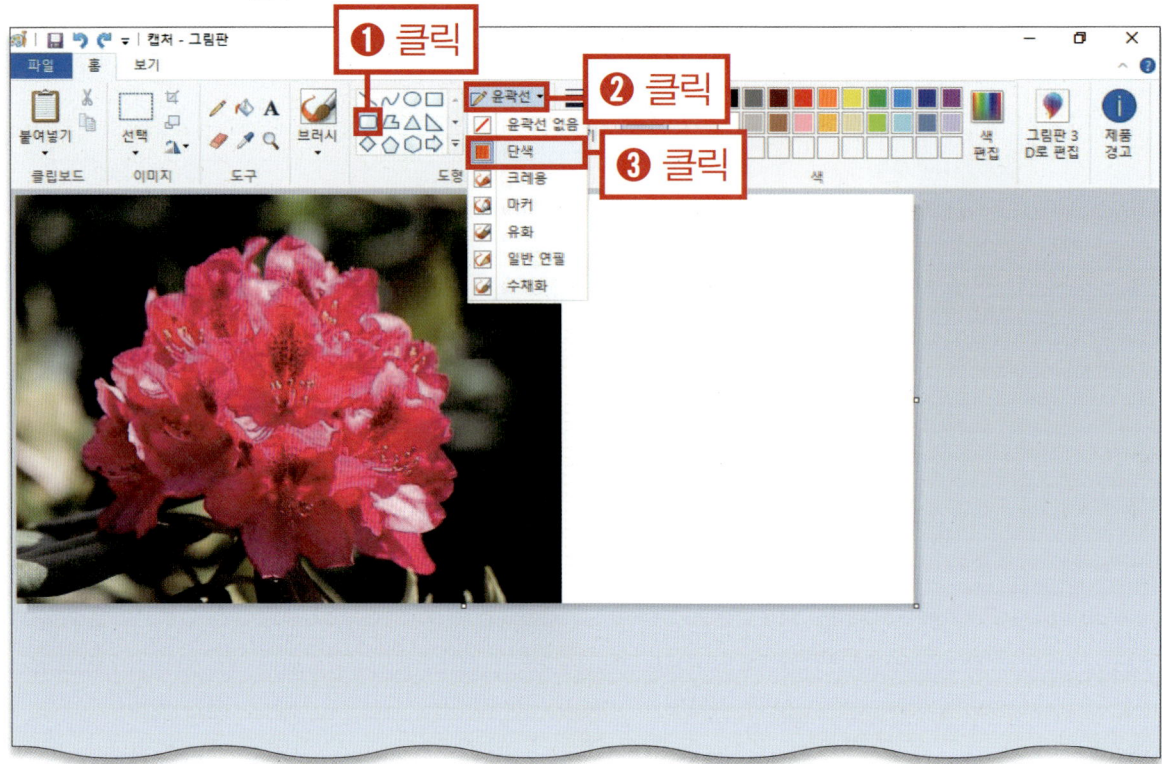

4 [채우기]를 클릭한 후 [일반 연필]을 선택합니다. '색 1(테두리색)'이 선택된 상태로 [색] 그룹에서 [라임]을 클릭합니다. [색 2(채우기색)]를 클릭한 다음 이번에는 [노랑]을 클릭합니다. 설정이 완료되면 아래 그림과 같이 드래그합니다.

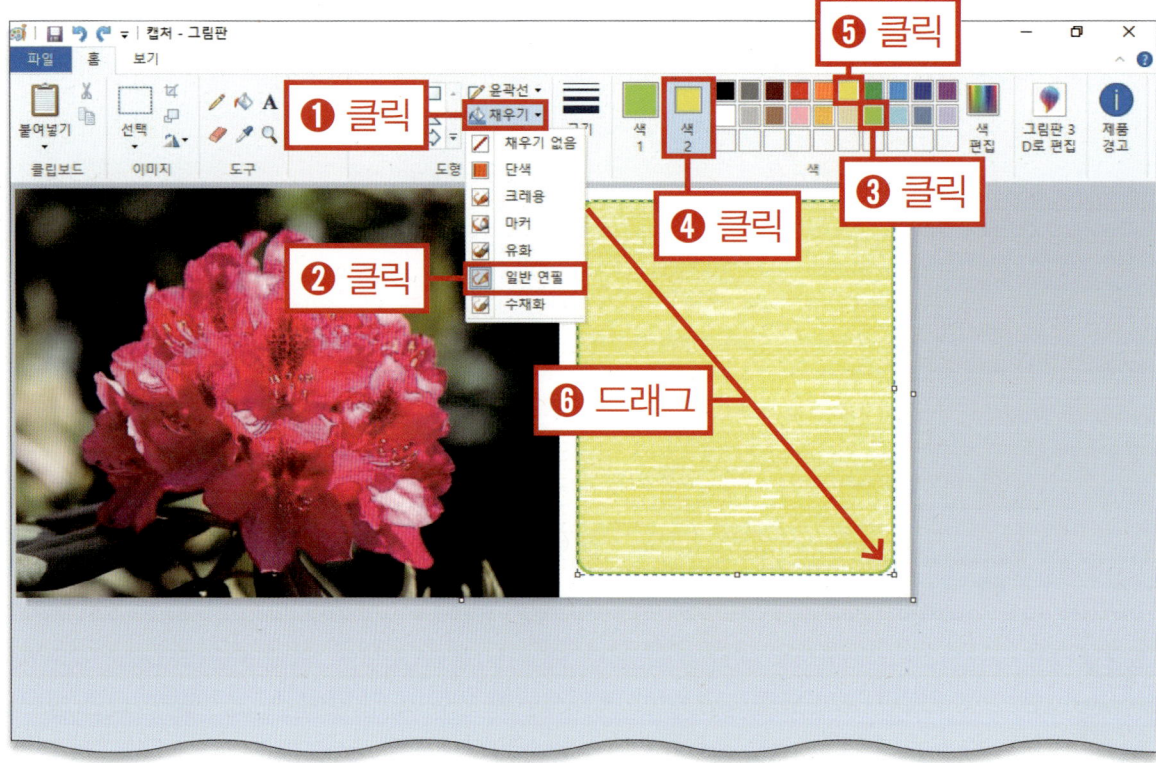

STEP 2 메모장의 글 복사하여 그림판에 붙여넣기

1 [시작](⊞) 단추를 클릭한 후 라이브 타일에서 [메모장]을 클릭하여 실행합니다.

2 '메모장' 프로그램이 열리면 [파일]-[열기]를 차례대로 클릭합니다. '열기' 대화 상자가 나타나면 [문서] 폴더에서 앞서 작성한 [진달래꽃.txt] 파일을 선택하고 [열기]를 클릭합니다.

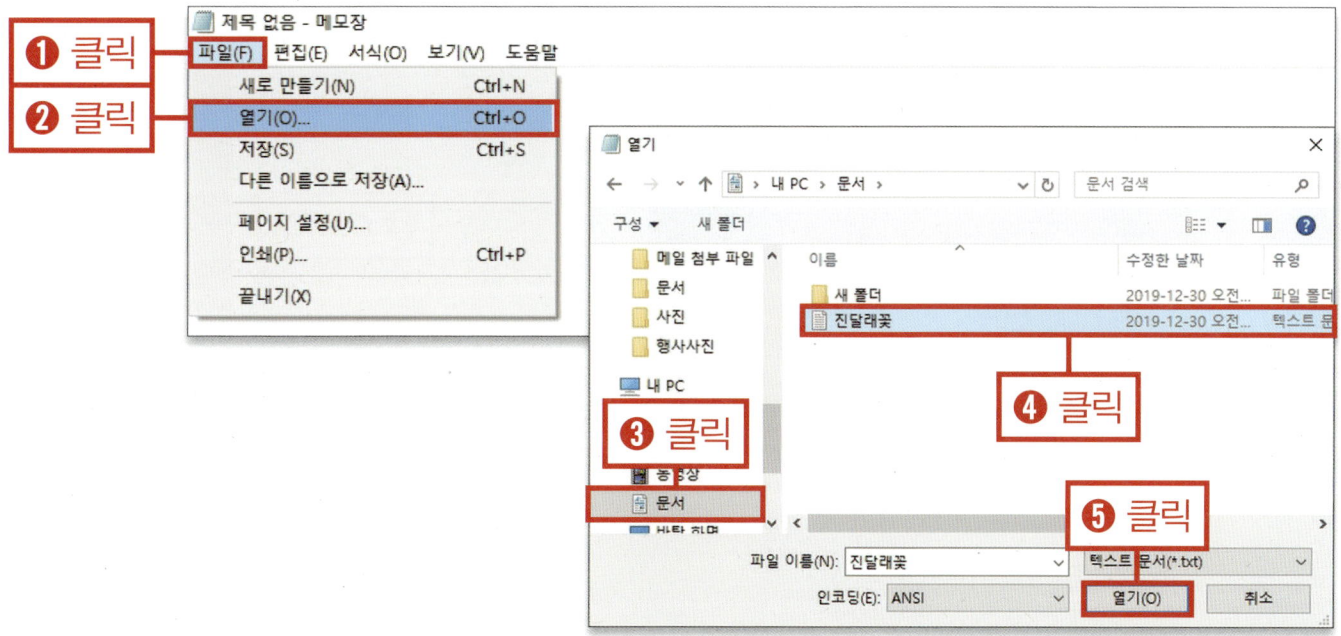

CHAPTER 07 메모장을 활용한 카드 만들기 | 55

3 시 부분만 드래그해 블록 지정한 다음 마우스 오른쪽 버튼을 누릅니다. '바로가기' 메뉴에서 [복사]를 클릭합니다.

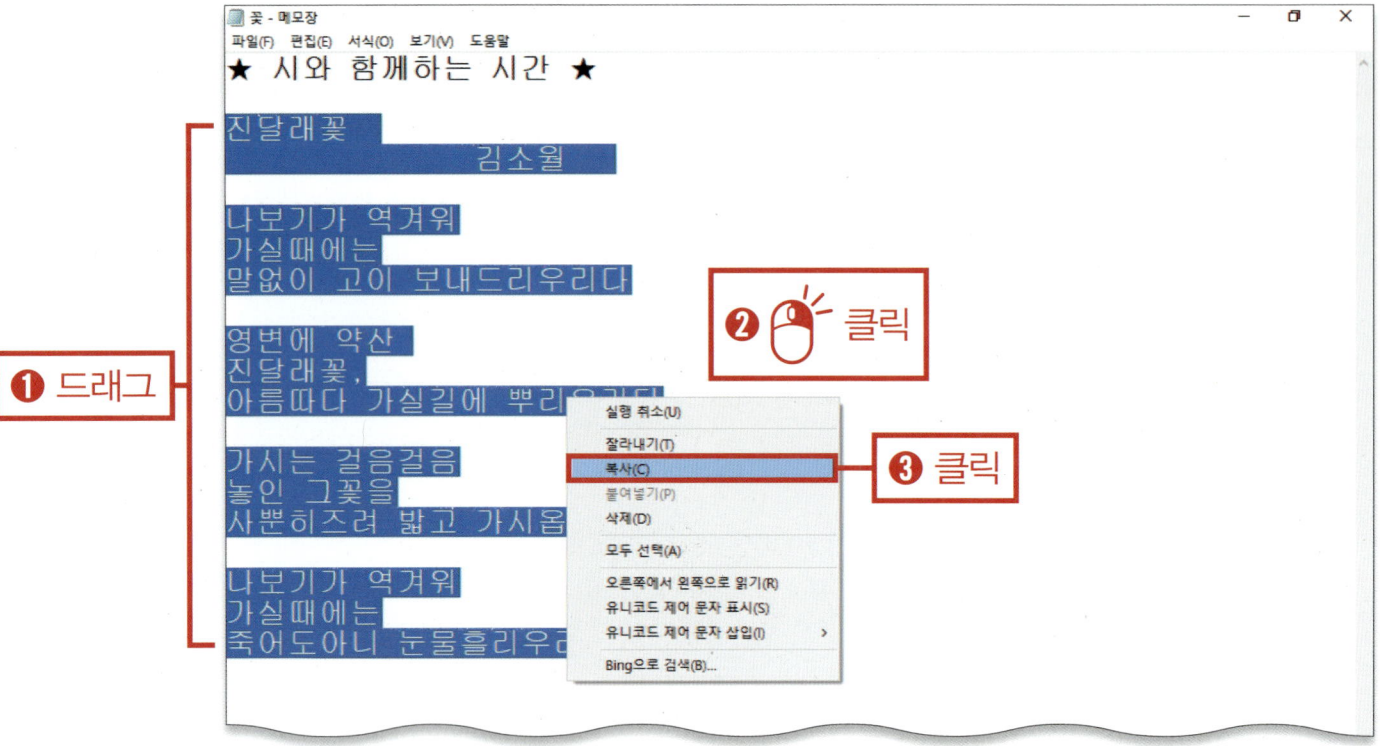

4 '메모장'을 닫고 '그림판' 프로그램으로 돌아옵니다. [텍스트](A) 단추를 클릭한 후 아래 그림과 같이 드래그하여 글상자를 만듭니다.

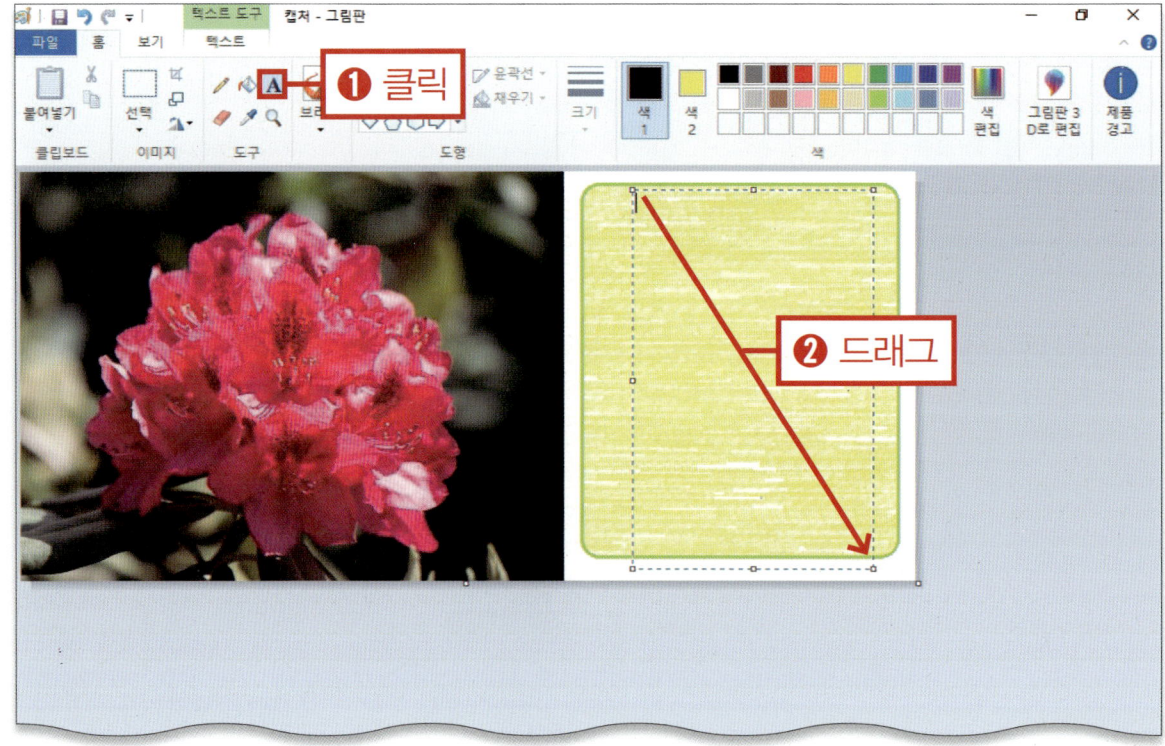

5 [텍스트 도구]-[텍스트] 탭에서 '글꼴 패밀리'는 [휴먼엑스포], '글자 크기'는 [10]으로 선택합니다. [색 1]을 클릭한 다음 [검정]을 클릭합니다. 이후 마우스 오른쪽 버튼을 누른 다음 [붙여넣기]를 클릭합니다.

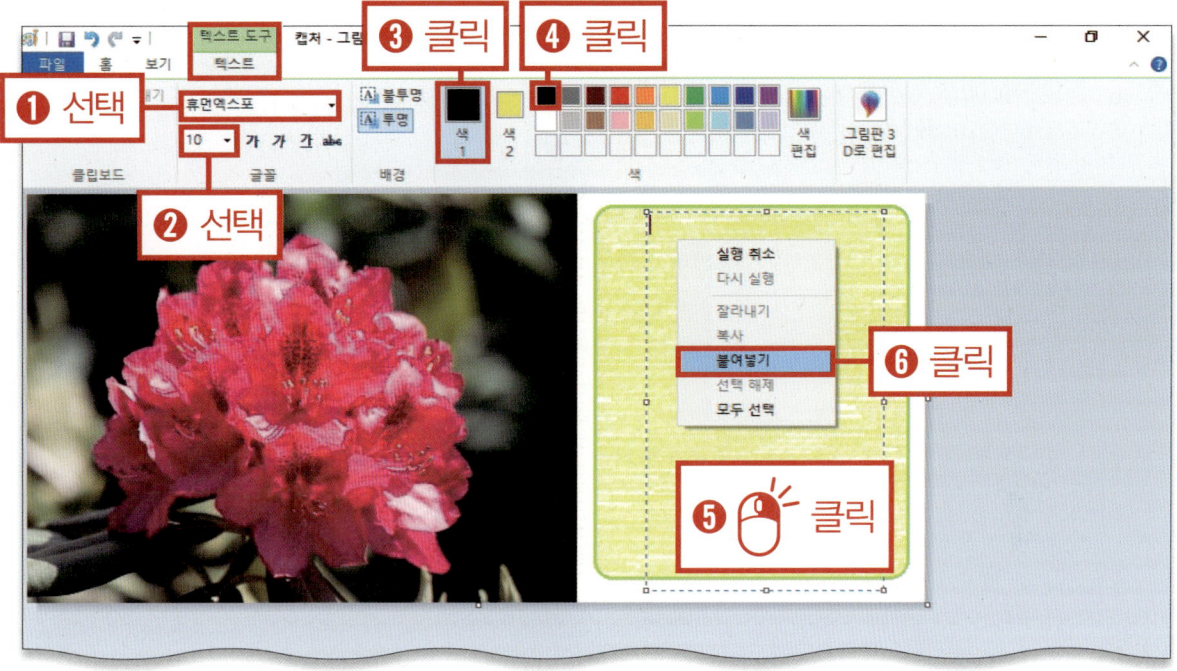

6 글상자의 테두리에 마우스 포인터를 위치시켜 위치와 크기를 조절합니다. 글상자 바깥 부분을 클릭하여 편집을 종료합니다. [파일]-[다른 이름으로 저장]을 차례대로 클릭한 후 [사진] 폴더에 '파일 이름'을 '진달래 엽서.jpg'라고 입력하여 [저장] 합니다.

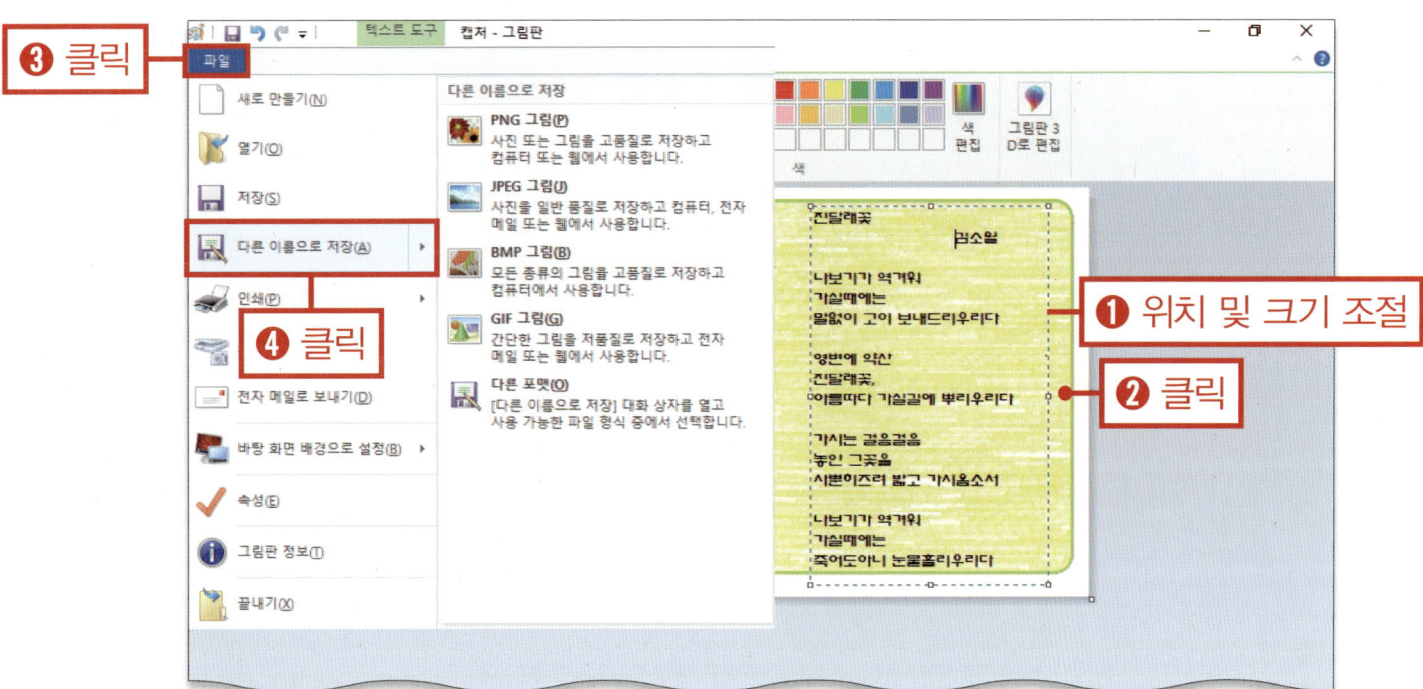

CHAPTER 07 메모장을 활용한 카드 만들기 | 57

 # 혼자서도 만들 수 있어요!

1 메모장을 이용하여 아래 내용을 입력하고 '문서' 폴더에 파일 이름을 '승무.txt'로 저장해 보세요.

```
승 무    -조지훈-

얇은 사 하이얀 고깔은
고이 접어서 나빌레라.

파르라니 깎은머리
박사고깔에 감추오고

두볼에  흐르는 빛이
정작으로 고와서 서러워라.

빈 대에 황촉불이 말없이 녹는 밤에
오동잎 잎새마다 달이 지는데,

소매는 길어서 하늘은 넓고
돌아설 듯 날아가며 사뿐히 접어 올린 외씨버선이여!

까만 눈동자 살포시 들어
먼 하늘 한 개 별빛에 모두오고,

복사꽃 고운 뺨에 아롱질 듯 두 방울이야
세사에 시달려도 번뇌는 별빛이라.

휘어져 감기우고 다시 접어 뻗는 손이
깊은 마음 속 거룩한 합장인 양하고

이 밤사 귀또리도 지새는 삼경인데
얇은 사 하이얀 고깔은 고이 접어서 나빌레라.
```

2 아래와 같이 이미지와 글을 삽입하여 엽서를 만든 후 '파일 이름'을 '연꽃_승무.jpg'로 저장해 보세요.

 메모장에 입력한 '승무' 내용을 복사 → '그림판' 프로그램 실행 후 캡처한 '연꽃.jpg' 이미지 불러오기 → [파일]-[속성] 클릭 후 '너비:1000', '높이:600'으로 변경 → 도형과 글상자를 이용하여 엽서 모양을 만든 후 마우스 오른쪽 버튼을 누른 다음 [붙여넣기] 클릭

CHAPTER 08

3D 그림판 활용하기

POINT

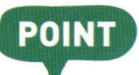

Windows 10에 추가된 그림판 3D를 이용하여 입체적인 화면을 만드는 방법을 배워 보도록 하겠습니다. 또한 바탕 화면에 간단히 메모를 할 수 있는 스티커 메모 기능도 알아봅니다.

완성 화면 미리 보기

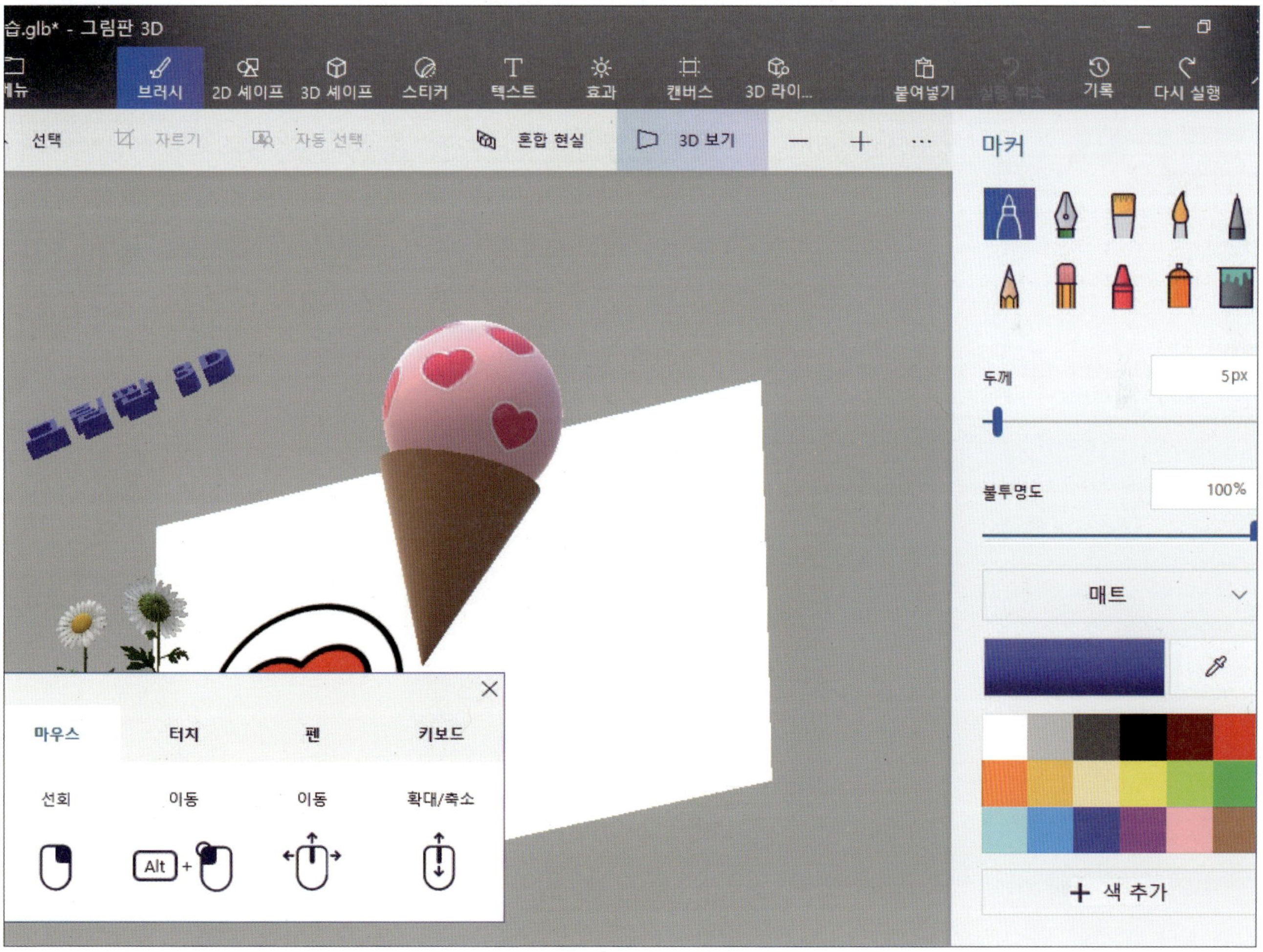

여기서 배워요! 2D 셰이프, 3D 셰이프, 텍스트 입력, 3D 라이브러리 사용하기, 스티커 메모 입력/관리하기

STEP 1 그림판 3D 사용하기

1 [시작](⊞) 단추를 클릭한 후 [그림판 3D]를 클릭하여 실행합니다.

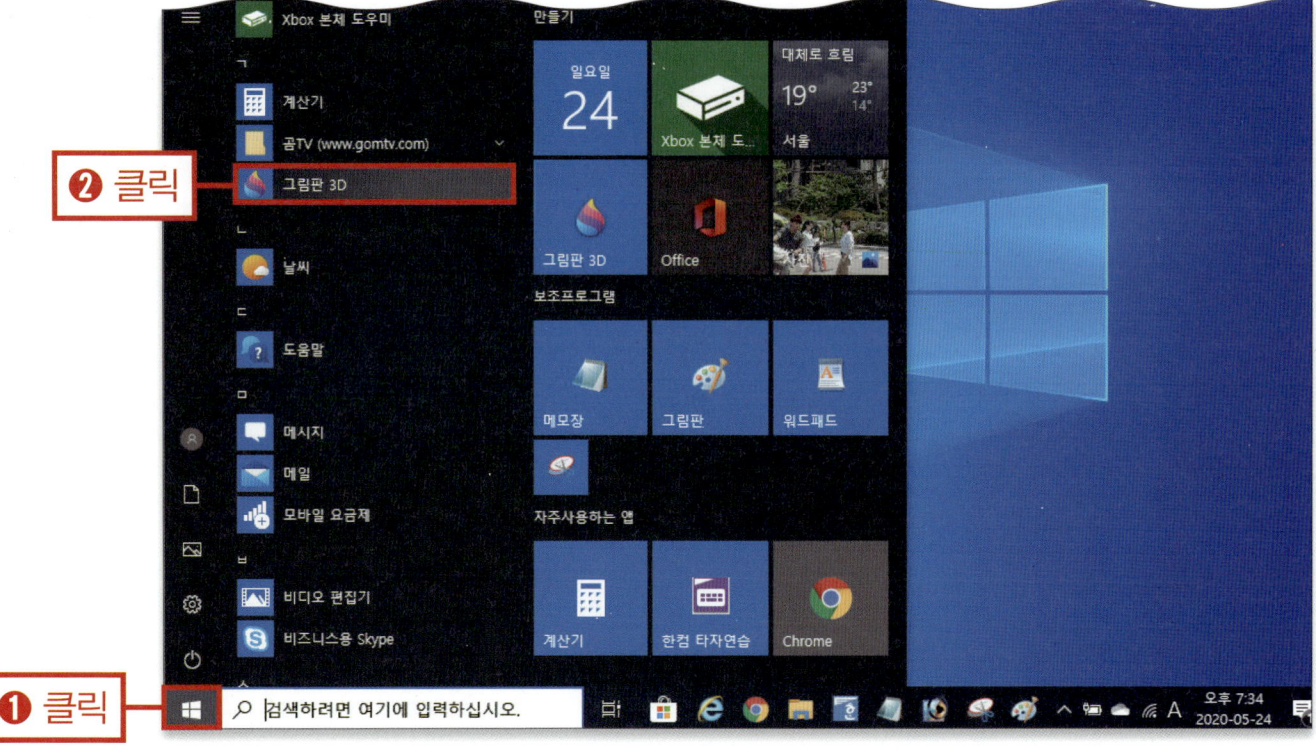

2 '그림판 3D' 프로그램이 실행되면 [새로 만들기]를 클릭합니다. 상단 메뉴에서 [2D 셰이프]를 클릭한 후 [원](◯)을 클릭합니다.

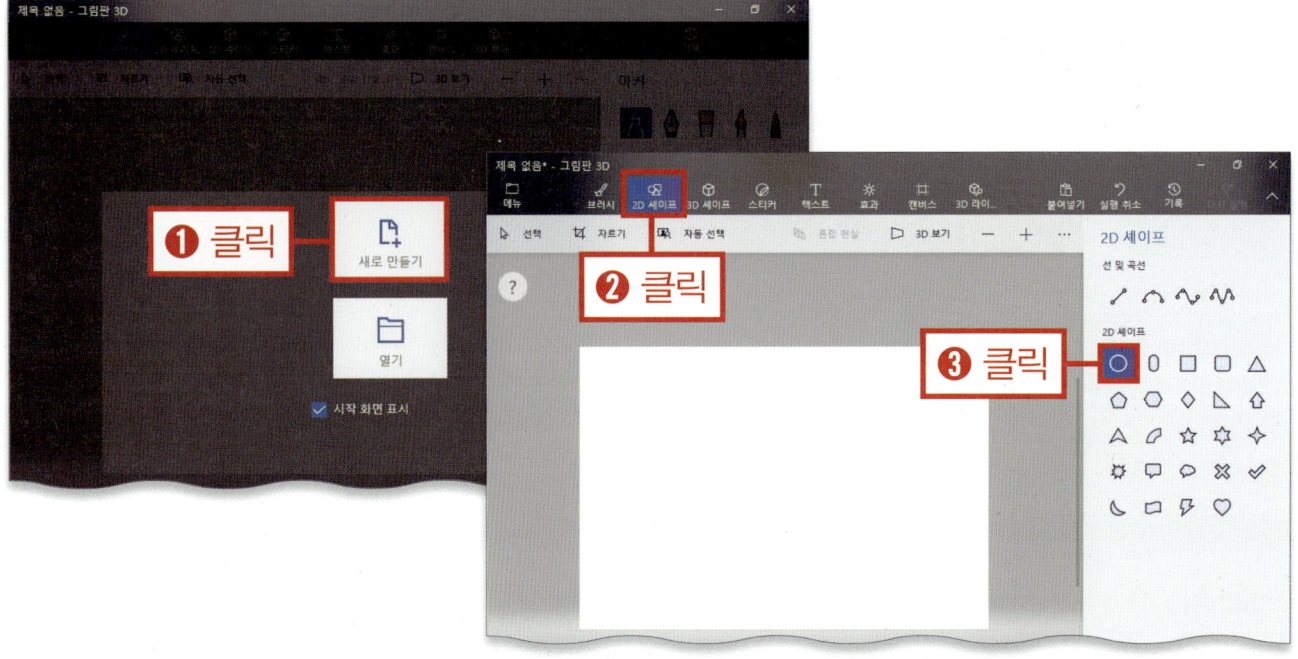

3 아래 그림과 같이 드래그한 후 '두께'에 '5'를 입력하고 Enter↵를 누릅니다. 완료되면 [확인](⊘)을 클릭합니다.

① [회전](⟳) : 개체를 시계 방향으로 회전시킵니다.
② [복사](🖋) : 똑같은 개체를 하나 더 만듭니다. 복제된 개체는 마우스 포인터가 [이동](✥) 모양일 때 이동시킬 수 있습니다.
③ [확인](⊘) : 수정된 '2D 셰이프'를 적용할 때 누릅니다.

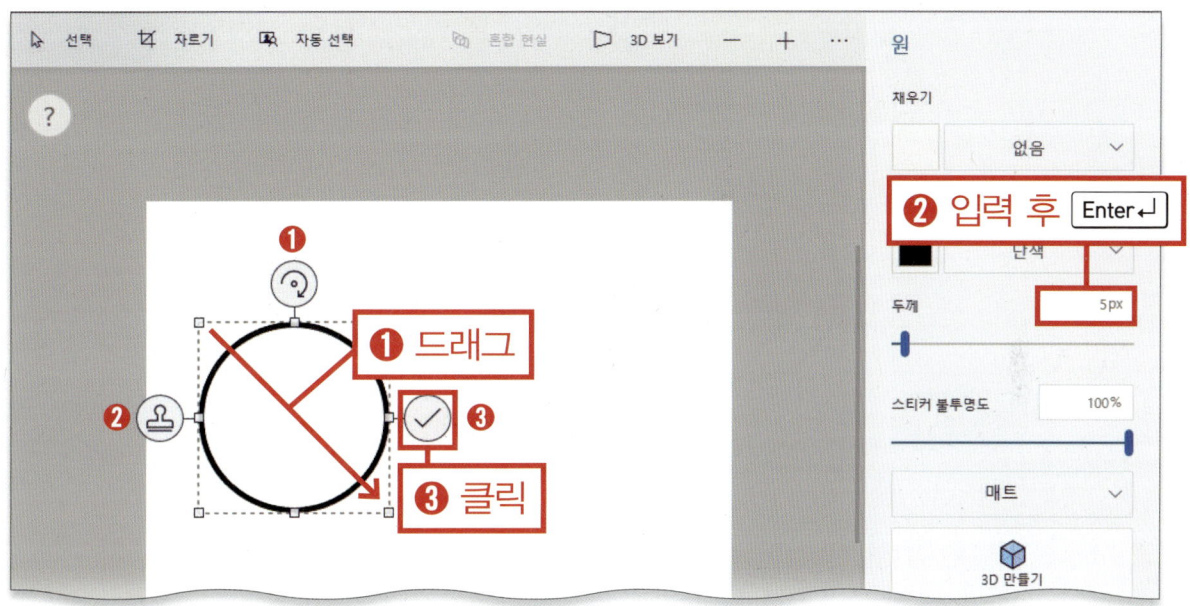

4 '2D 셰이프' 목록에서 [하트](♡)를 클릭하여 타원 안에 드래그합니다. '채우기'에서 [색 선택] 아이콘을 클릭한 후 [빨강]을 클릭합니다. 도형 바깥쪽을 클릭하여 완료합니다.

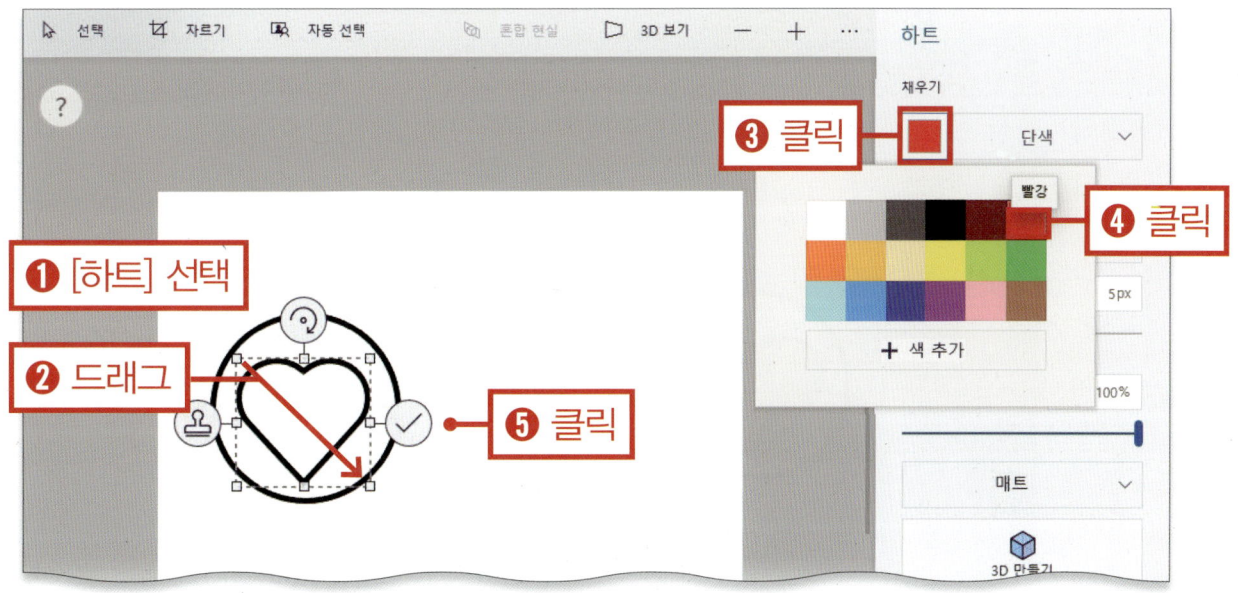

5 상단 메뉴에서 [3D 셰이프]를 클릭합니다. '3D 개체' 메뉴에서 [원뿔형](△)을 클릭한 후 아래 그림과 같이 드래그합니다.

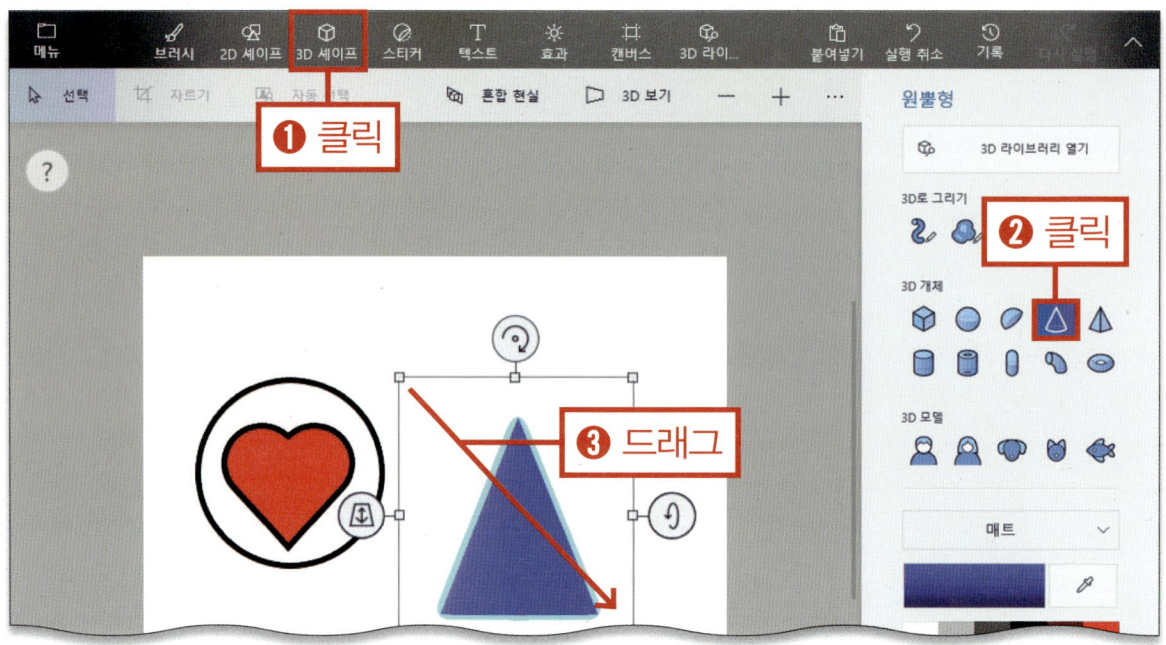

6 [색 편집]을 클릭한 후 [갈색]을 선택합니다. 회전 각도를 참고하여 모양을 드래그해 조절한 후 도형 바깥쪽을 클릭하여 완료합니다.

① [Z축 회전](⟲) : 도형을 시계 방향으로 드래그하여 회전합니다.
② [Z축 위치](⬇) : 3차원 도형의 위치를 지정합니다. 여러 도형이 겹쳤을 때 앞뒤 순서를 정할 수 있습니다.
③ [X축 회전](⟳) : 도형을 상하로 드래그하여 회전합니다.
④ [Y축 회전](⟲) : 도형을 좌우로 드래그하여 회전합니다.

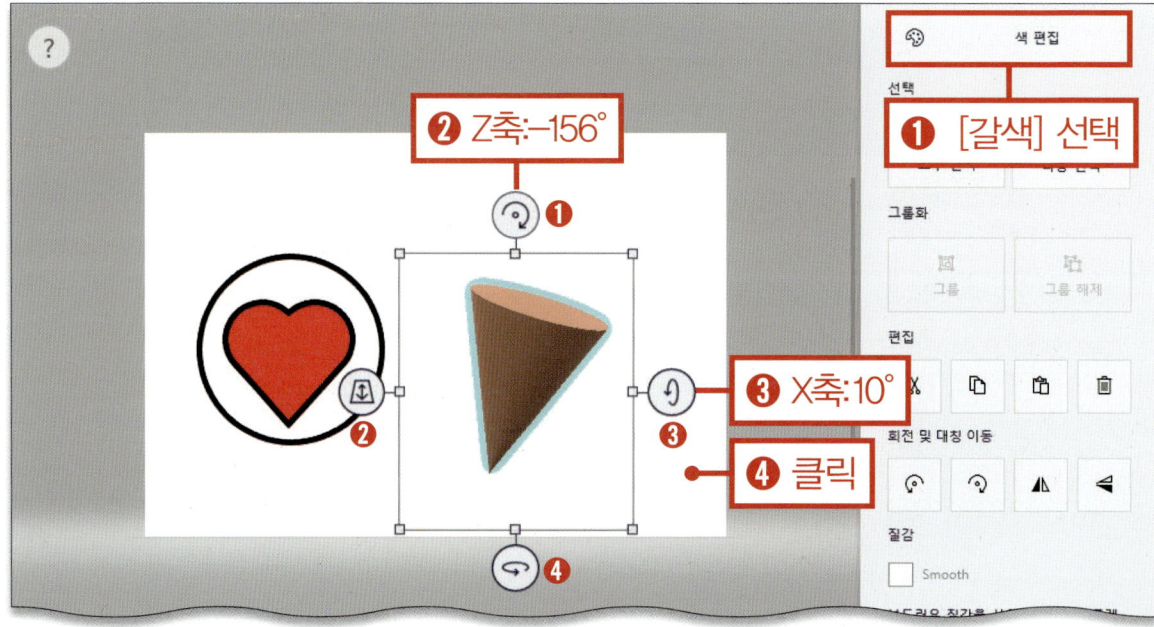

7 [구형](◉)을 클릭한 후 '원뿔형' 위에 드래그합니다. 아래 그림과 같이 위치와 크기를 조정한 후 [색 편집]을 클릭하여 [다홍]을 선택합니다.

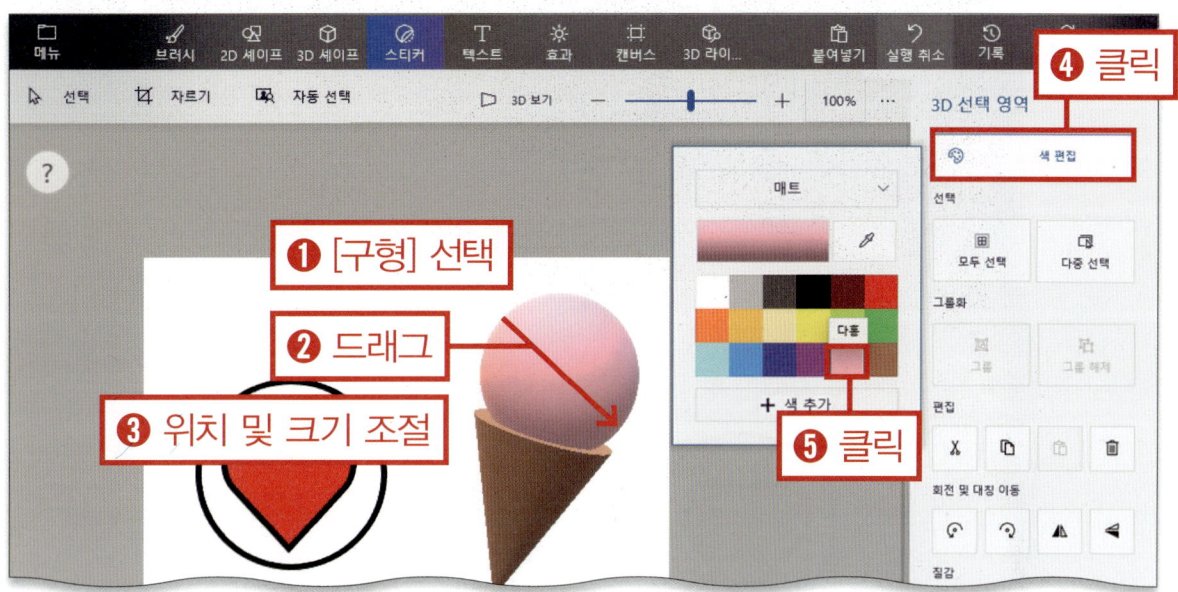

8 상단 메뉴에서 [스티커]를 클릭합니다. '스티커' 목록에서 [하트]를 클릭하여 구형 위에 드래그한 다음 사이즈와 위치를 조정합니다. 그림과 같이 하트를 여러 개 삽입합니다.

> 조금 더 배우기 : [복사](🖳) 단추를 클릭하면 선택된 개체를 복제할 수 있습니다.

CHAPTER 08 3D 그림판 활용하기 | 63

9 상단 메뉴에서 [텍스트]를 클릭한 후 [3D 텍스트](T)를 클릭합니다. '글자 크기'는 [28], [색 선택](■)을 클릭하여 [남색]을 선택합니다. '속성'은 [텍스트 굵게 표시](가)를 클릭한 후 본문 상단 빈 곳을 클릭하여 '그림판 3D'를 입력합니다.

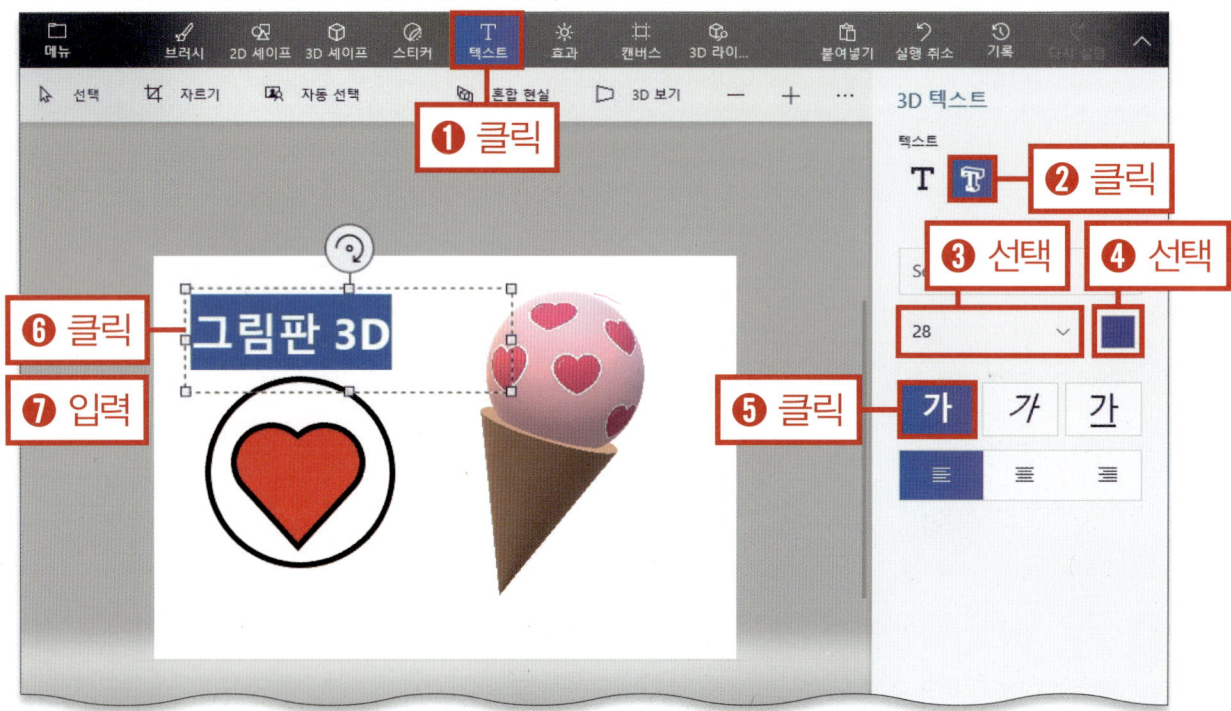

10 글자를 입력한 후 빈 곳을 클릭하면 위치 및 조절 아이콘이 나타납니다. [Z축 회전](◉)은 '-23°', [X축 회전](◉)은 '-30°'로 드래그하여 조절합니다.

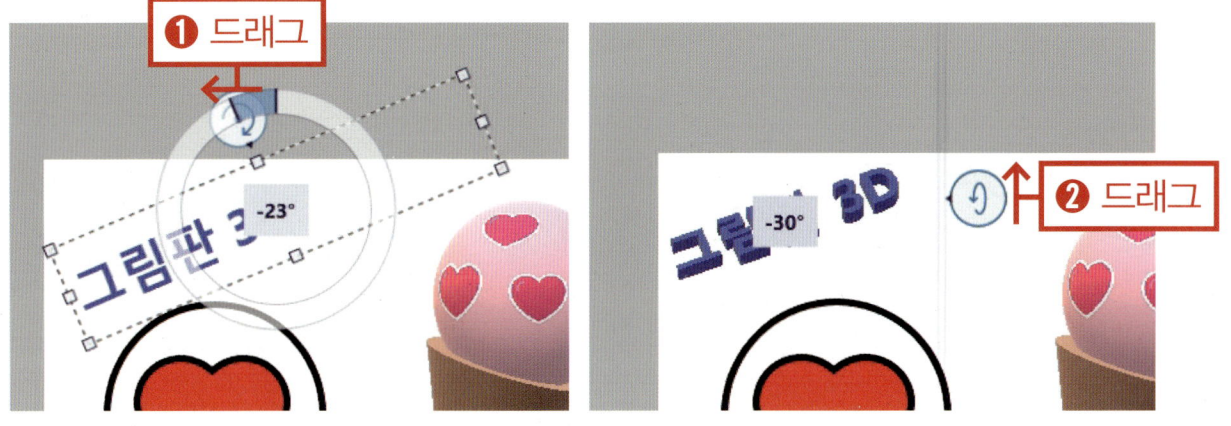

 글자를 입력한 후 빈 곳을 클릭하여 편집이 완료되면 더 이상 글자 수정이 안됩니다.

11 상단 메뉴에서 [3D 라이브러리]를 클릭하고 '검색'란에 'flower'를 입력한 후 Enter↵를 누릅니다. 꽃 이미지를 클릭하여 삽입한 후 크기와 위치를 조절합니다.

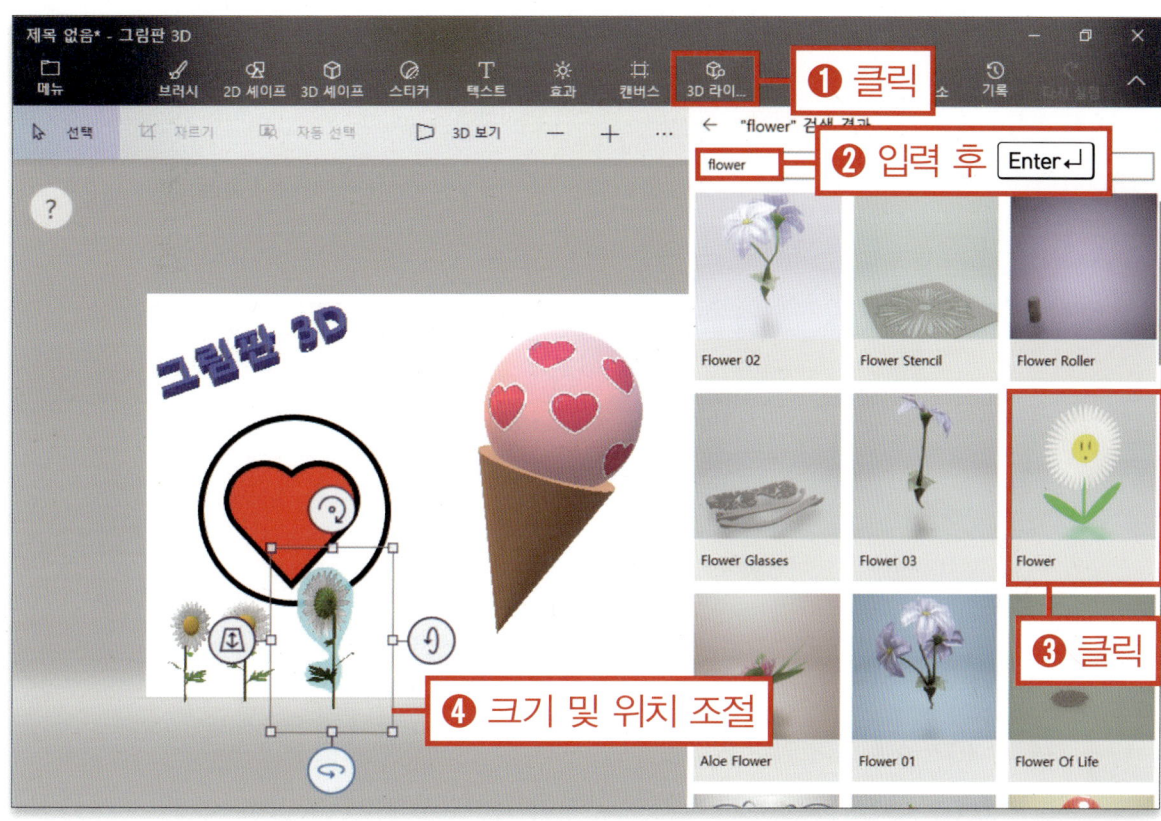

12 [3D 보기]를 클릭합니다. 만든 이미지를 입체 화면으로 볼 수 있습니다. 마우스 오른쪽 버튼을 눌러 드래그하면 화면을 위아래/좌우로 회전하여 볼 수 있습니다. 완성된 3D 이미지를 저장하기 위해 [메뉴]를 클릭합니다.

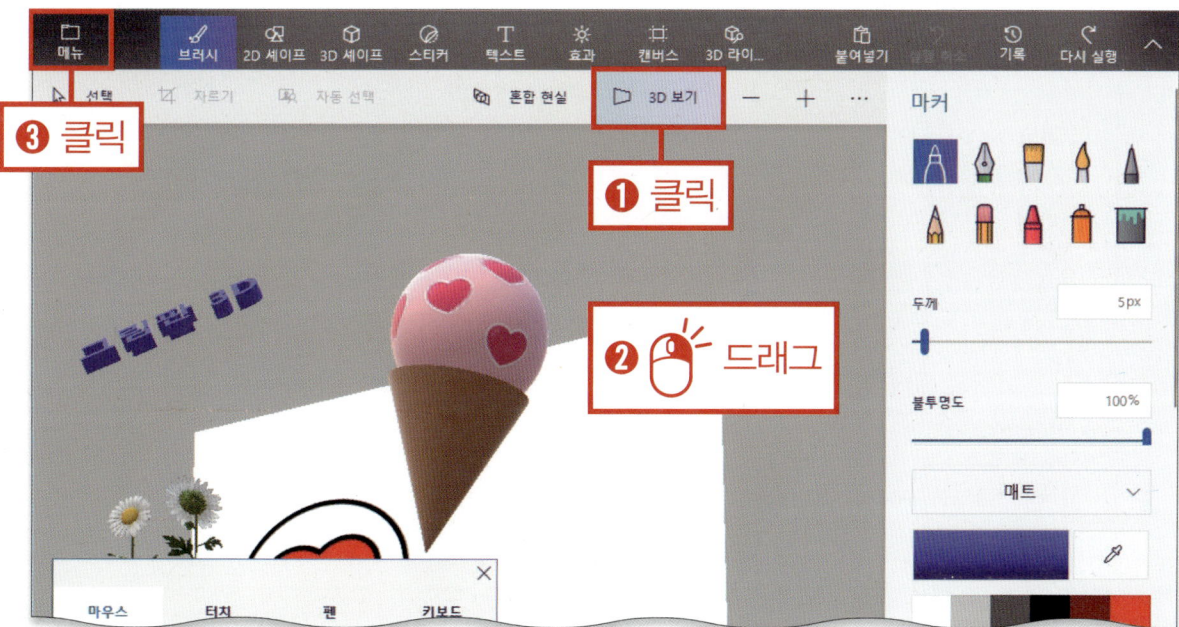

CHAPTER 08 3D 그림판 활용하기 | **65**

13 [다른 이름으로 저장]을 클릭한 후 '파일 형식 선택'에서 [3D 모델]을 클릭합니다. '저장 위치'는 [사진], '파일 이름'은 '연습'으로 입력한 후 [저장]을 클릭합니다.

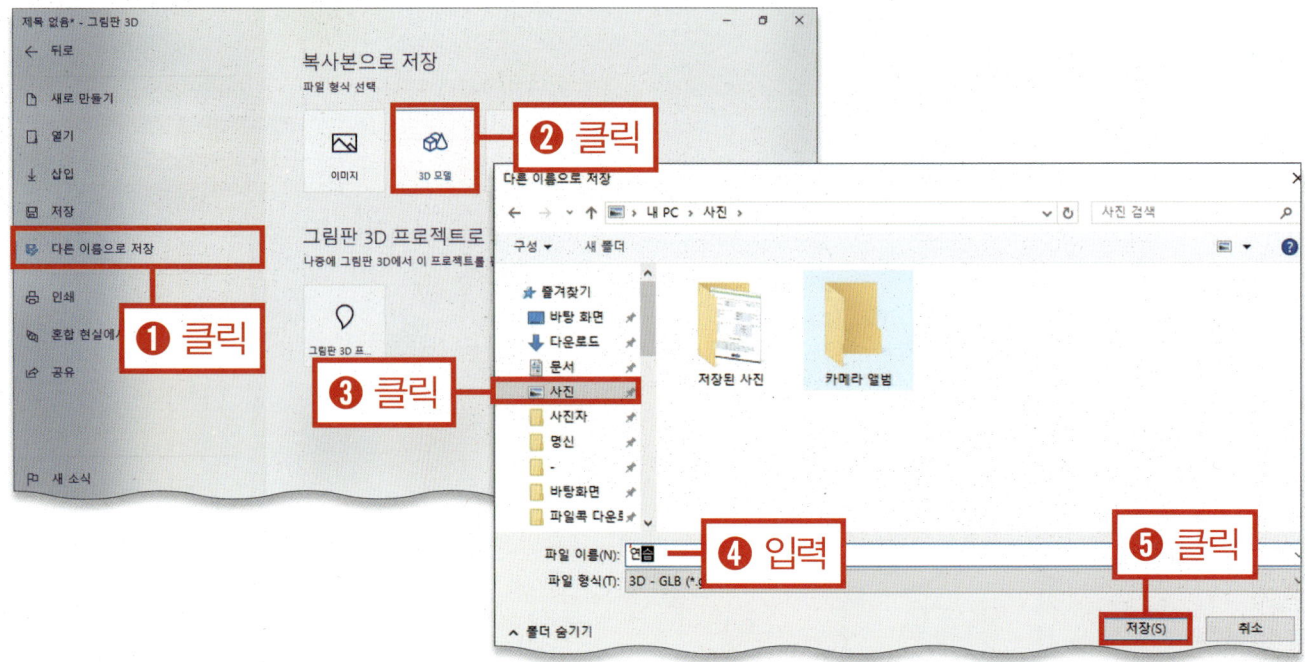

 **그림판 3D가 설치되어 있지 않다면?**

❶ 작업 표시줄에서 [Microsoft Store](🏠)를 클릭하거나, '검색'에서 'Microsoft Store'를 입력합니다.
❷ 'Microsoft Store' 화면이 나타나면 검색란에 '그림판 3d'를 입력한 후 Enter↵ 를 누릅니다.
❸ 검색된 앱 중 [그림판 3D] 앱을 클릭하면 '로그인' 창이 뜹니다. 아이디가 없는 경우 회원 가입 후 설치합니다.

STEP 2 [스티커 메모] 사용하기

1 [시작](⊞) 단추를 클릭한 후 [스티커 메모]를 클릭합니다.

2 노란색의 스티커 메모가 나타납니다. 간단한 메모를 작성해 봅니다. 스티커 메모를 이동시키려면 상단 노란색 바 부분을 드래그하면 됩니다. [새 메모](+) 단추를 클릭하면 새로운 메모를 추가할 수 있습니다. [메뉴](…)를 클릭하면 메모의 색상을 변경할 수 있습니다.

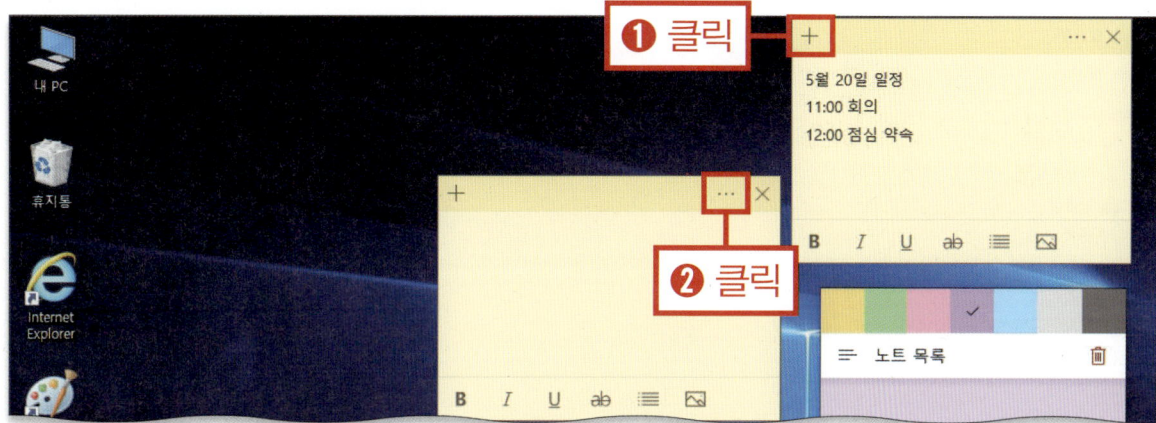

· [노트 목록]을 클릭하면 등록되어 있는 메모를 모두 볼 수 있습니다.

 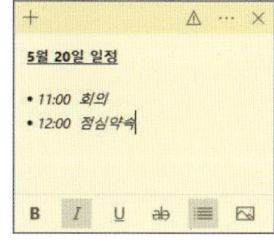 

· 스티커 메모 하단의 기능들을 사용하면 글씨체, 글씨체 스타일은 물론 이미지를 삽입할 수도 있습니다.

CHAPTER 09

파일과 폴더 관리하기

POINT

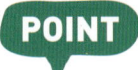

폴더와 파일에 대한 개념을 이해하고 새 폴더 만들기를 배웁니다.
폴더 만들기, 이름 변경하기, 삭제하기 등의 기능을 따라 하며 파일과 폴더를 쉽게 관리하는 방법을 소개합니다.

완성 화면 미리 보기

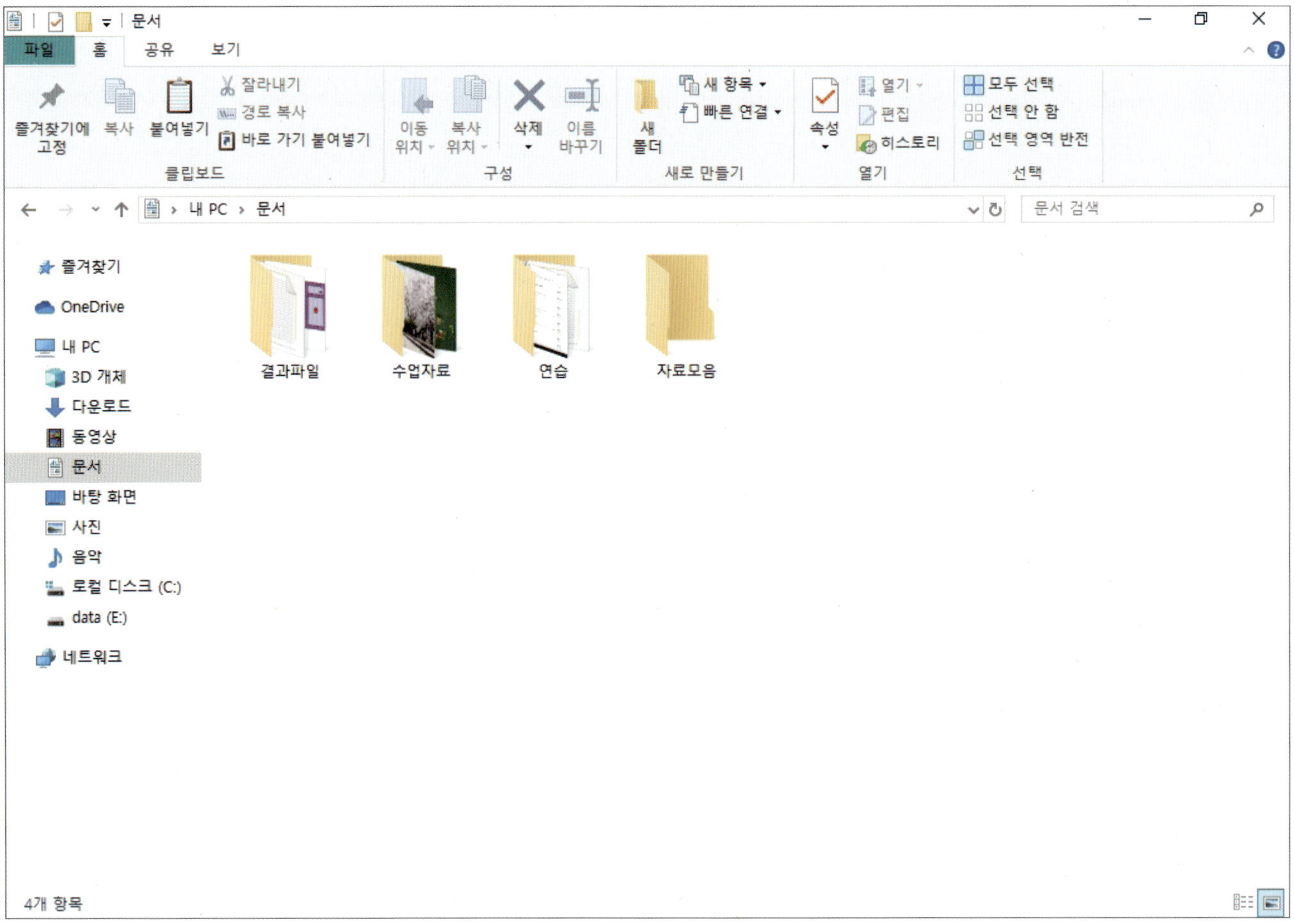

여기서 배워요!

새 폴더 만들기, 복사하기, 붙여넣기, 잘라내기, 삭제하기

STEP 1 폴더와 파일 이해하기

1

• 폴더란?

폴더는 컴퓨터에 저장되어 있는 파일을 용도나 종류별로 모아 두는 저장 공간입니다. 폴더 안에 새로운 폴더를 만들 수 있고 이름을 변경하거나 쉽게 삭제할 수 있습니다.

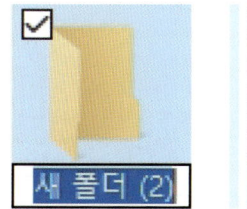 

• 파일이란?

파일은 컴퓨터의 저장 단위입니다. 특정 프로그램을 이용하여 문서를 작성한 후 저장하게 되면 하나의 파일이 생성됩니다. 파일 명은 '파일이름.확장자'로 구성되며 아이콘 모양은 프로그램의 종류에 따라 결정됩니다.

> **조금 더 배우기**
>
> **파일 확장자를 보이도록 설정하기**
>
> 확장자는 기본값에는 보이지 않게 설정되어 있습니다. 이를 나타내기 위해서는 [파일 탐색기]를 실행한 후 상단 메뉴에서 [파일]–[폴더 및 검색 옵션 변경]을 클릭합니다. '폴더 옵션' 대화상자가 나타나면 [보기] 탭을 클릭한 후 [알려진 파일 형식의 파일 확장명 숨기기]를 클릭하여 해제합니다.
>
>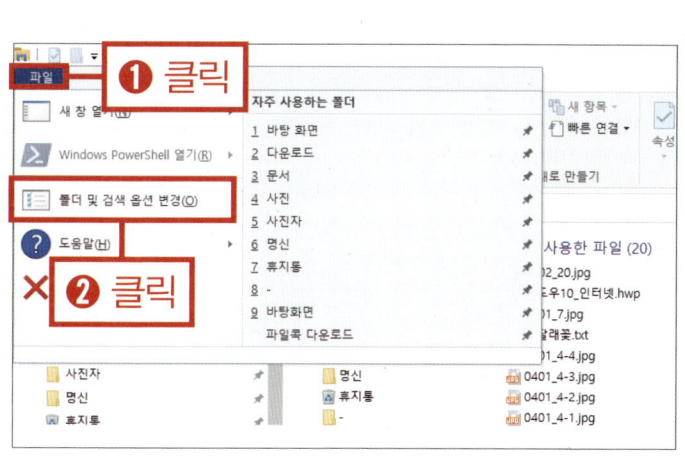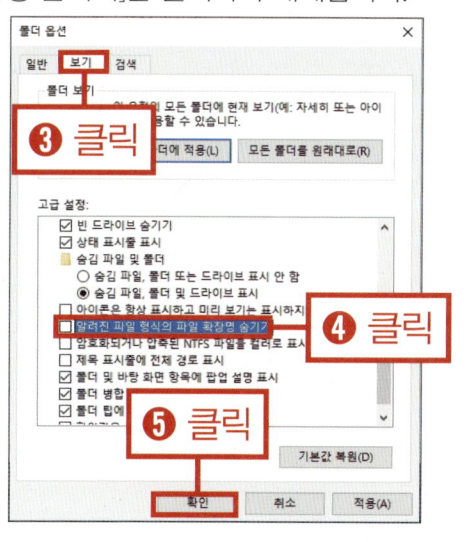

STEP 2 새 폴더 만들기

1 '작업 표시줄'에서 [파일 탐색기](📁)를 클릭하거나 '검색'에서 '파일 탐색기'를 입력하여 불러옵니다. 이후 '내 PC'에서 [문서] 폴더를 클릭합니다. 마우스 오른쪽 버튼을 누른 후 메뉴 목록에서 [새로 만들기]–[폴더]를 차례대로 클릭합니다.

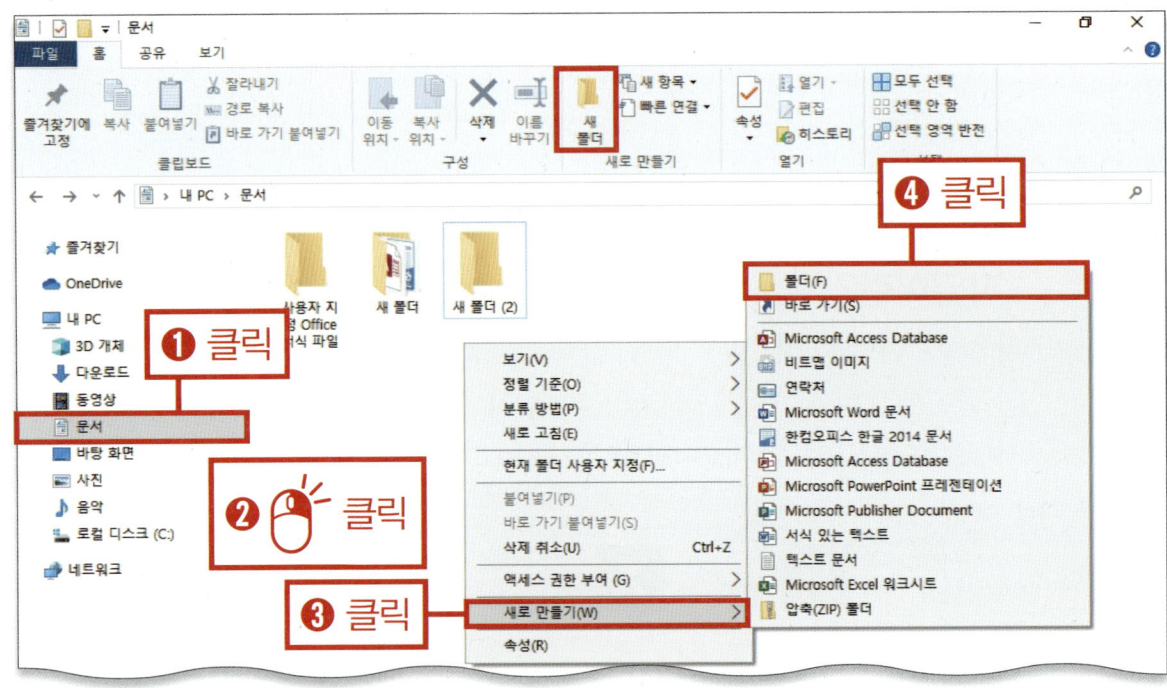

 [홈] 탭의 [새로 만들기] 그룹에서 [새 폴더]를 클릭해도 됩니다.

2 새 폴더의 이름을 '자료모음'으로 변경한 후 Enter↵ 를 누릅니다.

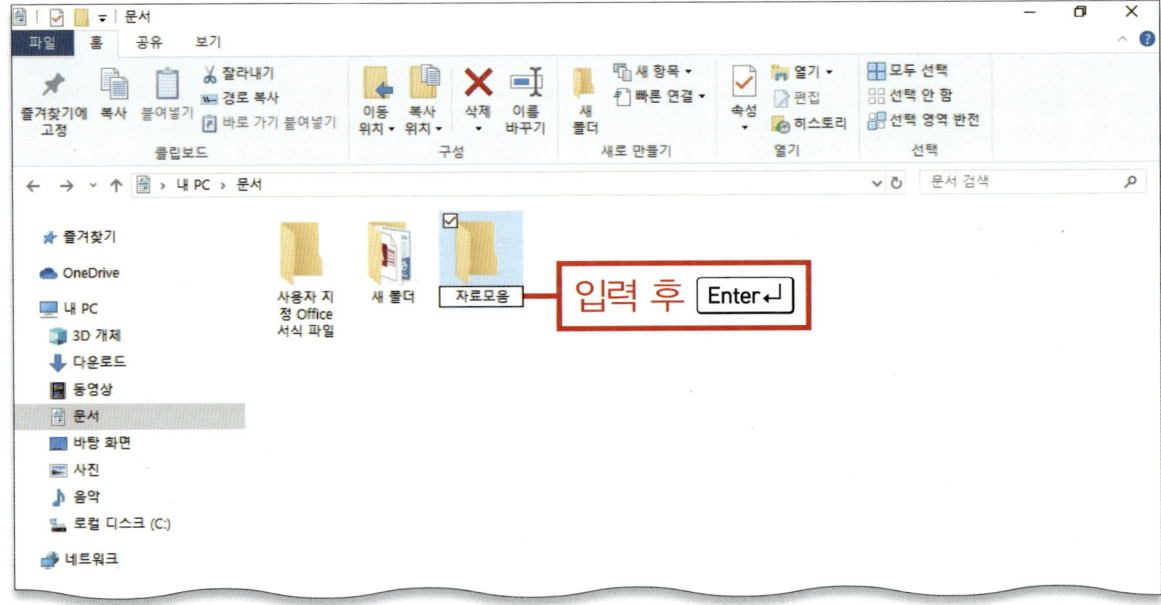

3 폴더 이름을 변경하고 싶을 경우 폴더 위에 마우스 오른쪽 버튼을 누릅니다. 메뉴 목록이 나타나면 [이름 바꾸기]를 클릭합니다.

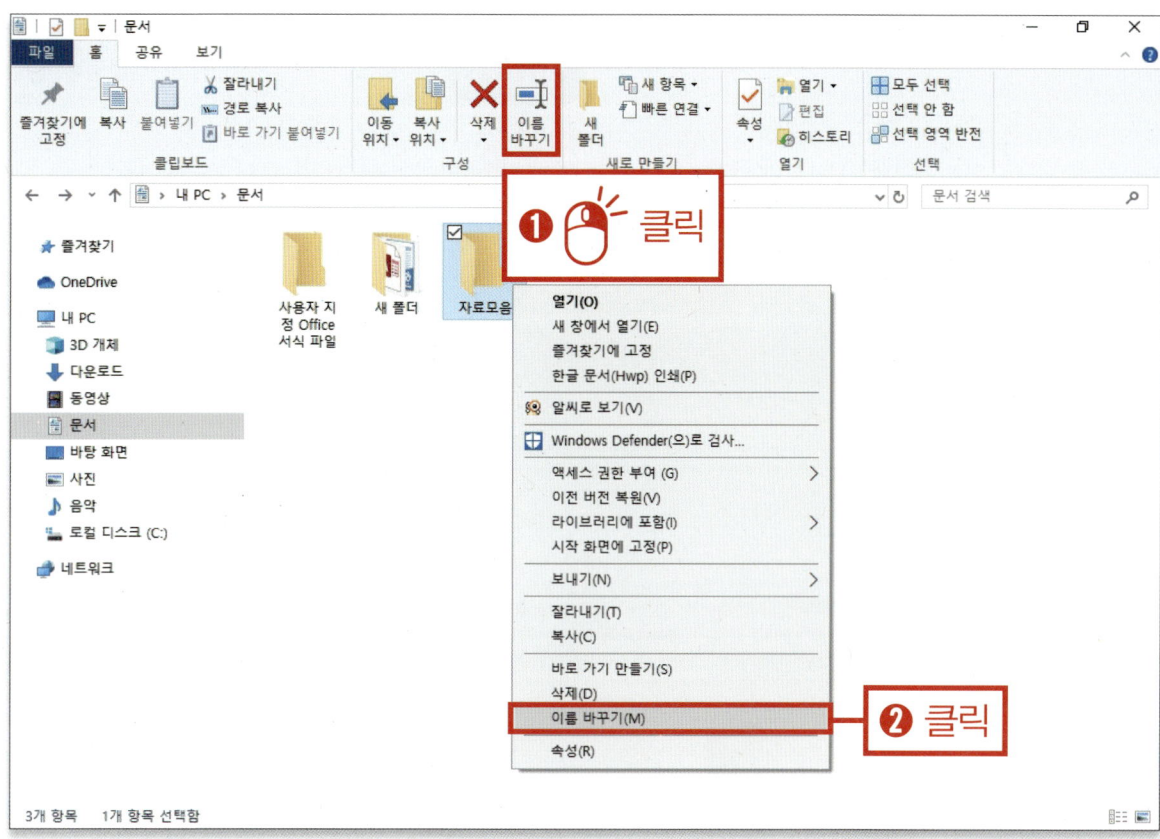

 [홈] 메뉴에서 [이름 바꾸기]를 클릭해도 됩니다.

4 폴더 명이 반전된 상태로 나타나면 '수업자료'를 입력하여 변경합니다. 기존 글자가 지워지고 새로운 글자가 입력됩니다. Enter↵를 누르면 폴더 명 변경이 완료됩니다.

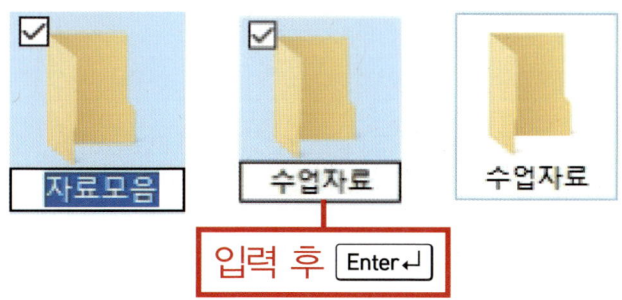

CHAPTER 10

파일 복사하고 이동하기

POINT

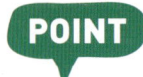

만든 파일을 복사하고 붙여넣기하는 방법과 다른 폴더로 이동하는 방법을 배워 보도록 하겠습니다.

완성 화면 미리 보기

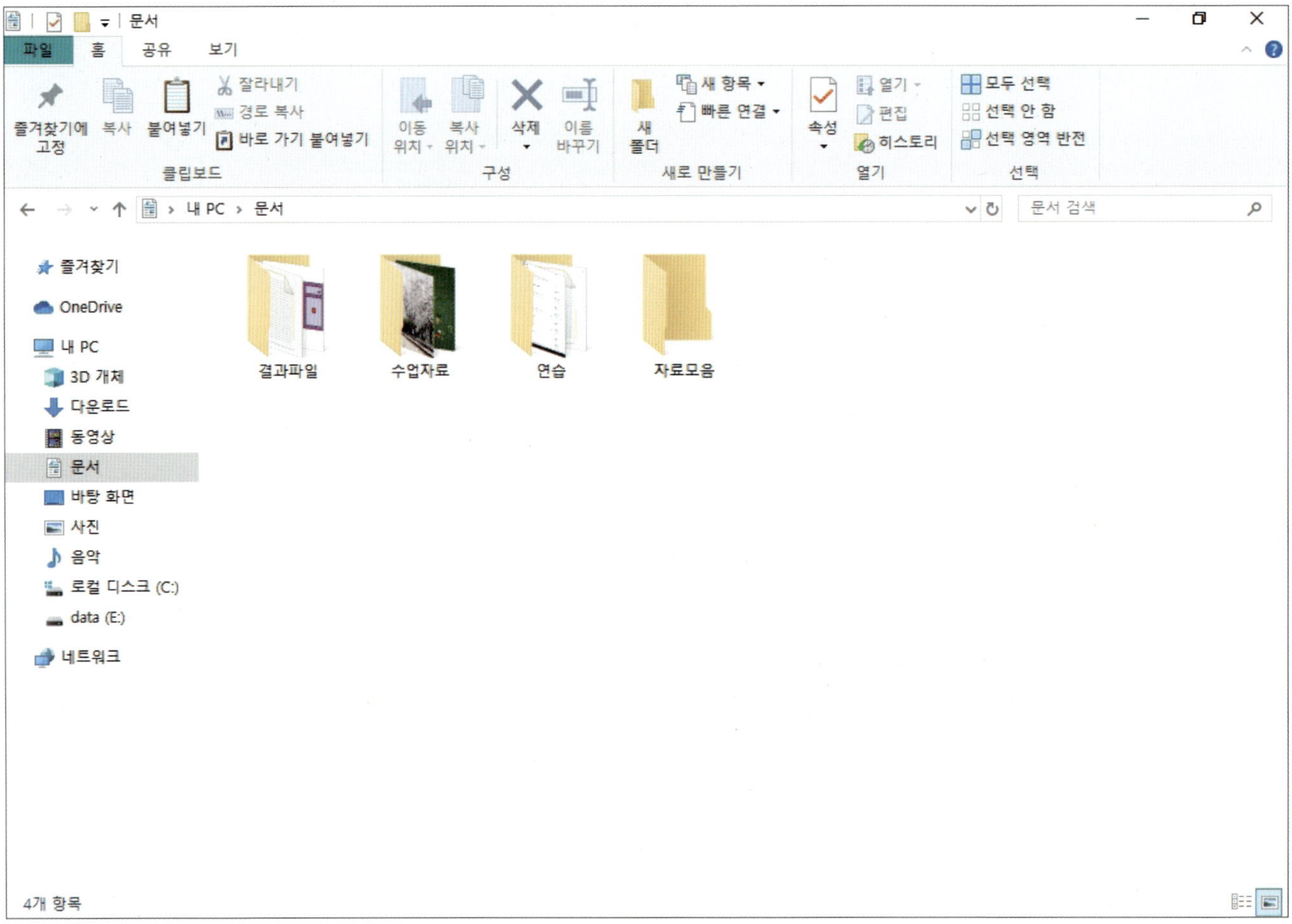

여기서 배워요!

파일 선택하기, 복사하기, 붙여넣기, 잘라내기, 삭제하기

STEP 1 파일 선택하고 복사/붙여넣기

1 • **파일 선택하기**

파일이나 폴더를 복사하거나 이동할 때는 먼저 파일을 선택하여야 합니다.

– 전체 파일 선택 : [홈]-[모두 선택]을 클릭하거나 단축키 Ctrl+A를 누릅니다.

– 연속 파일 선택 : 첫 번째 파일을 클릭하고 Shift 를 누른 상태에서 마지막 파일을 클릭합니다. 첫 번째부터 마지막 파일 사이에 모든 파일이 선택됩니다.

– 비연속 파일 선택 : 첫 번째 파일을 클릭하고 Ctrl 을 누른 상태에서 원하는 파일을 클릭합니다. 클릭한 파일만 선택됩니다.

• **파일 복사/잘라내기/붙여넣기 단축키**

– 복사 : Ctrl+C   – 잘라내기 : Ctrl+X   – 붙여넣기 : Ctrl+V

2 사진이나 이미지가 저장된 폴더를 선택합니다. 연속 파일을 선택하기 위해 첫 번째 사진(국화.jpg)을 클릭한 후 Shift 를 누른 상태에서 마지막 사진(수국.jpg)을 클릭합니다. 연속적으로 선택됩니다. [홈]-[클립보드] 탭에서 [복사]를 클릭합니다.

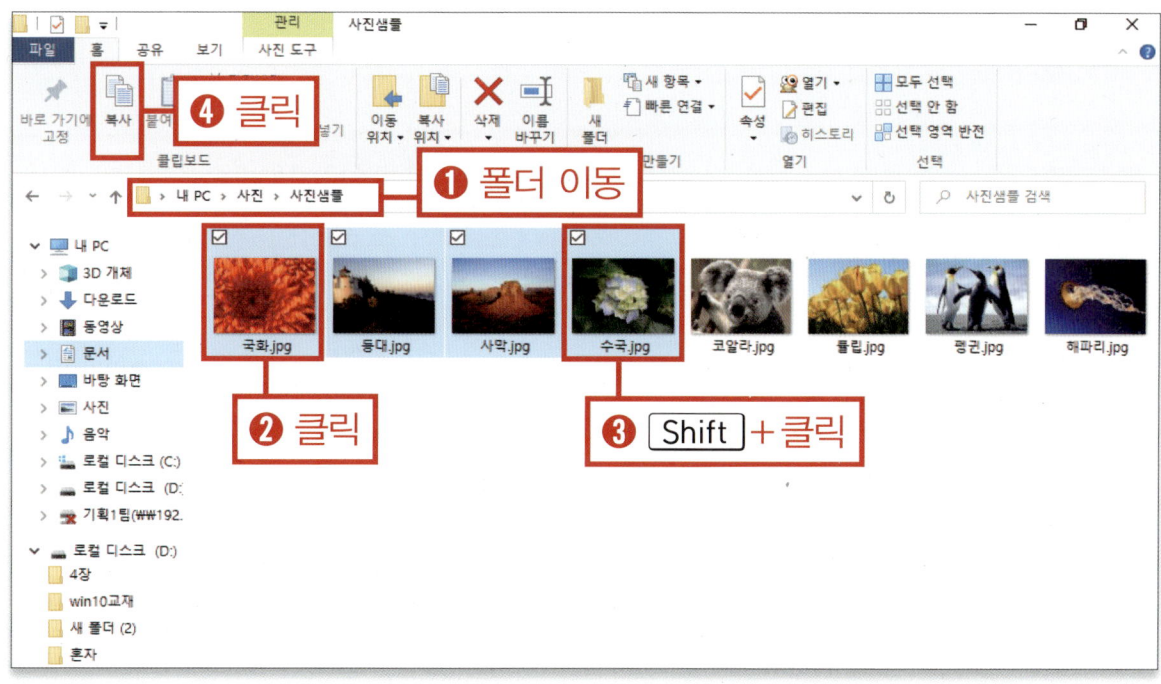

 **복사하기** : 마우스 오른쪽 버튼을 누르고 [복사]를 클릭하거나 단축키 Ctrl+C를 누릅니다.

3 왼쪽 '폴더' 목록에서 [문서]를 클릭합니다. 폴더 목록이 오른쪽 '내용 창'에 표시됩니다. [수업자료] 폴더를 더블 클릭하여 열어 줍니다. [홈]-[클립보드] 탭에서 [붙여넣기]를 클릭합니다.

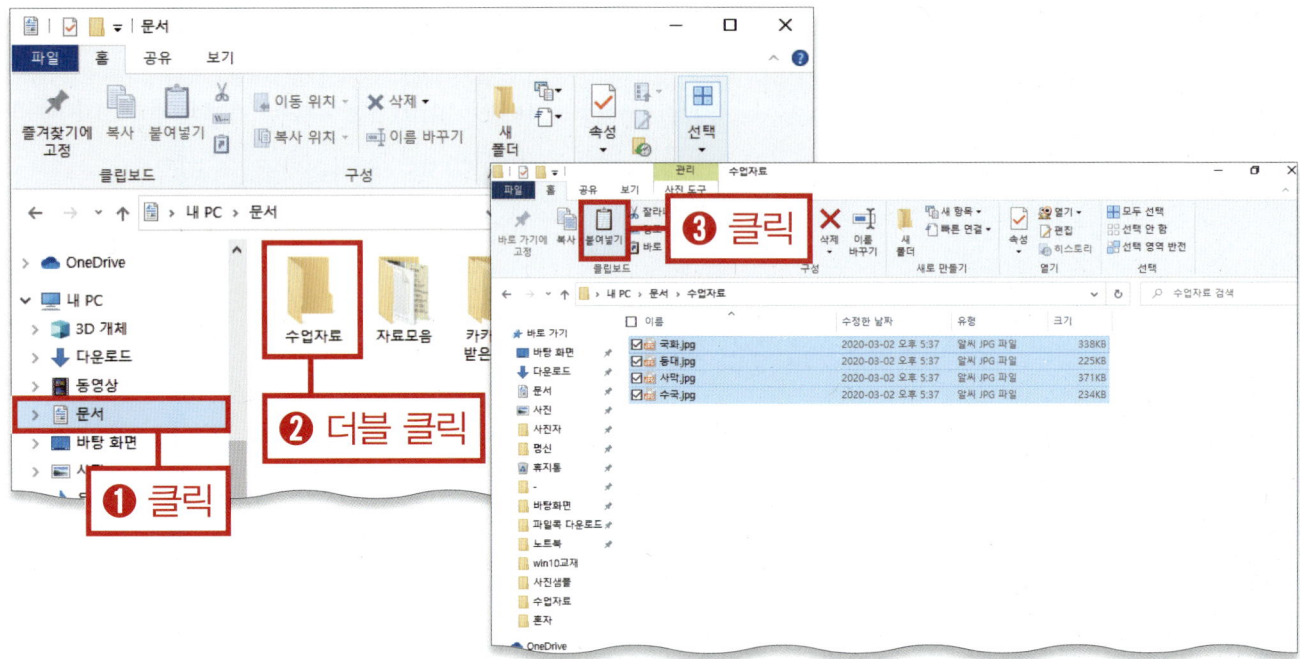

- 왼쪽 '폴더' 목록은 한 번 클릭해야 폴더가 열리고 오른쪽 '내용 창'의 폴더는 더블 클릭해야 열립니다.
- **붙여넣기** : 빈 곳에서 마우스 오른쪽 버튼을 누르고 [붙여넣기]를 클릭하거나 단축키인 Ctrl+V를 누릅니다.

4 이미지 파일을 미리 보기 형식으로 보기 위해 [보기] 탭을 클릭한 후 [큰 아이콘]을 클릭합니다. 큰 아이콘으로 미리 보기가 표시됩니다.

5 사진이나 이미지가 저장된 폴더를 클릭합니다. 비연속 파일을 선택하기 위해 사진(코알라.jpg)을 클릭한 후 Ctrl을 누른 상태에서 사진(펭귄.jpg)을 클릭합니다. 클릭한 파일만 선택됩니다. [홈]-[클립보드] 탭에서 [복사]를 클릭합니다.

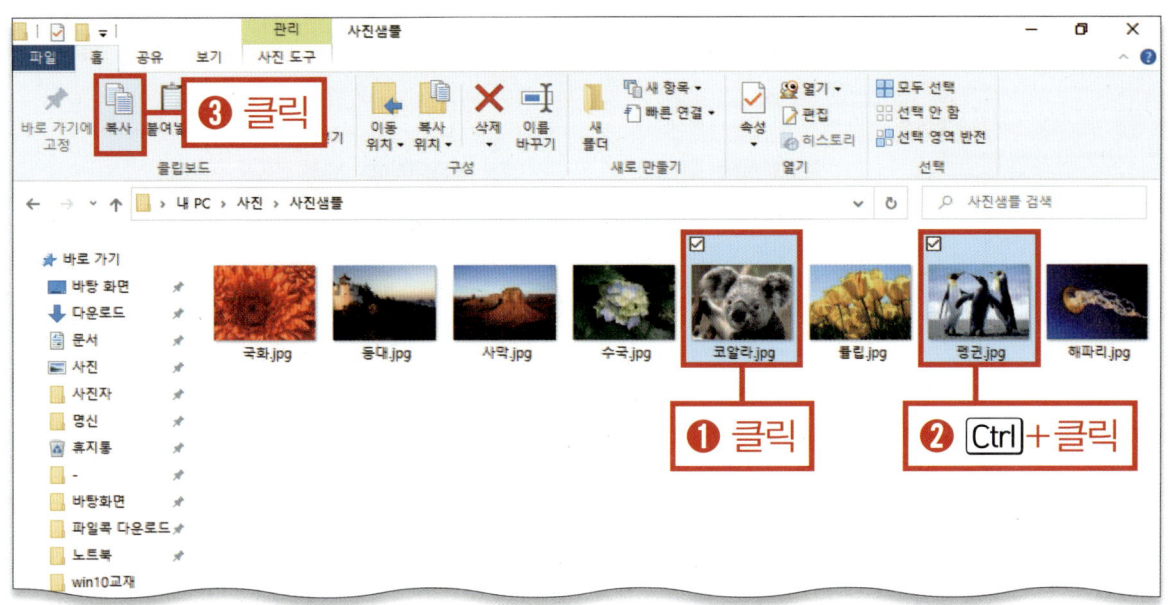

6 왼쪽 '폴더' 목록에서 [문서]를 클릭합니다. '문서' 폴더의 내용이 오른쪽 '내용 창'에 표시됩니다. [수업자료]를 더블 클릭하여 열어 준 후 [붙여넣기]를 클릭합니다.

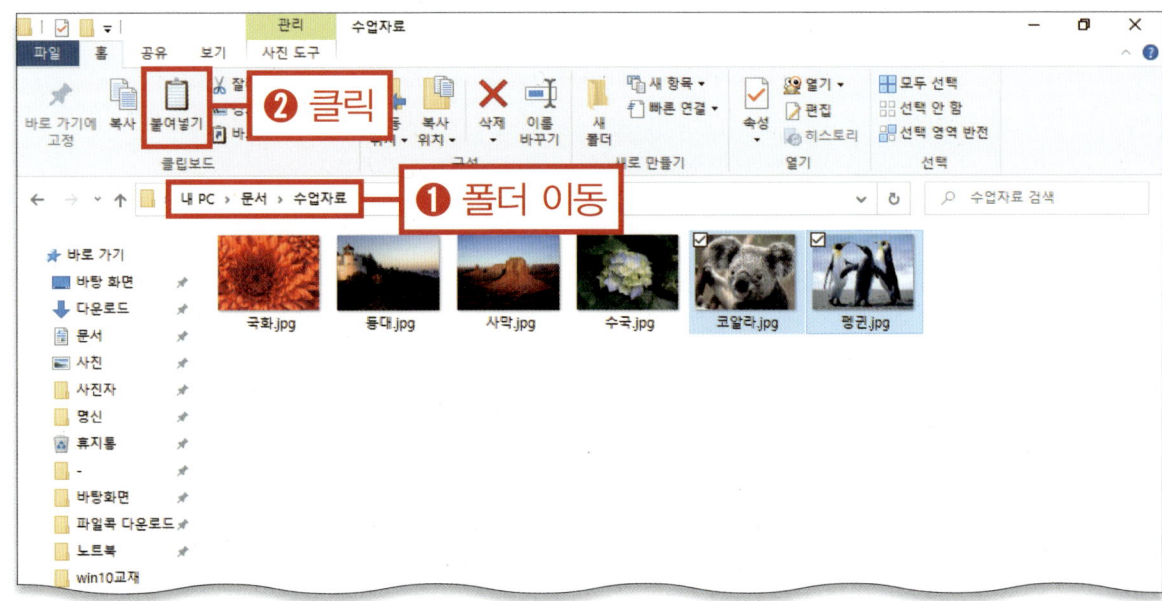

CHAPTER 10 파일 복사하고 이동하기 | **75**

STEP 2　파일 삭제하기/복원하기

1 사진이나 이미지가 저장된 폴더를 선택합니다. 삭제하고 싶은 사진(펭귄.jpg)을 클릭한 후 [홈] 탭에서 [삭제▼]-[휴지통으로 이동]을 클릭합니다. 사진이 '휴지통' 폴더로 이동됩니다.

 사진을 클릭한 후 Delete 를 누르면 '파일 삭제' 대화상자가 나타납니다. [예]를 클릭하면 휴지통으로 이동됩니다. 파일이 휴지통으로 이동한 경우 복원할 수 있지만, [완전히 삭제]를 클릭하거나 Shift + Delete 를 누르면 완전 삭제되어 복원할 수 없습니다.

2 '휴지통'에 들어간 파일을 복원하기 위해 [바탕 화면]에서 [휴지통]을 더블 클릭합니다. '휴지통'에 담겨 있는 파일 중 삭제한 사진(펭귄.jpg) 위에 마우스 오른쪽 버튼을 누른 후 [복원]을 클릭합니다. 파일이 기존에 있었던 위치로 이동합니다.

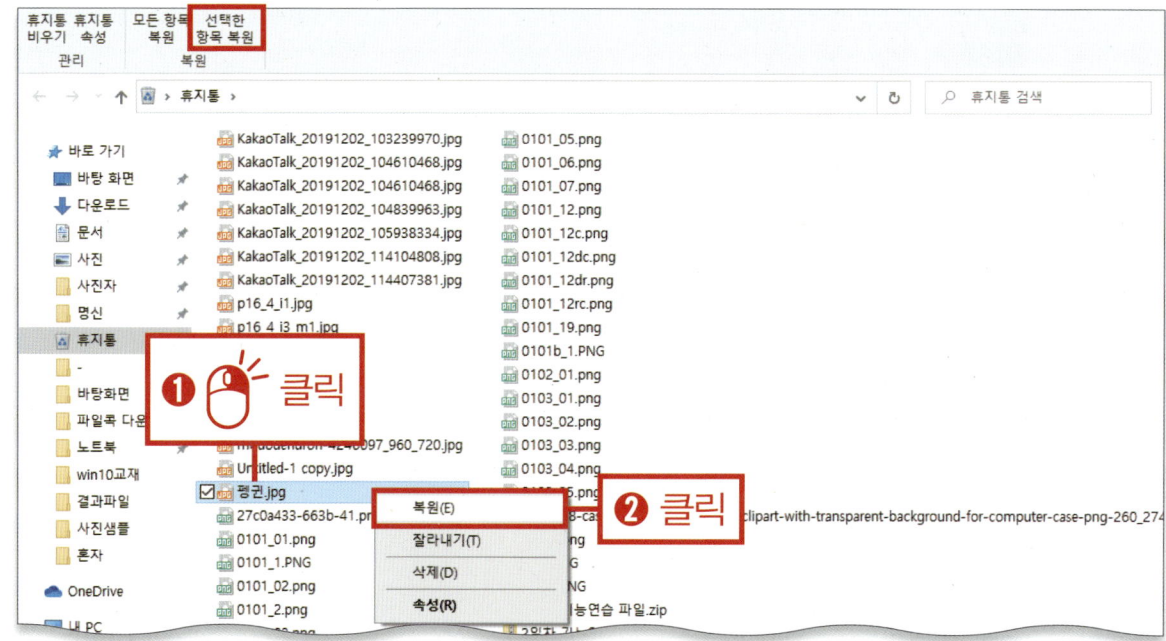

 상단 메뉴에서 [선택한 항목 복원]을 클릭해도 됩니다.

 # 혼자서도 만들 수 있어요!

1 '문서' 폴더에 '자료모음' 폴더를 만들어 보세요.

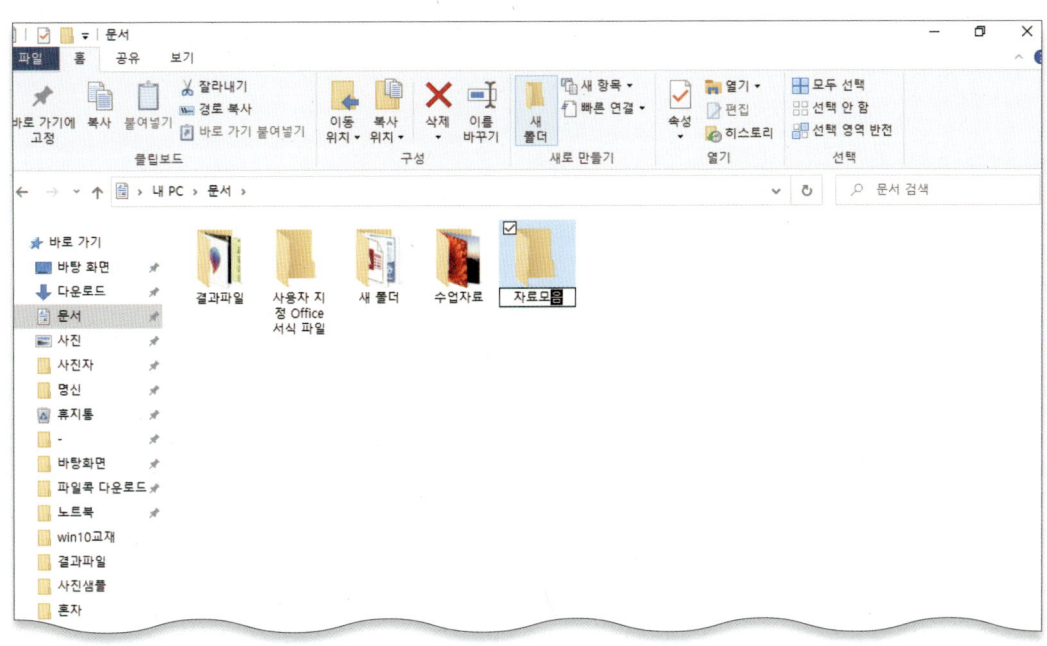

 빈 곳에서 마우스 오른쪽 버튼을 클릭한 후 [새로 만들기]-[폴더] 클릭

2 다운로드받은 '결과파일' 폴더에 있는 '승무.txt'와 '연꽃-승무.jpg'를 선택한 후 복사하여 '자료모음' 폴더에 붙여넣기해 보세요.

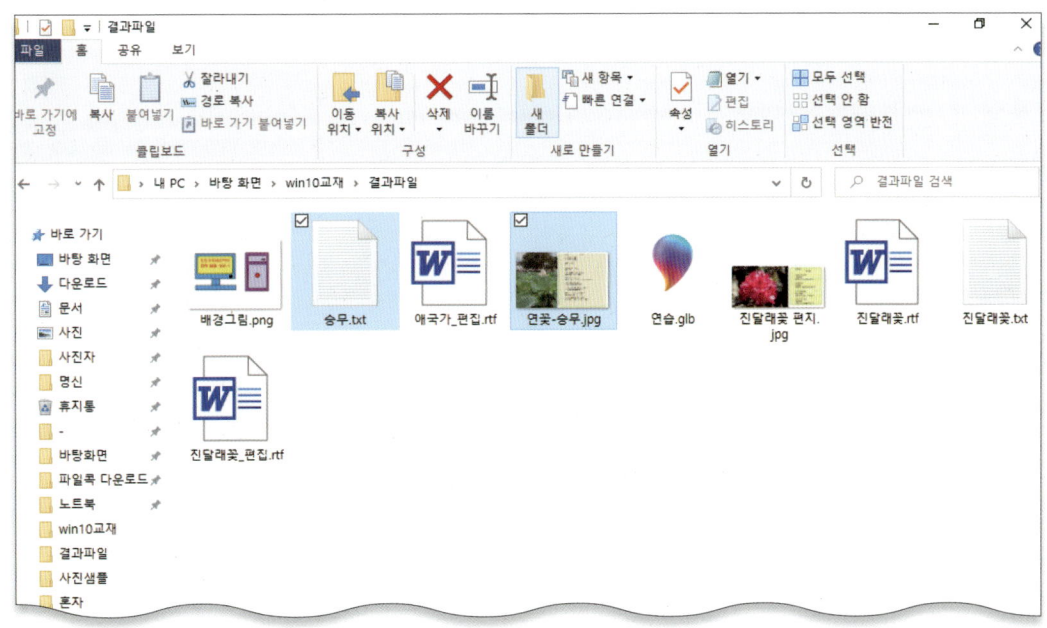

 [문서]에서 [결과파일] 더블 클릭 → [승무.txt]를 클릭한 후 Ctrl을 누른 상태에서 [연꽃-승무.jpg]를 클릭 → 마우스 오른쪽 버튼을 눌러 [복사] 클릭 → [문서]에서 [자료모음] 폴더를 연 후 [붙여넣기] 클릭

CHAPTER 11 인터넷 시작하기

웹 브라우저의 한 종류인 인터넷 익스플로러(Internet Explorer)의 개념과
화면 구성에 대해 배우고 인터넷 활용 분야에 대해 자세히 알아보도록 하겠습니다.

완성 화면 미리 보기

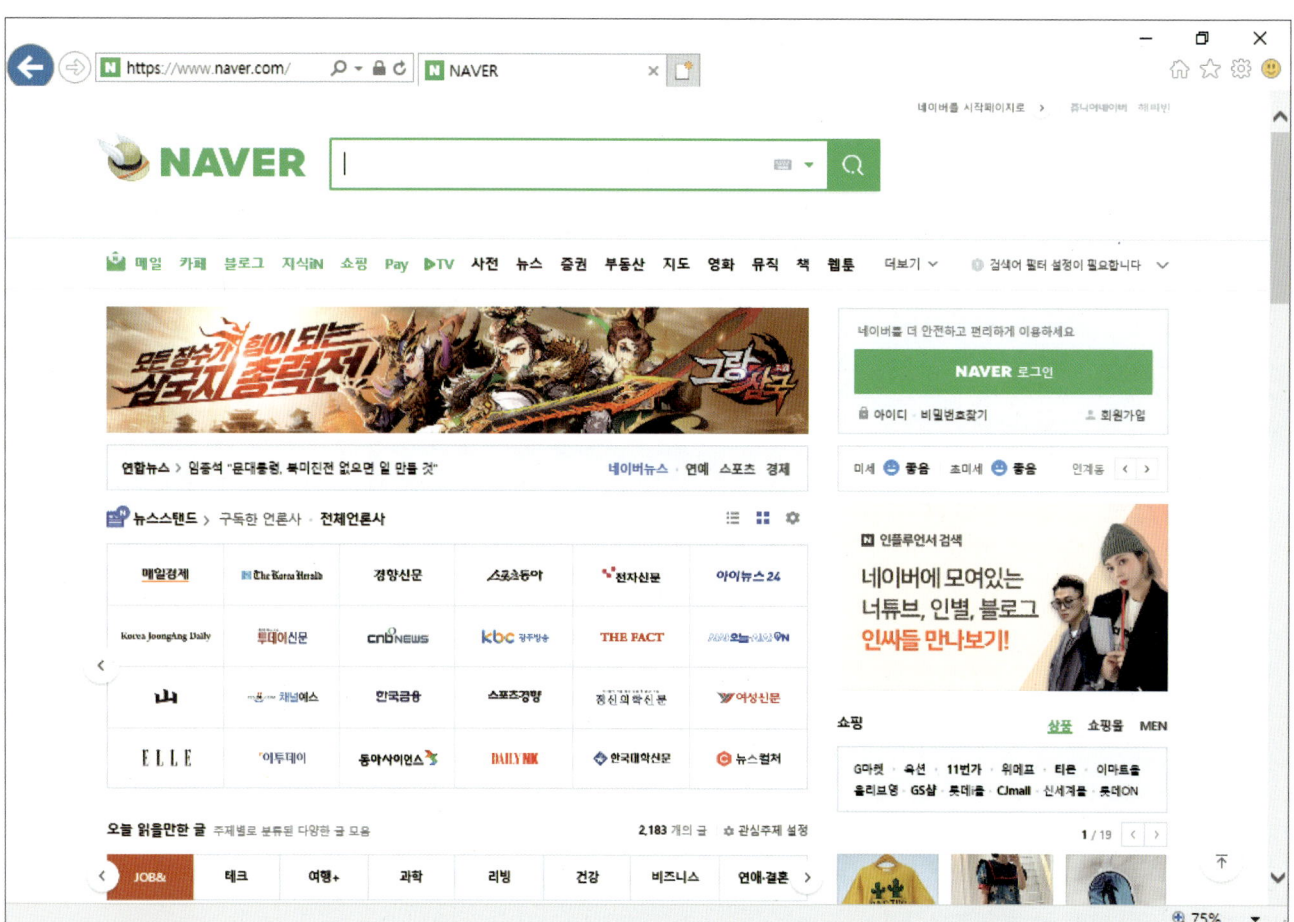

여기서 배워요! 인터넷 익스플로러 실행하기, 사용 방법 익히기

STEP 1 인터넷 개요

1 인터넷이란?

인터넷은 '네트워크의 네트워크'로, 모든 컴퓨터를 하나의 통신망으로 연결(Inter Network)하였다는 의미에서 인터넷(Internet)이라 불립니다. 전 세계의 네트워크망을 하나의 망으로 연결함으로써 어느 곳에 있어도 서로가 연결될 수 있는 하나의 통신망입니다.

2 웹 브라우저란?

웹 브라우저(Web Browser)는 인터넷에 접속하여 웹 서비스를 이용할 수 있는 프로그램입니다. 모든 데이터가 하이퍼링크로 연결되어 있으며 정보 검색의 기능을 제공하고 있습니다. 우리가 흔히 사용하는 웹 브라우저는 마이크로소프트의 인터넷 익스플로러, 크롬, 파이어 폭스, 사파리, 오페라 등이 있으며, 네이버에서 웨일 브라우저를 출시하였습니다. 웨일 브라우저는 오른쪽 사이드바에 앱 화면 보기, 캡처, 번역, 계산기 등의 도구를 제공해 주고 있으며 확장 앱과 사이트를 간편하게 추가할 수 있습니다.

3 인터넷의 활용 분야

- 정보 검색 : 인터넷을 '정보의 바다'라고 부를 만큼 많은 정보가 넘쳐나고 있습니다. 인터넷의 검색 기능을 이용하여 유용한 정보를 찾을 수 있습니다.

- 전자메일 : 컴퓨터를 이용하여 작성한 편지를 인터넷을 통해 다른 사람에게 보낼 수 있는 기능입니다. 전 세계 어느 곳으로도 보낼 수 있고 동일한 편지를 여러 사람에게 동시에 보낼 수도 있습니다. 파일, 사진, 음악, 동영상 등의 파일을 첨부하여 보낼 수도 있습니다.

- 조회 및 예약 : 인터넷을 통해 기차, 버스, 영화, 공연 등을 조회하고 예약할 수 있습니다.

- 인터넷 뱅킹 : 은행에서 공인인증서를 발급받으면 은행을 직접 방문하지 않고도 인터넷을 통해 계좌 조회, 송금 등 각종 금융 업무를 볼 수 있습니다.

- 인터넷 쇼핑 : 인터넷을 통해 상품에 대한 정보를 충분히 검색할 수 있고 판매자의 가격을 서로 비교하고 사용자의 댓글을 통해 사용 후기를 확인할 수 있으며, 물건을 구매할 수 있습니다.

- 블로그/카페 : 개인 홈 페이지의 기능으로 블로그를 이용할 수 있으며, 특정 분야의 정보 공유를 위한 카페를 개설/운영할 수 있습니다.

STEP 2 인터넷 익스플로러 화면 살펴보기

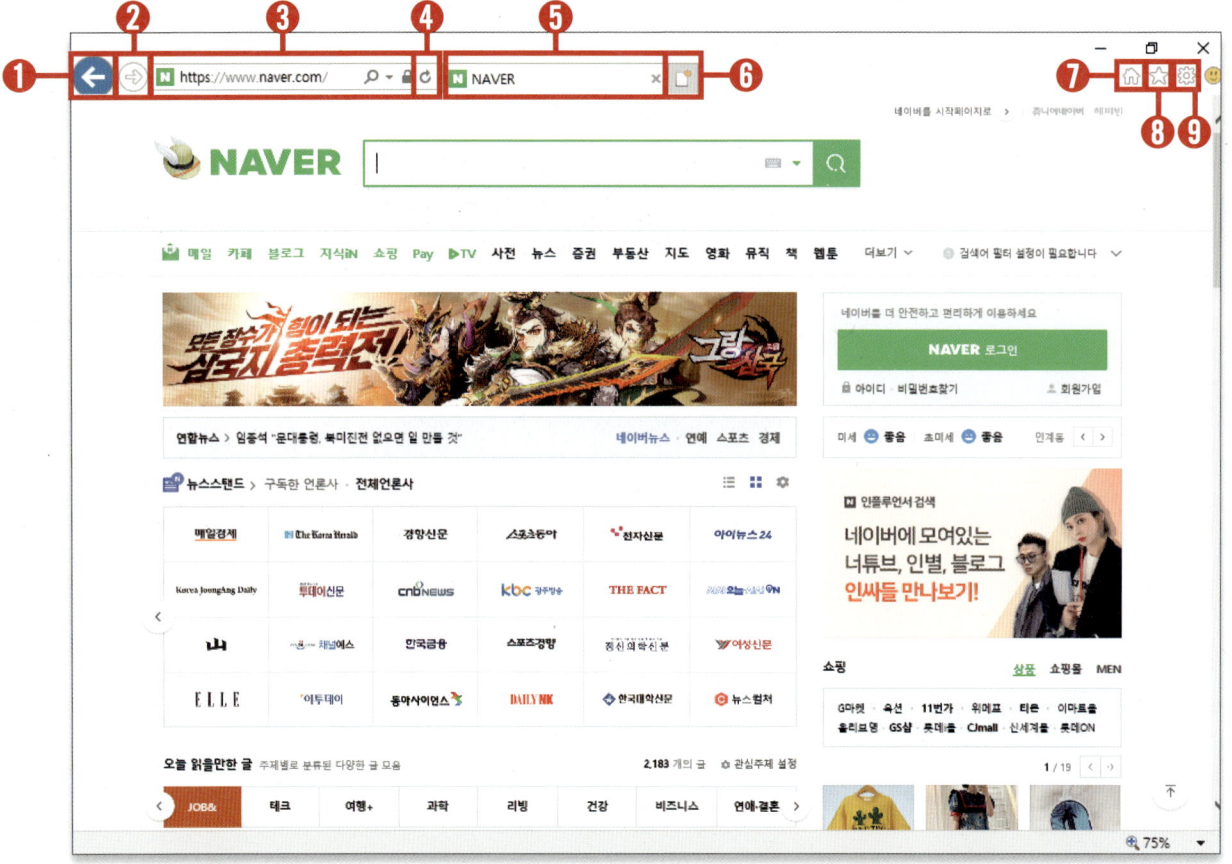

① **[뒤로]**(⬅) : 현재 웹 페이지에서 링크를 클릭하여 '화면을 이동한 경우' 이동 이전의 페이지로 되돌아갑니다.

② **[앞으로]**(➡) : [뒤로](⬅)를 클릭하여 '이전 화면으로 이동한 경우' [앞으로] 버튼을 클릭하면 바로 앞 페이지로 이동할 수 있습니다.

③ **주소 표시줄** : 현재 접속한 웹 페이지의 URL 주소가 나타납니다. 방문하고자 하는 웹 페이지 주소를 입력하고 Enter↵를 누르면 해당 페이지로 이동합니다.

④ **[새로 고침]**(↻) : 현재 웹 페이지를 다시 불러와 최신 정보로 업데이트합니다.

⑤ **탭 브라우저** : 웹 브라우저 상단에 탭 형식으로 여러 페이지를 표시해 줍니다.

⑥ **[새 탭]**(🗋) : 새로운 페이지가 탭 형식으로 추가됩니다.

⑦ **[홈]**(🏠) : 인터넷을 실행할 때 처음 나오는 시작 페이지로 이동합니다.

⑧ **[즐겨찾기 및 열어본 페이지 목록]**(⭐) : 사용자가 자주 방문하는 웹 사이트를 등록해 두고 한 번의 클릭으로 이동할 수 있습니다. 최근에 열어본 페이지 목록을 표시해 줍니다.

⑨ **[도구]**(⚙) : 인터넷 옵션 등 익스플로러의 주요 기능을 설정할 수 있습니다.

STEP 3 인터넷 익스플로러 실행하기

1 '작업 표시줄'에서 [Internet Explorer]()를 클릭합니다. 인터넷 시작 페이지가 열립니다.

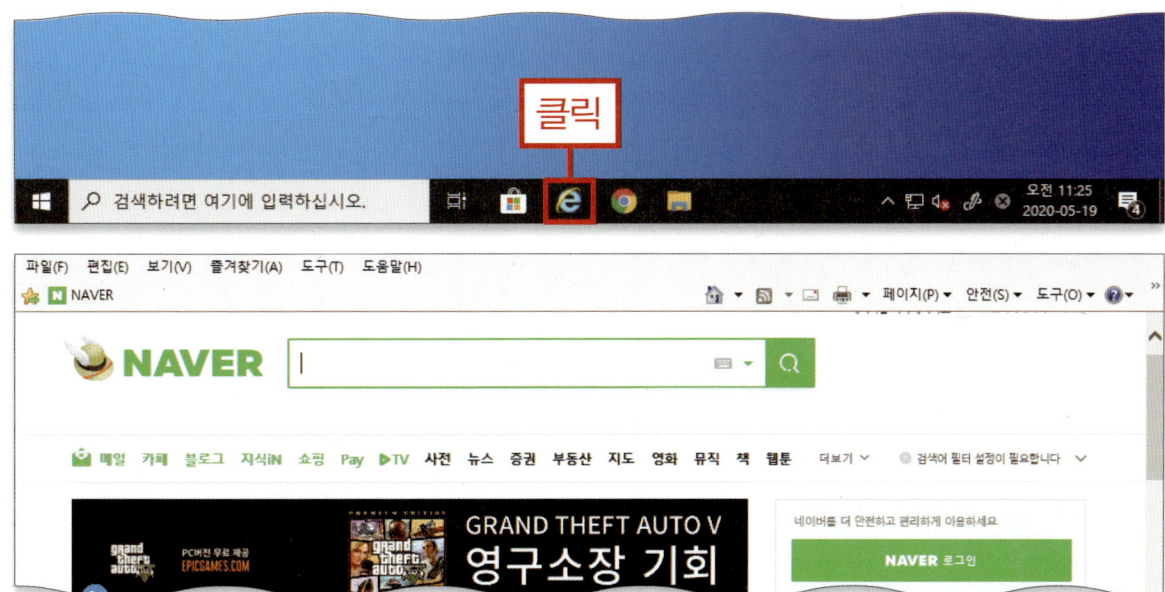

> 조금 더 배우기
> - '바탕 화면'에서 [Internet Explorer]를 더블 클릭하거나 '검색'하여 'Internet Explorer'를 불러와도 됩니다.
> - '네이버' 사이트가 '홈 페이지'가 아니라면 주소 표시줄에 'www.naver.com'을 입력하여 이동하도록 합니다.

STEP 4 검색을 이용한 웹 페이지 열기와 닫기

1 '네이버' 사이트 검색란에 '다음'을 입력한 후 Enter를 누릅니다. 검색 결과에서 [Daum]을 클릭합니다.

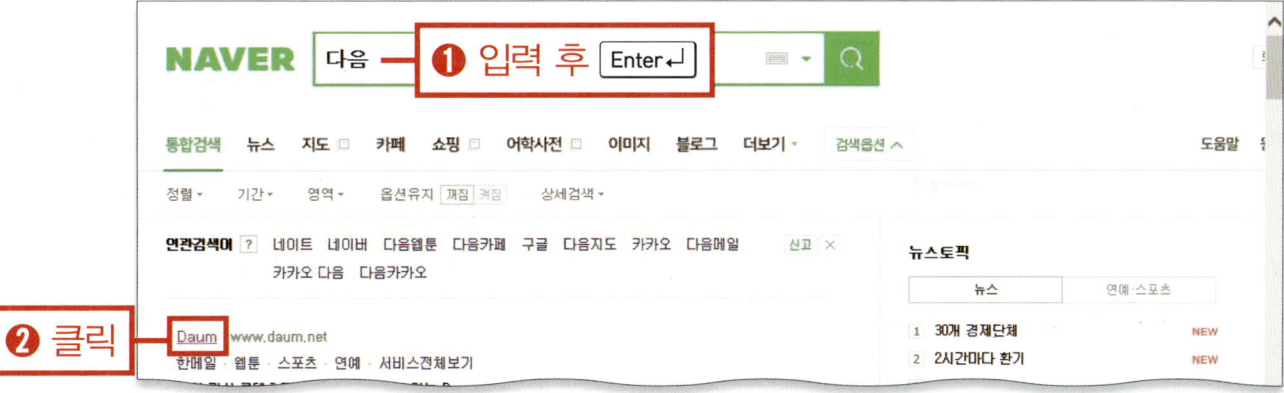

2 '다음' 웹 페이지가 새 탭으로 열립니다. 웹 페이지를 끄려면 '다음' 탭의 [닫기](❎)를 클릭합니다.

STEP 5 주소를 이용한 웹 페이지 열기

1 '주소 표시줄'을 클릭하면 현재 웹 페이지 주소가 파란색으로 블록 처리됩니다. 이때 이동하려는 웹 사이트 주소를 입력한 후 Enter↵를 누릅니다. 여기서는 구글 사이트 'www.google.com'을 입력하였습니다.

인터넷 시작 페이지와 검색 기록 알아보기

매일 접속하는 사이트를 시작 페이지로 설정하면 인터넷 어느 곳에 있더라도 손쉽게 시작 페이지로 이동할 수 있습니다. 여기서는 시작 페이지를 변경하는 방법과 시작 페이지 설정 방법 중 '명령 모음'을 이용한 시작 페이지 설정을 알아봅니다. 또한 임시 인터넷 파일과 검색 기록을 삭제하는 방법을 배웁니다.

완성 화면 미리 보기

여기서 배워요! 시작 페이지 설정하기, 검색 기록 삭제하기

STEP 1 시작 페이지 설정하기

1 '네이버' 사이트에 접속합니다. '제목 표시줄'에서 마우스 오른쪽 버튼을 누르면 '바로가기' 메뉴가 나타납니다. [명령 모음]과 [즐겨찾기 모음]을 각각 클릭합니다.

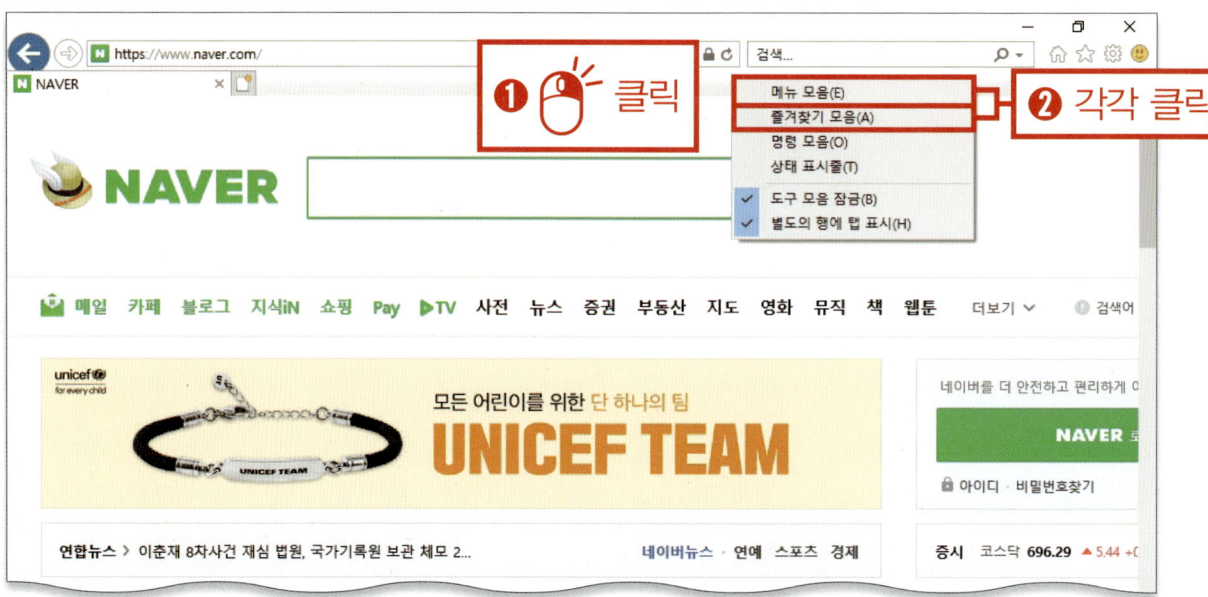

 인터넷 익스플로러(Internet Explorer)를 이용하여 인터넷을 접속할 때 처음 만나는 페이지를 시작 페이지 또는 홈 페이지라고 합니다.

2 '다음' 사이트를 시작 페이지로 설정하기 위해 검색란에 '다음'을 입력한 후 [검색]( ) 단추를 클릭합니다. 검색 결과에서 [Daum]을 클릭하여 웹 사이트로 이동합니다.

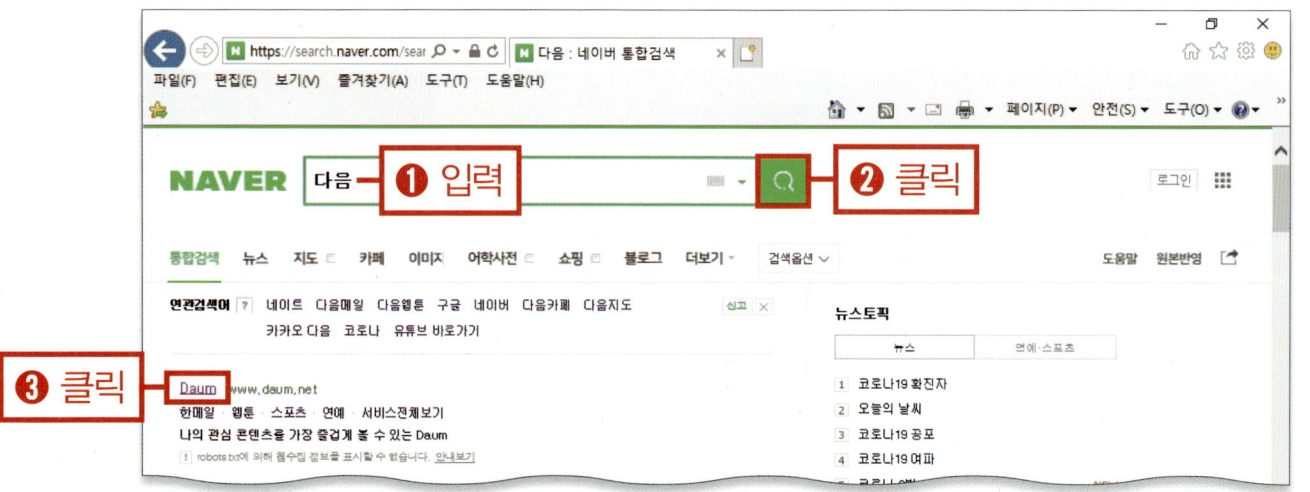

 '주소 표시줄'을 클릭한 후 'www.daum.net'을 입력하여 이동해도 됩니다.

3 '다음' 사이트로 이동되면 '도구 명령' 메뉴에서 [홈](🏠▼)의 [목록 단추](▼)를 클릭한 후 [홈 페이지 추가 및 변경]을 클릭합니다.

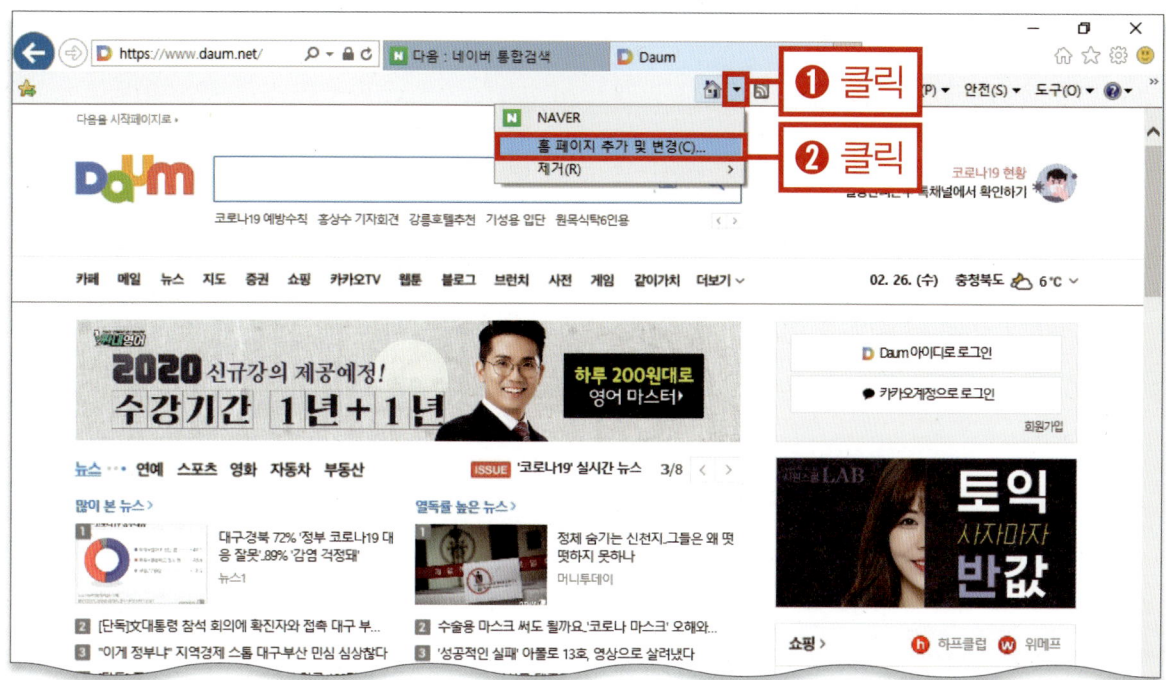

4 '홈 페이지 추가 및 변경' 대화상자가 나타나면 [이 웹 페이지를 유일한 홈 페이지로 사용]을 클릭해 체크한 다음 [예]를 클릭합니다. 현재 접속되어 있는 사이트가 시작 페이지로 설정됩니다.

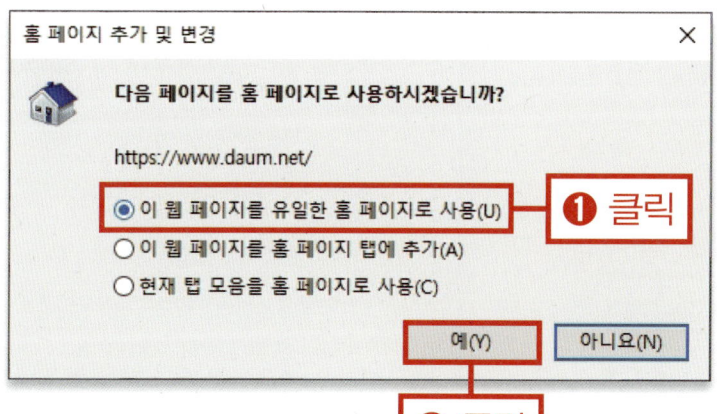

홈 페이지 추가 및 변경 메뉴

- **이 웹 페이지를 유일한 홈 페이지로 사용** : 현재 열려 있는 화면을 유일한 홈 페이지로 사용합니다.
- **이 웹 페이지를 홈 페이지 탭에 추가** : 만약, 기존에 네이버를 홈 페이지로 사용하고 있다면 다음을 홈 페이지 탭에 추가로 지정하여 인터넷을 열 때마다 네이버와 다음이 탭 형식으로 함께 열립니다.
- **현재 탭 모음을 홈 페이지로 사용** : 기존의 홈 페이지를 삭제하고 현재 열려 있는 모든 탭을 홈 페이지로 지정합니다.

STEP 2 인터넷 검색 기록 삭제하기

1 [도구](⚙)를 클릭한 후 [인터넷 옵션]을 클릭합니다.

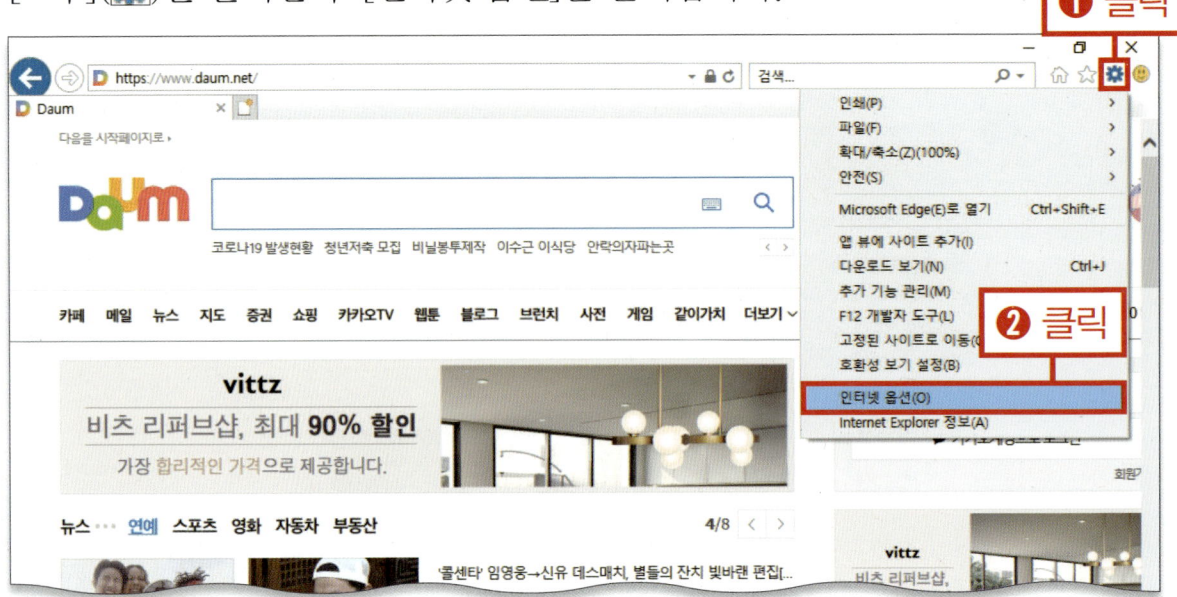

2 '검색 기록'에서 [삭제]를 클릭합니다. [삭제]를 클릭하면 인터넷을 사용하며 다운받은 임시 파일, 열어본 페이지 목록, 쿠키 자료, 자동 저장된 암호와 양식 데이터를 삭제할 수 있습니다.

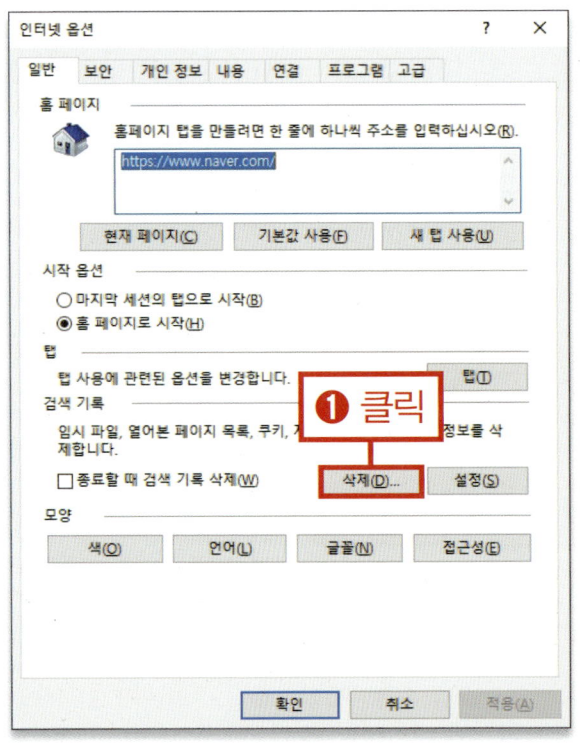 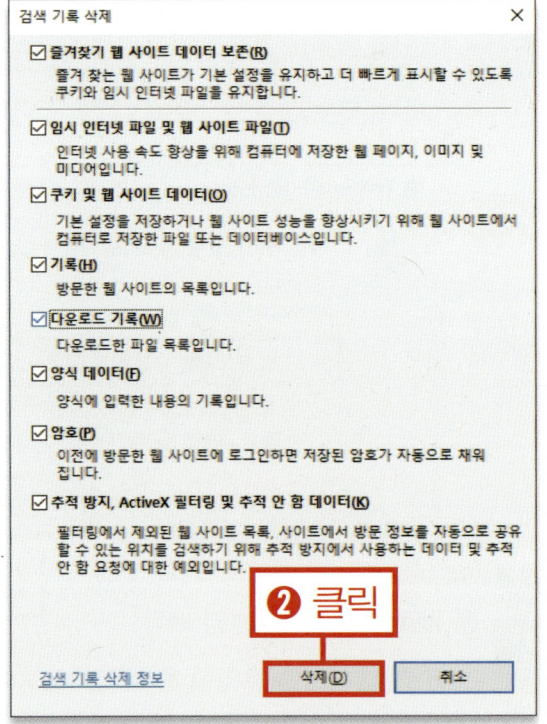

쿠키란, 웹 페이지를 방문할 때 작성된 정보를 작은 문서 형식으로 저장해 두었다가 다음번에 웹 페이지를 방문하면 기억한 정보를 가지고 웹 페이지를 구성해 줍니다. 쿠키는 직접 삭제하지 않으면 없어지지 않기 때문에 외부 컴퓨터 사용 시 정보 유출을 막기 위해 삭제해 주는 것이 좋습니다.

CHAPTER 13
즐겨찾기 추가하고 관리하기

POINT

인터넷 사이트 중 자주 방문하는 사이트의 주소를 저장해 두었다가 한 번의 클릭으로 쉽게 방문하는 것을 즐겨찾기라고 합니다. 여기서는 다양한 정보를 손쉽게 접근할 수 있는 '가판대'라는 사이트를 즐겨찾기에 등록하는 방법에 대해 배워 보도록 하겠습니다.

완성 화면 미리 보기

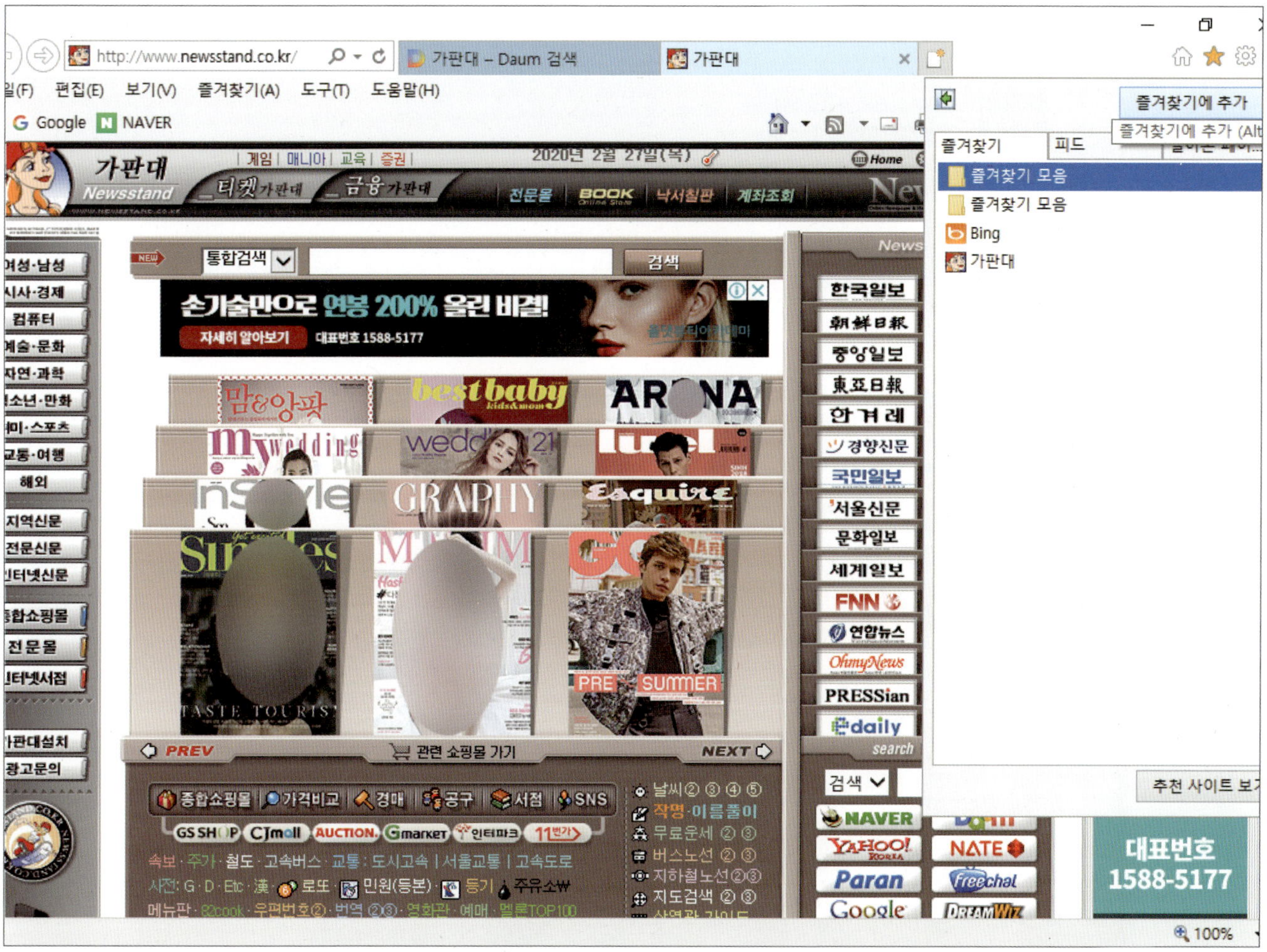

여기서 배워요!

즐겨찾기 추가하기, 이름 바꾸기, 삭제하기, 관리하기

STEP 1 즐겨찾기 추가하기

1 인터넷 익스플로러를 실행한 후 즐겨찾기에 추가할 사이트로 이동하기 위해 검색란에 '가판대'를 입력하고 Enter 를 누릅니다. 검색 결과에서 [가판대]를 클릭하여 사이트로 이동합니다.

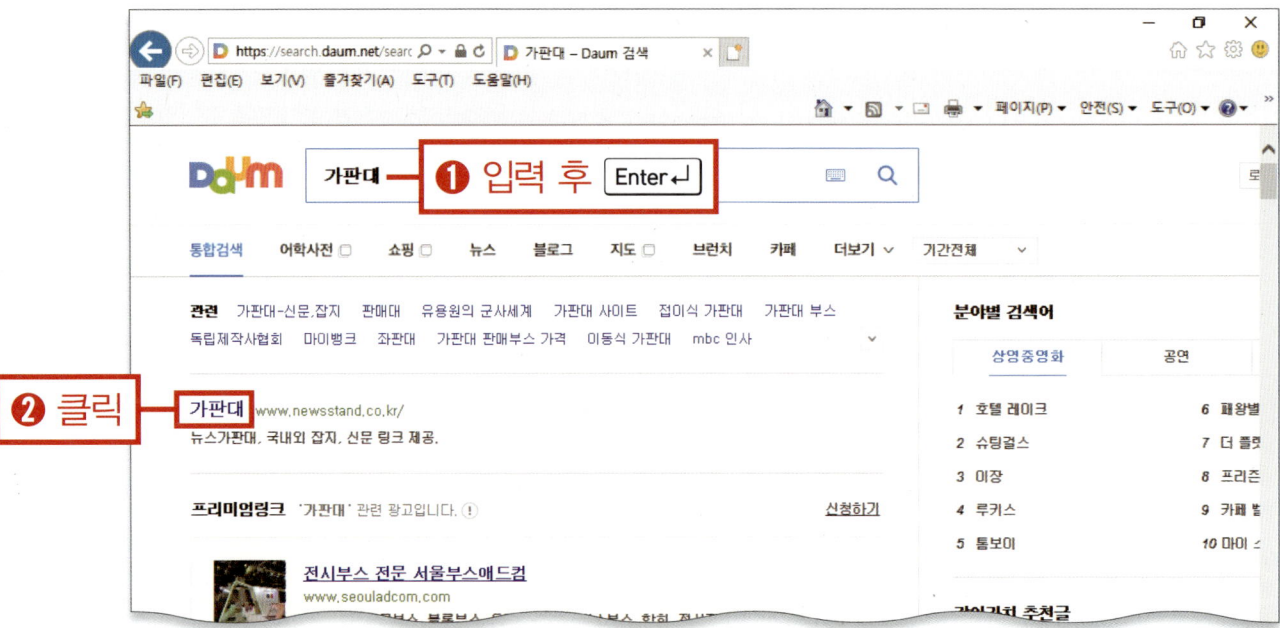

2 '가판대' 사이트가 열리면 [즐겨찾기](★)를 클릭한 후 [즐겨찾기에 추가] 단추를 클릭합니다.

3 '즐겨찾기 추가' 대화상자가 나타나면 '이름'은 '가판대'로 입력한 후 '위치 지정'은 '즐겨찾기'로 선택하고 [추가] 단추를 클릭합니다.

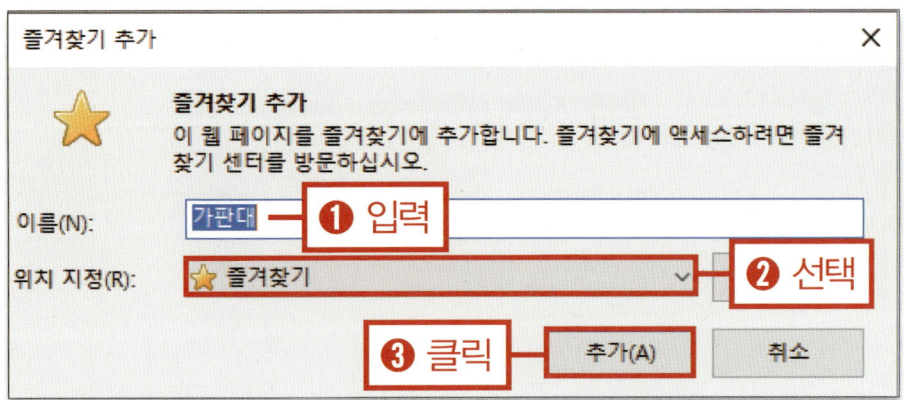

4 '즐겨찾기'에 추가된 것을 확인할 수 있습니다. 동일한 방법으로 'Daum'과 'NAVER'를 추가해 봅니다. '가판대'나 'Daum'을 클릭하면 추가 검색 없이 해당 사이트로 이동합니다.

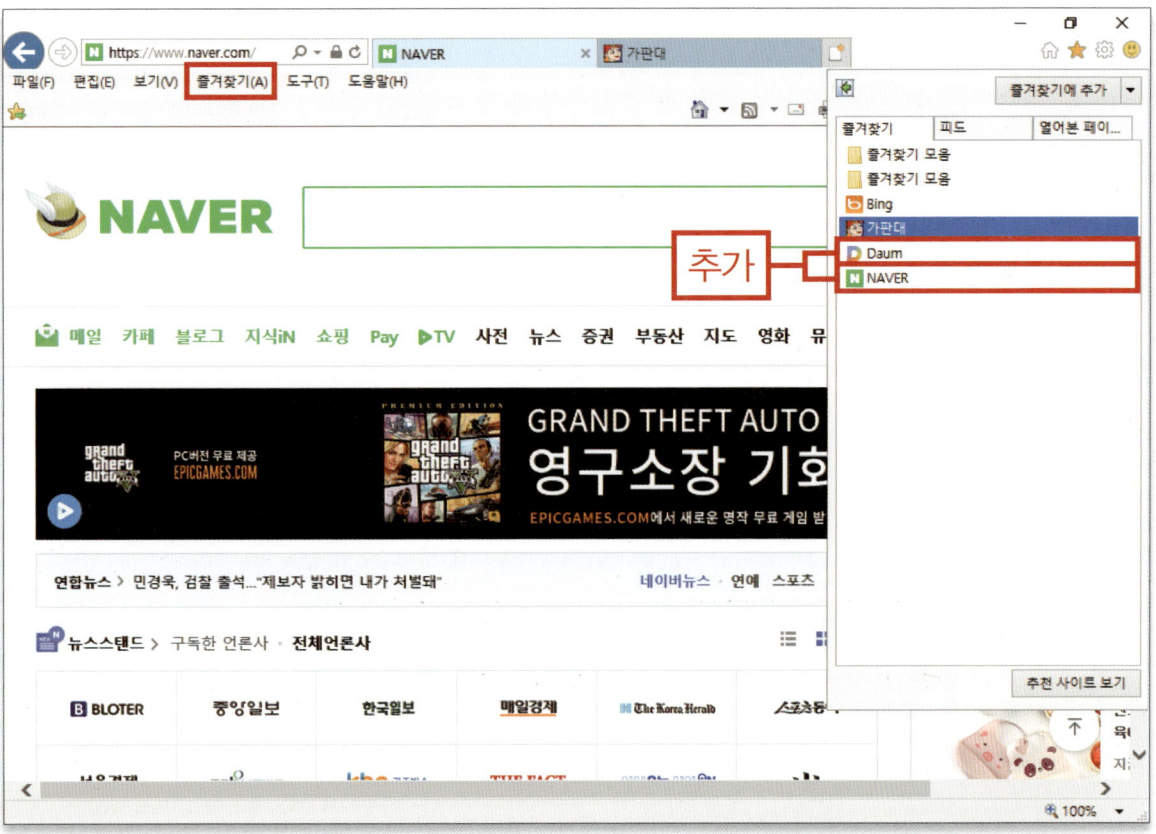

 '메뉴 모음'에서 [즐겨찾기(A)]를 클릭하고 [즐겨찾기에 추가(A)]를 클릭하여 추가할 수도 있습니다.

STEP 2 즐겨찾기 모음에 추가하기

1 [홈](🏠) 단추를 클릭합니다. '다음' 사이트 검색란에 '네이버'를 입력한 후 Enter↵를 누릅니다. 검색 결과에서 [네이버]를 클릭하여 네이버 사이트로 이동합니다.

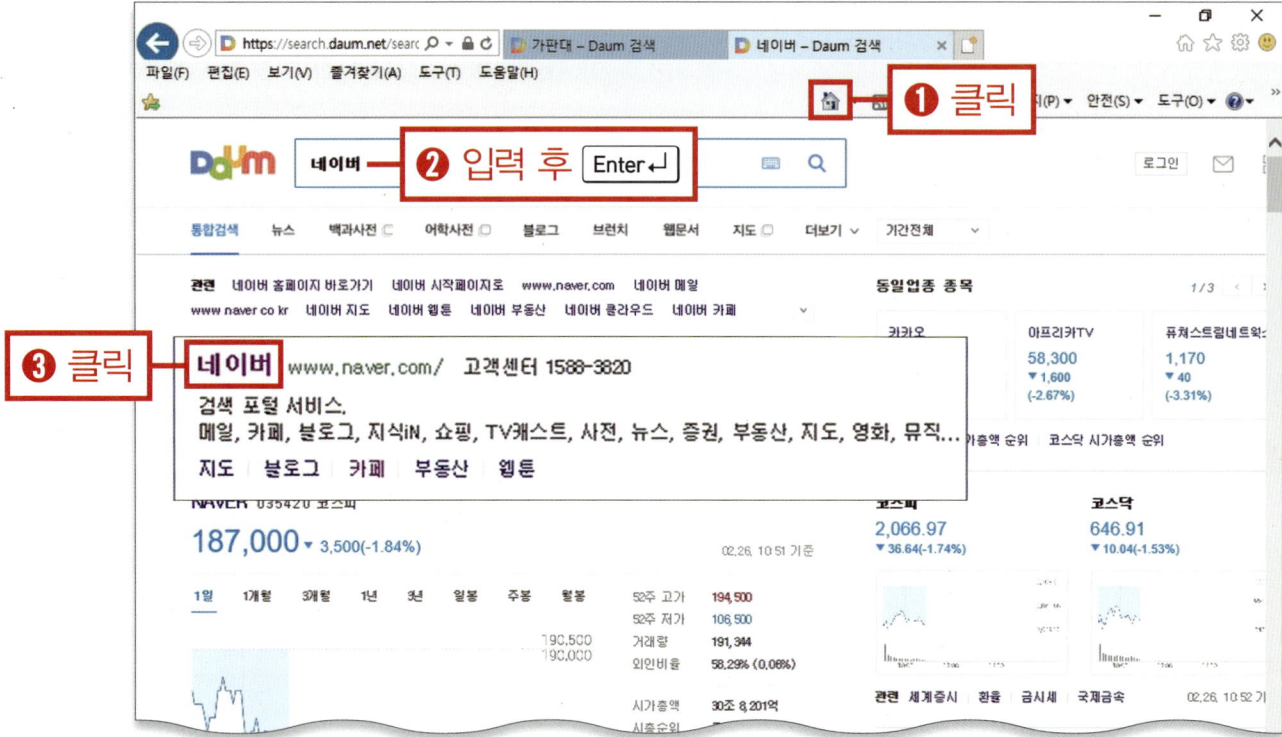

2 [즐겨찾기 모음에 추가](⭐) 단추를 클릭합니다. '네이버'가 추가됩니다.

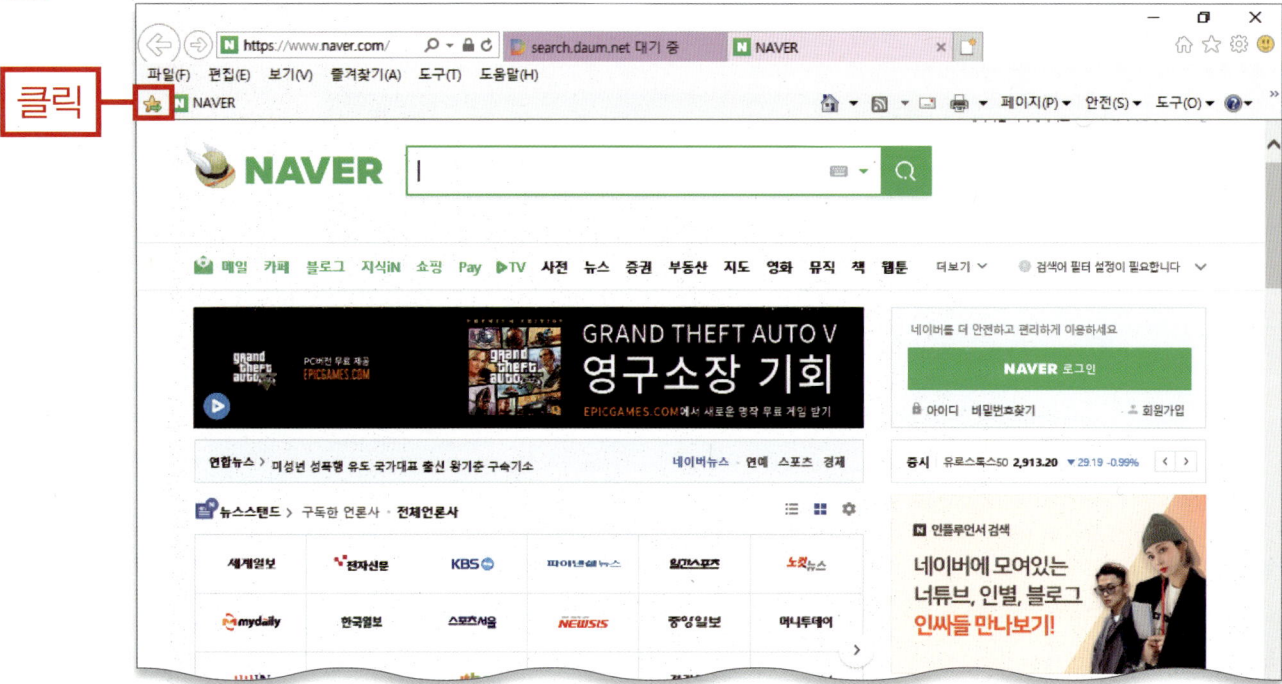

3 동일한 방법으로 'Google' 사이트로 이동한 후 [즐겨찾기 모음에 추가](⭐) 단추를 클릭합니다. 'Google'이 추가됩니다.

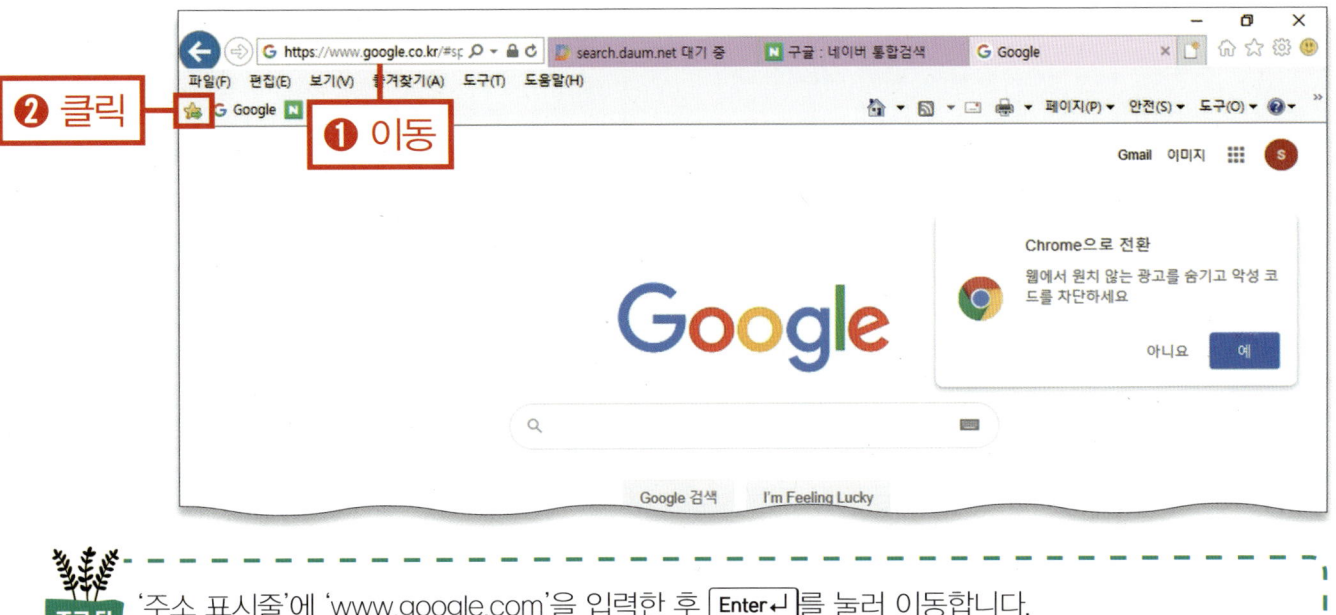

> **조금 더 배우기**
> '주소 표시줄'에 'www.google.com'을 입력한 후 Enter↵ 를 눌러 이동합니다.

STEP 3 즐겨찾기 이름 변경하기

1 [즐겨찾기](⭐)를 클릭한 후 앞서 등록한 '가판대' 사이트에 마우스 오른쪽 버튼을 누릅니다. '바로가기' 메뉴에서 [이름 바꾸기]를 클릭합니다.

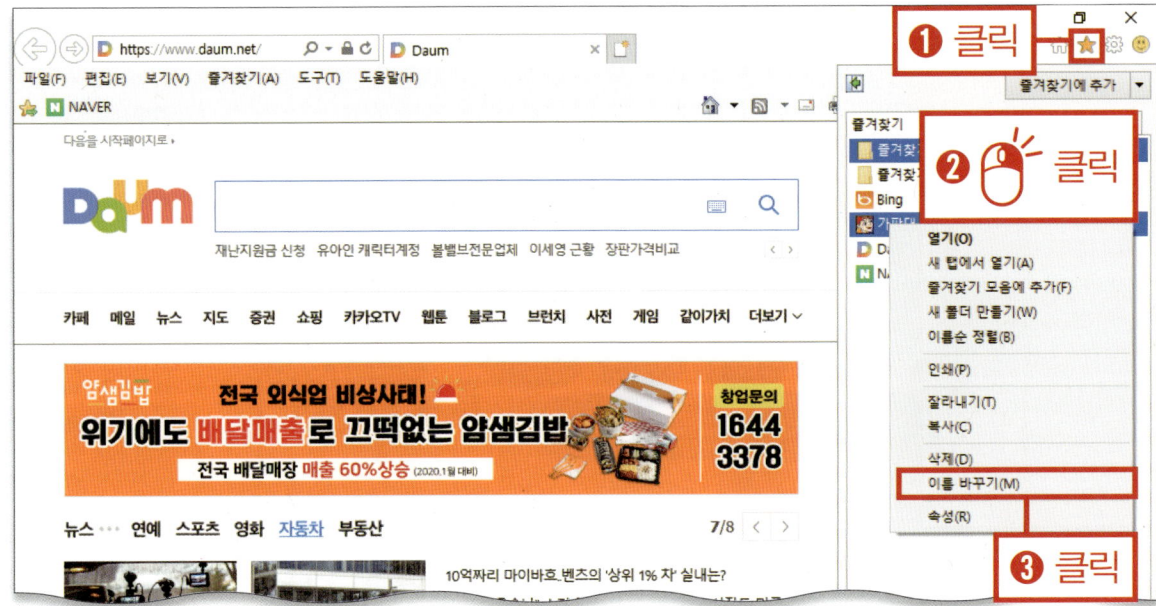

2 '가판대' 이름이 파란색으로 블록 처리되면 '가판대-신문모음'을 입력한 후 Enter↵를 누릅니다. 이름이 변경됩니다.

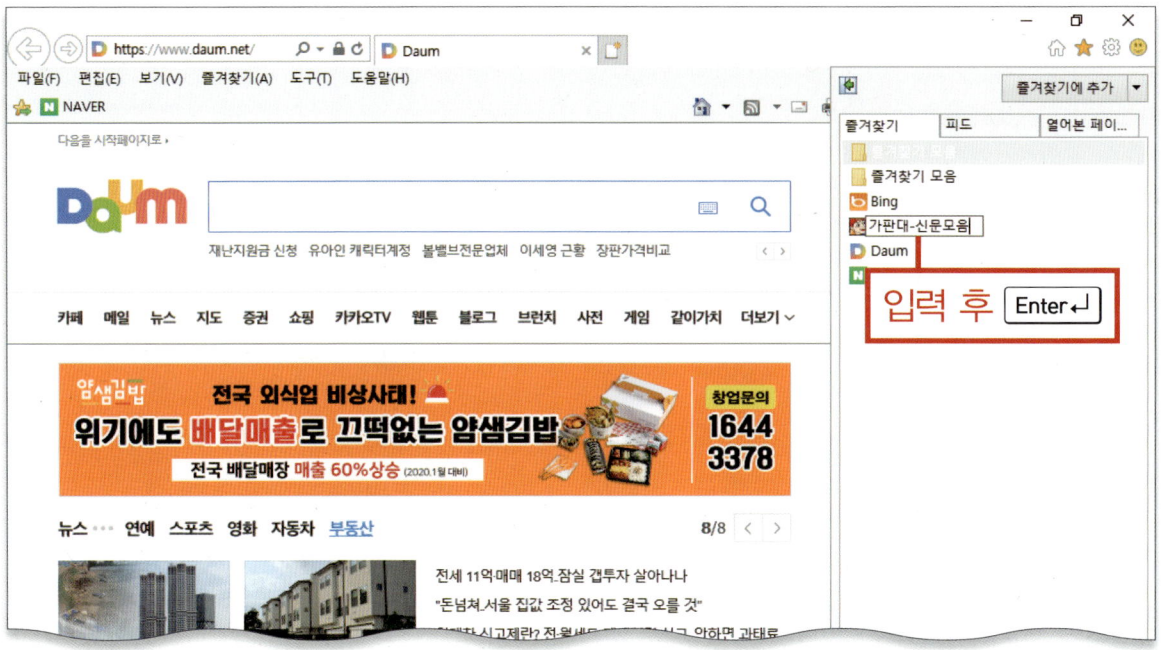

STEP 4 즐겨찾기 삭제하기

1 [즐겨찾기](★)를 클릭한 후 '가판대-신문모음'에 마우스 오른쪽 버튼을 누릅니다. '바로가기' 메뉴에서 [삭제]를 클릭합니다.

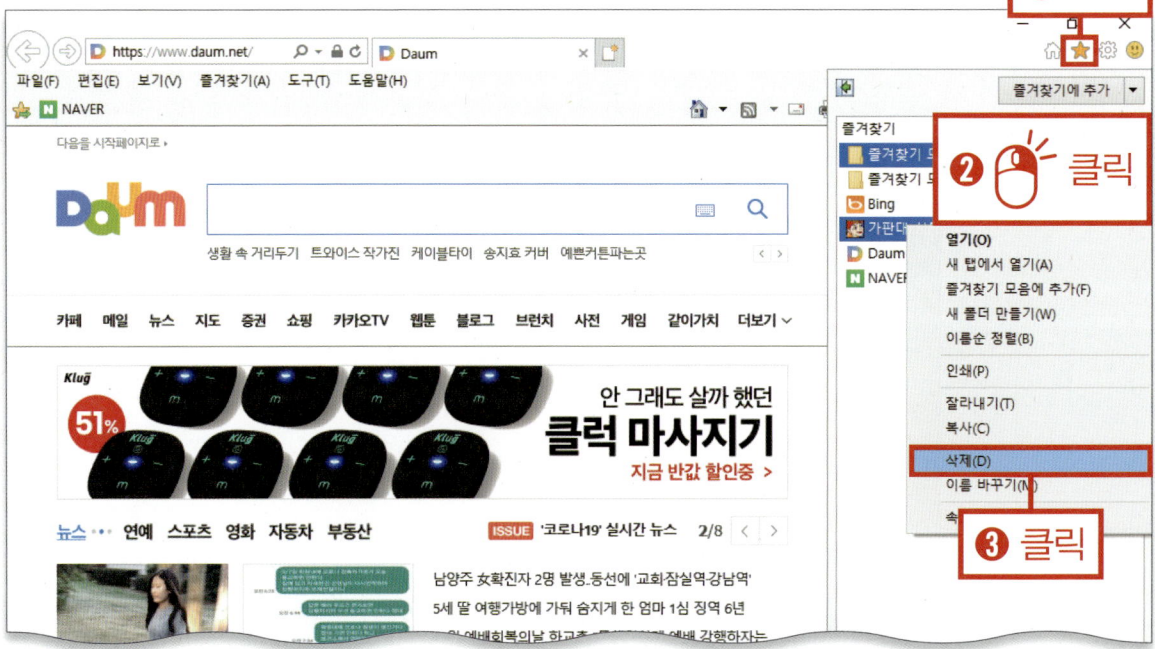

CHAPTER 14
인터넷을 이용한 정보 검색하기

 POINT

인터넷에 있는 정보를 검색하기 위해 단어를 입력하여 검색하는 방법과 문장을 입력하여 검색하는 방법에 대해 배워 보도록 하겠습니다. 또한, 인터넷에 이미지를 검색하여 저장하고 보고 싶은 동영상을 검색하는 방법을 알아봅니다.

완성 화면
미리 보기

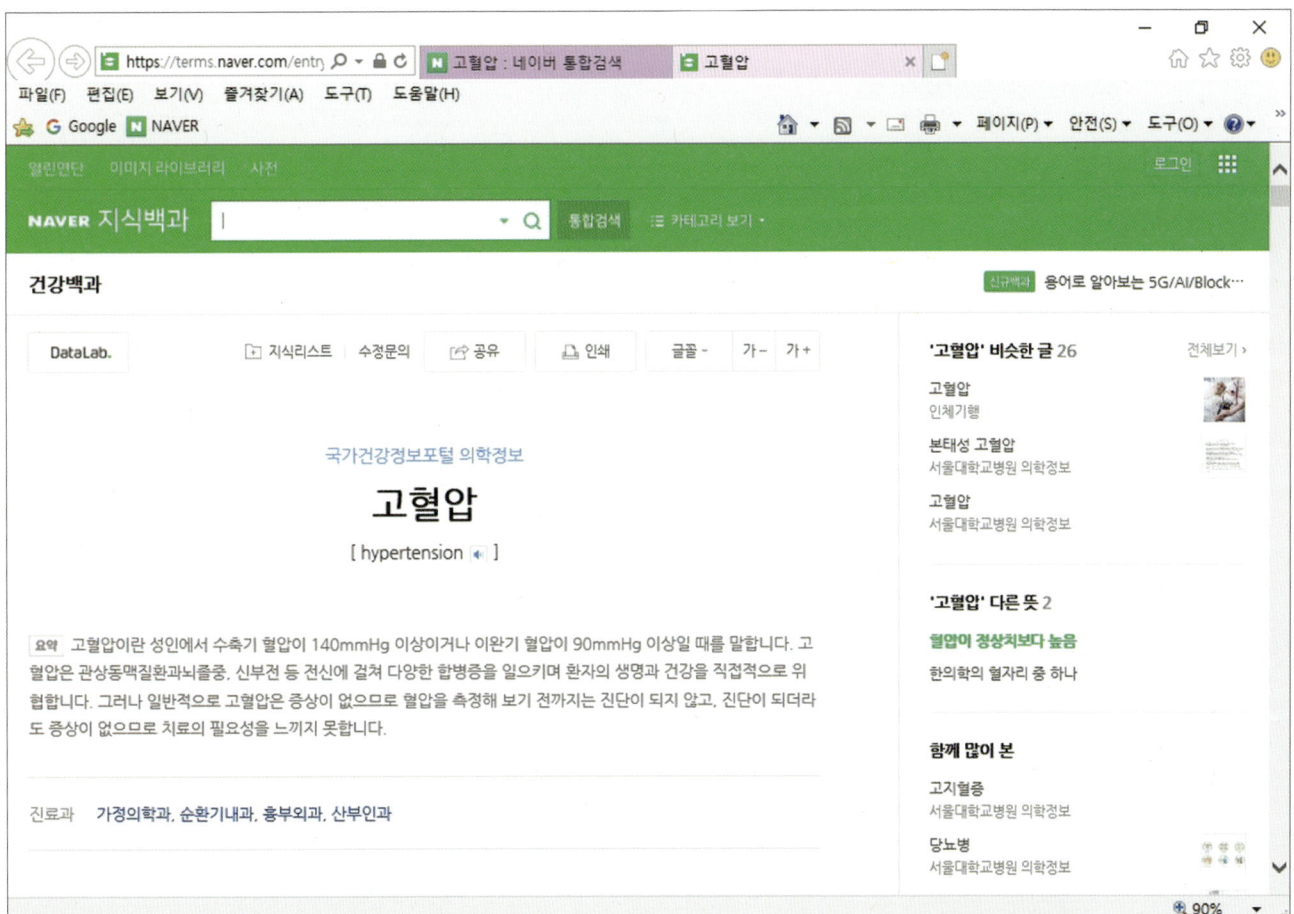

여기서 배워요! 단어/문장을 이용한 검색, 이미지 검색 및 저장, 동영상 검색

STEP 1 단어를 이용한 정보 검색

1 인터넷 익스플로러를 실행한 후 '즐겨찾기 모음'에서 [NAVER]를 클릭합니다. '네이버' 사이트가 나타나면 검색란에 '고혈압'을 입력한 후 [검색](🔍)을 클릭합니다.

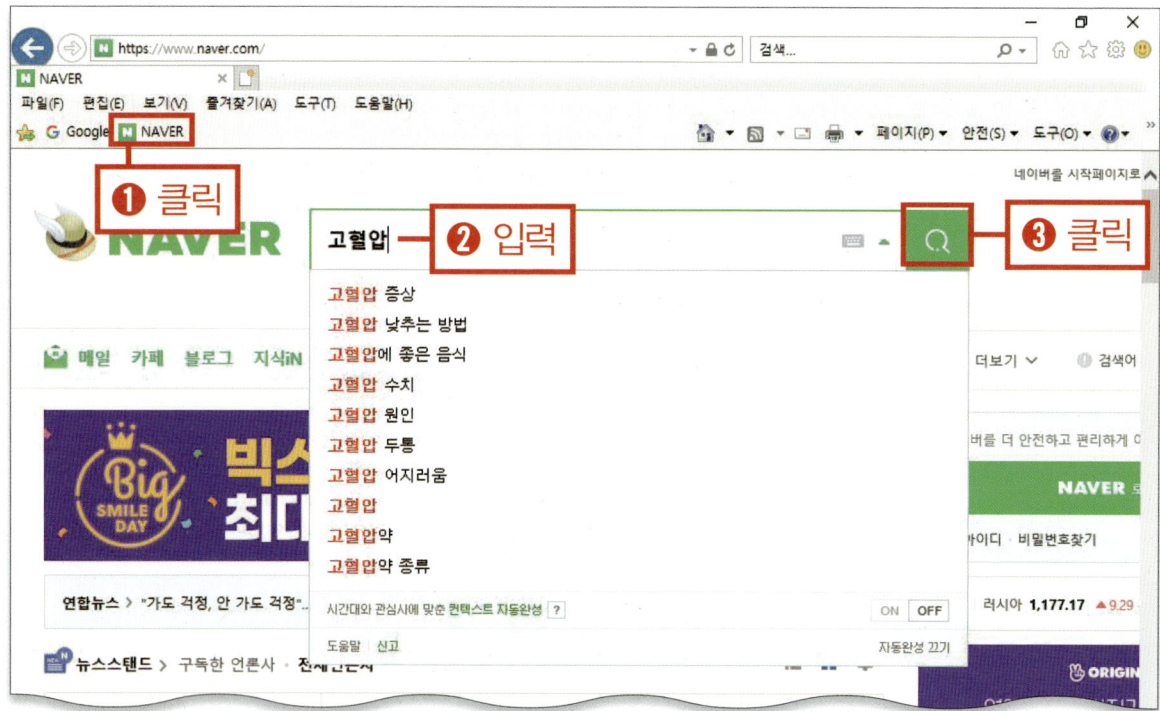

2 검색 결과가 나타나면 스크롤 바를 드래그하여 아래로 이동한 후 '지식백과'에서 [고혈압[hypertension]]을 클릭합니다.

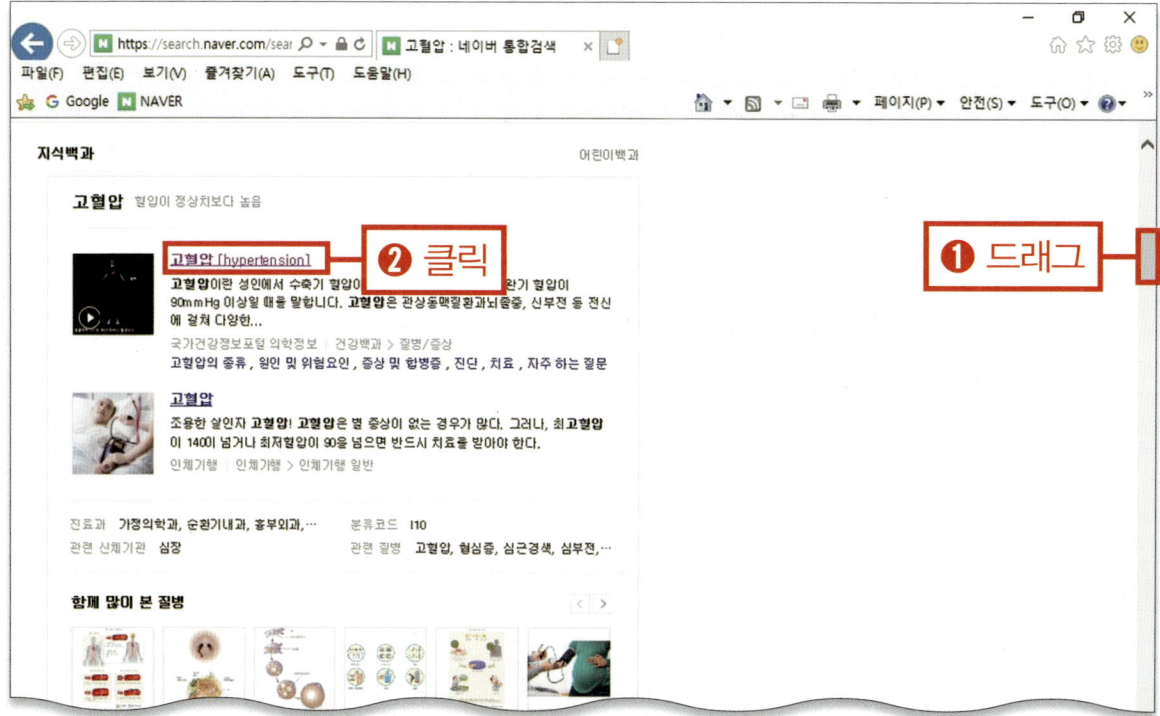

3 고혈압에 대한 정보가 상세하게 나타납니다. 스크롤 바를 아래로 이동시켜 내용을 확인해 보도록 합니다.

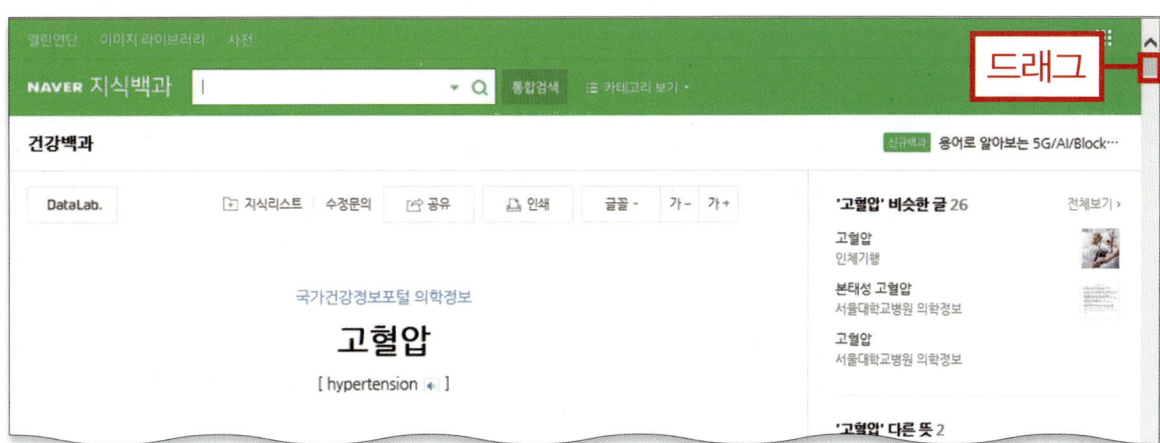

STEP 2 문장을 이용한 정보 검색

1 네이버 검색란에 '고혈압에 좋은 음식'을 입력한 후 Enter를 누릅니다. 스크롤 바를 드래그하여 아래로 이동한 후 '지식백과'에서 [혈관건강을 지키는 좋은 음식들]을 클릭합니다.

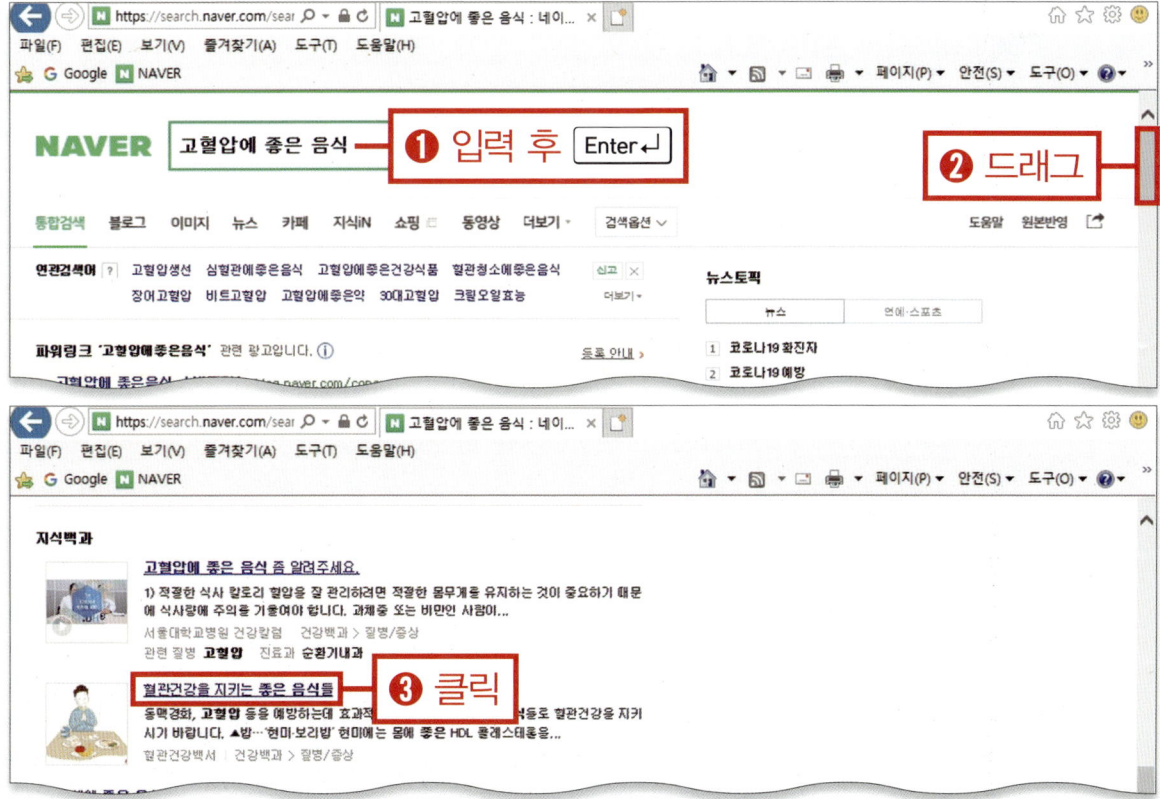

CHAPTER 14 인터넷을 이용한 정보 검색하기 | 95

2 '지식백과'에서 내용을 확인할 수 있습니다.

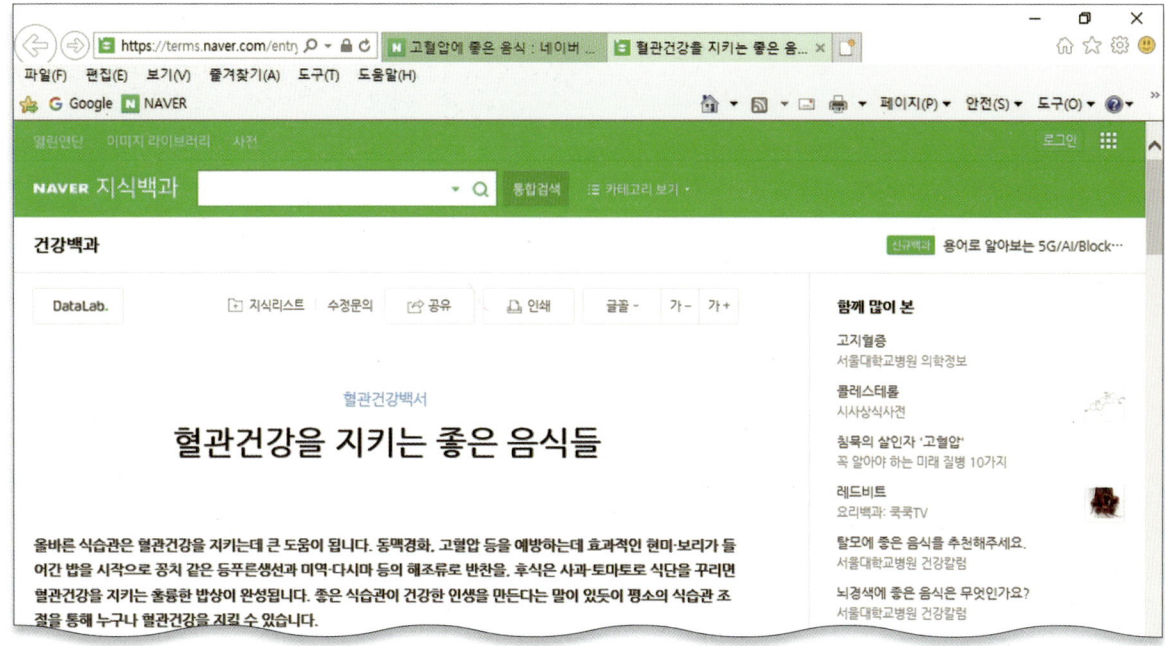

STEP 3 이미지 검색과 저장하기

1 네이버 검색란에 '벚꽃'을 입력하고 Enter⏎를 누릅니다. 상단 메뉴에서 [이미지] 버튼을 클릭합니다.

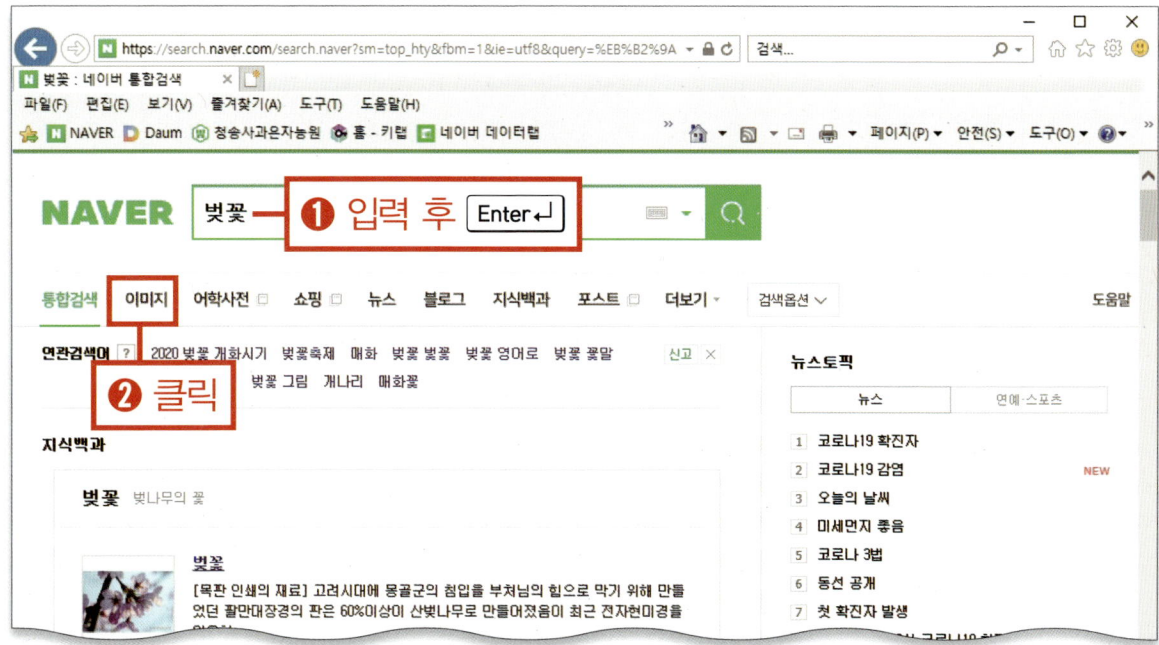

2 검색한 내용과 관련된 이미지가 검색됩니다. 상단 메뉴에서 [검색옵션]을 클릭하면 '검색옵션'과 관련된 상세 메뉴가 나타납니다. [CCL]을 클릭한 후 [상업적 이용 가능]-[적용하기]를 차례대로 클릭합니다.

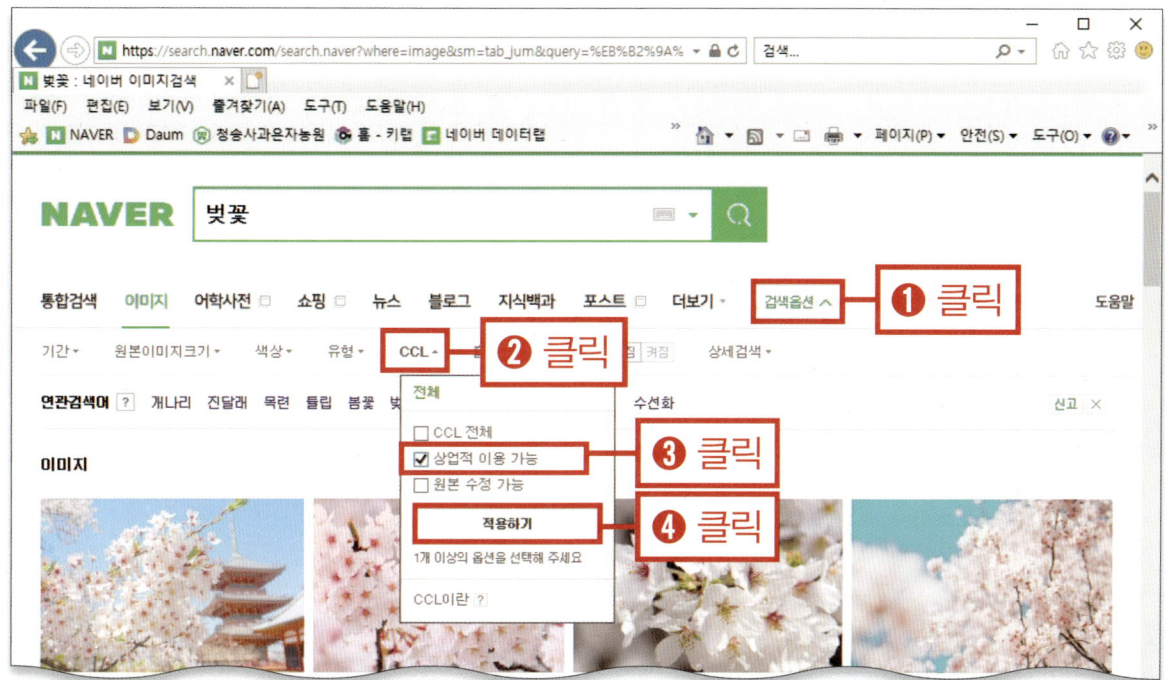

3 검색된 이미지 중 마음에 드는 이미지를 클릭하면 이미지가 확대되어 나타납니다. 이미지가 삽입된 원본 사이트로 이동하기 위해 다시 한 번 이미지를 클릭합니다.

4 이미지 위에 마우스 오른쪽 버튼을 누른 후 '바로가기' 메뉴에서 [다른 이름으로 사진 저장]을 클릭합니다. '사진 저장' 대화상자가 나타나면 '파일 이름'을 '벚꽃1'로 입력하고 [저장]을 클릭합니다.

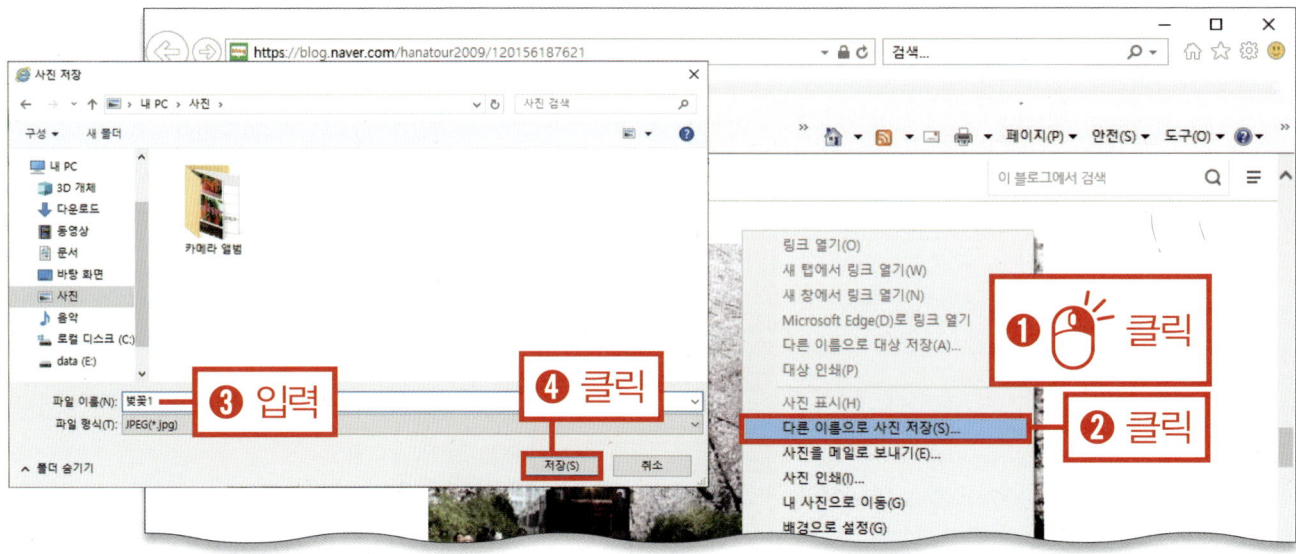

 검색한 이미지를 바탕 화면 배경으로 지정하고 싶다면 '바로가기' 메뉴에서 [배경으로 설정]을 클릭한 후 '대화상자'에서 [예]를 클릭합니다.

STEP 4 동영상 검색하기

1 [시작](⊞) 단추를 클릭한 후 [크롬](◉) 브라우저를 클릭하여 인터넷을 실행시킵니다. 검색란에 '유튜브'를 입력하고 Enter↵를 누릅니다. [유튜브 - YouTube]를 클릭하여 사이트에 접속합니다.

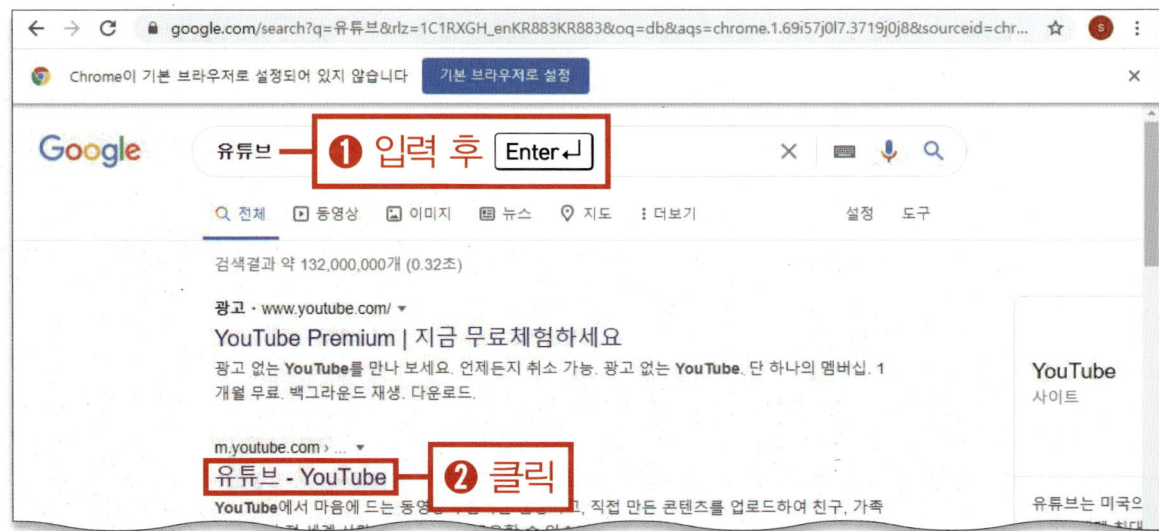

2 상단 검색란에 보고 싶은 영상 제목을 입력한 후 Enter↵를 누릅니다. 여기서는 '봄에 듣기좋은 노래'를 입력하였습니다. 입력한 주제의 동영상 목록이 나타나면 원하는 동영상을 클릭합니다.

3 동영상이 재생됩니다.

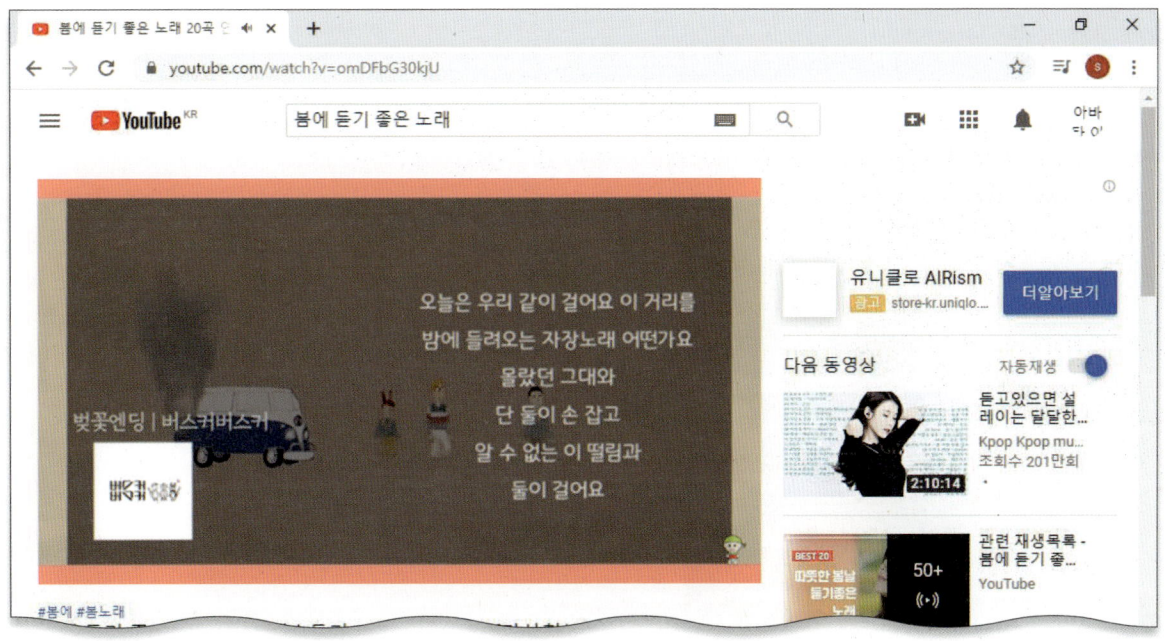

 유튜브(YouTube)는 세계에서 가장 큰 동영상 공유 플랫폼입니다. 전 세계 최대 규모의 동영상 공유 사이트로써 사용자가 영상을 시청 · 업로드 · 공유할 수 있습니다.

 혼자서도 만들 수 있어요!

1 시작 페이지를 '네이버'로 변경해 보세요.

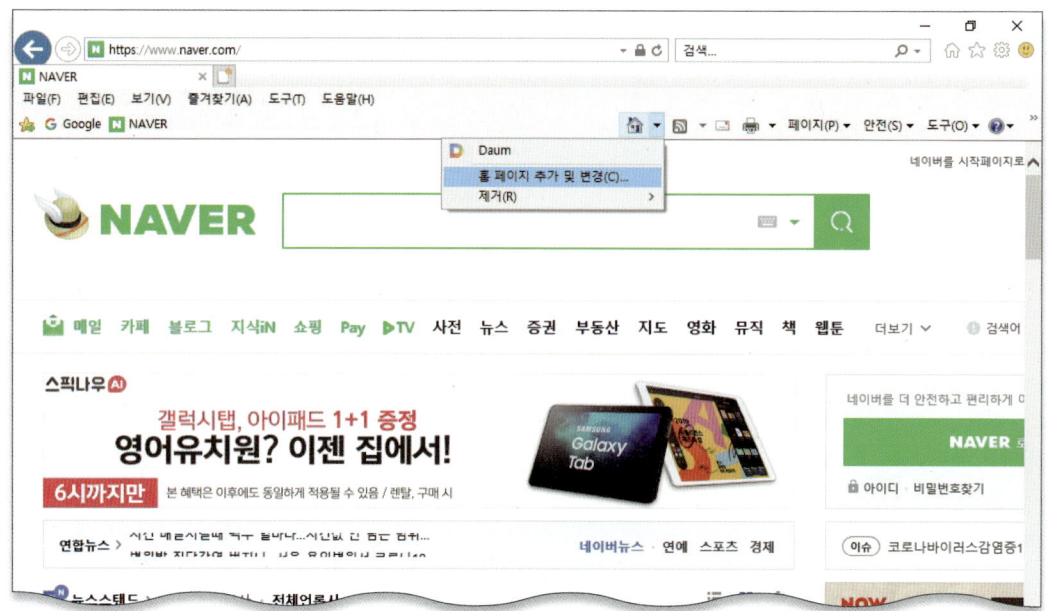

> HINT: '즐겨찾기 모음'에서 [NAVER] 클릭 → '네이버' 사이트가 나타나면 [홈]( ) 버튼의 [목록 단추]( )를 클릭한 후 [홈 페이지 추가 및 변경] 클릭 → [이 웹 페이지를 유일한 홈 페이지로 사용]을 클릭한 후 [예] 클릭

2 유튜브에서 '화분 분갈이'를 검색하고 원하는 영상을 클릭하여 재생해 보세요.

> HINT: [크롬]() 브라우저에서 '유튜브' 사이트 접속 → 검색란에 '화분 분갈이' 입력 후 [Enter↵] → 원하는 영상 클릭

CHAPTER 15
인터넷 메일 계정 만들기

이메일은 전 세계 어디에 있어도 편지를 실시간으로 주고받을 수 있는 서비스를 제공합니다. 여기서는 이메일 서비스를 제공하는 사이트 중 네이버에 회원 가입하여 메일을 보내고 메일 환경을 자신의 취향에 맞도록 설정하는 방법을 배워 보겠습니다.

완성 화면
미리 보기

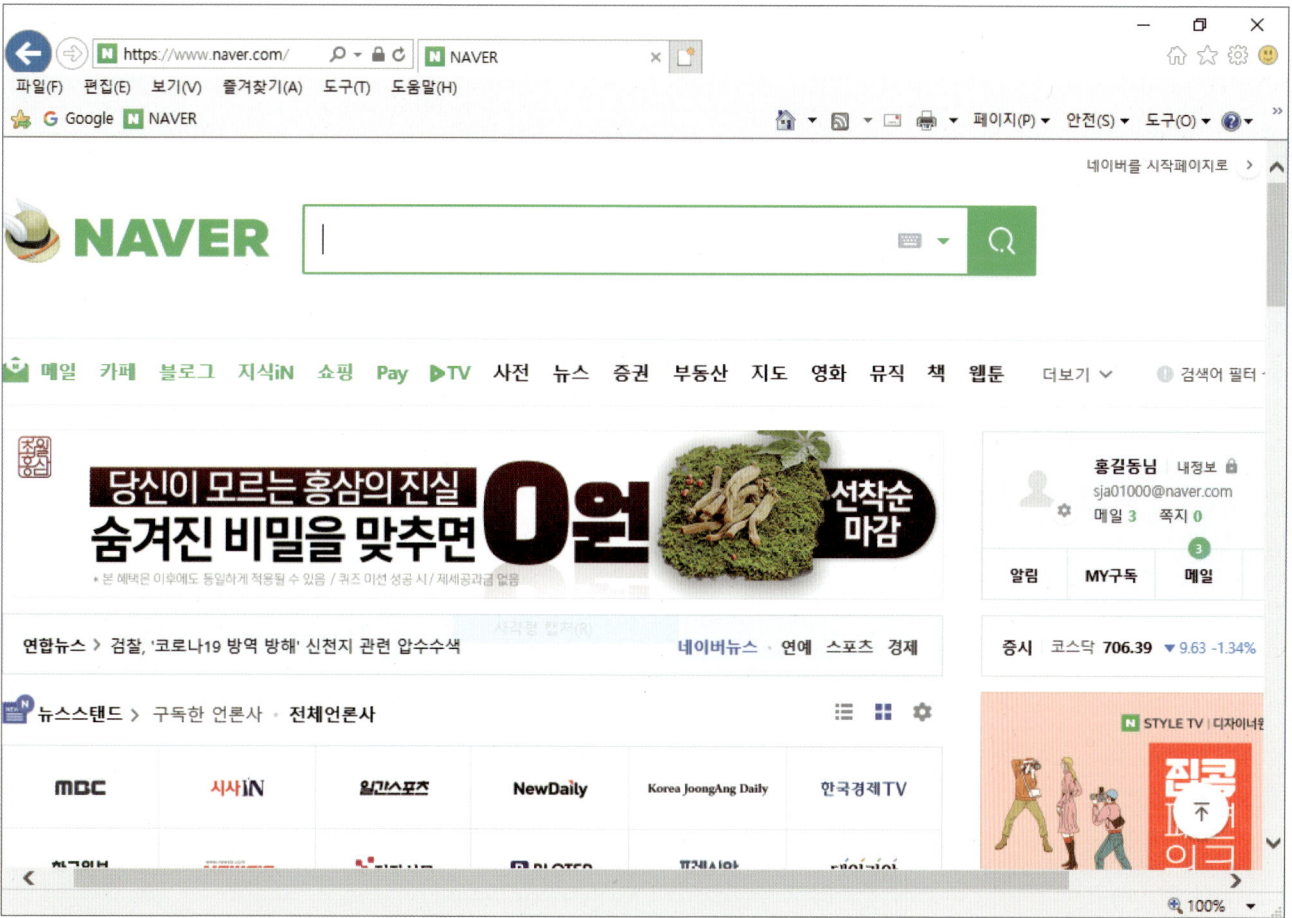

여기서 배워요!
네이버 회원 가입하기, 내게 쓰기, 편지 쓰기

STEP 1 메일 계정 만들기

1 '네이버' 사이트에 접속한 후 오른쪽 'NAVER 로그인' 하단에 있는 [회원가입]을 클릭합니다.

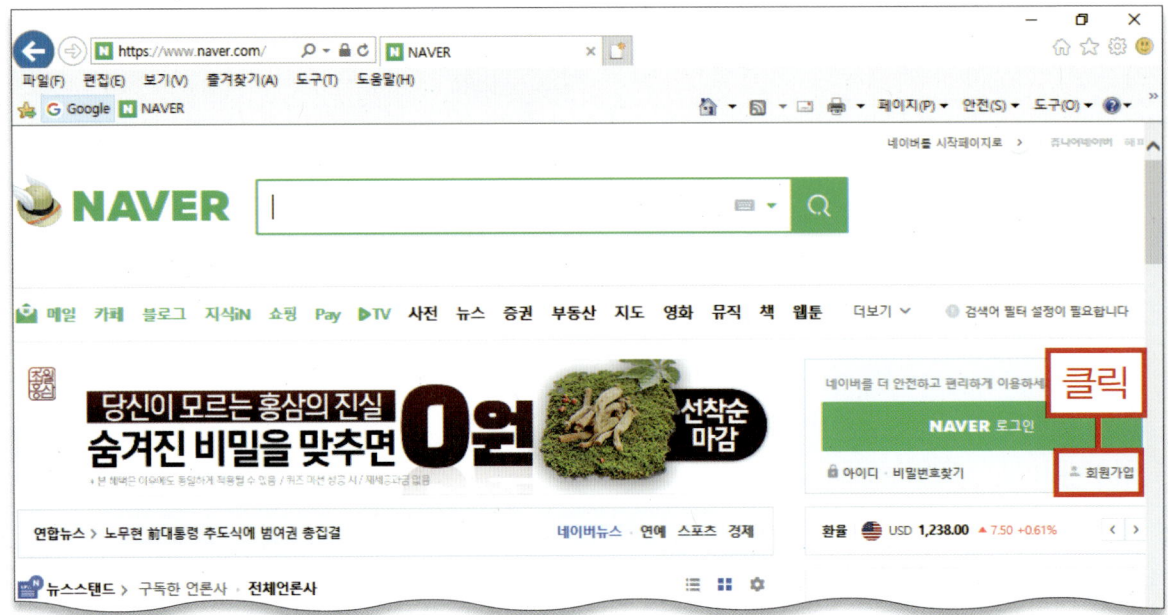

2 '이용약관, 개인정보 수집 및 이용에 대한 안내' 약관을 읽은 후 왼쪽의 (◎)를 클릭하여 체크한 다음 [확인] 단추를 클릭합니다.

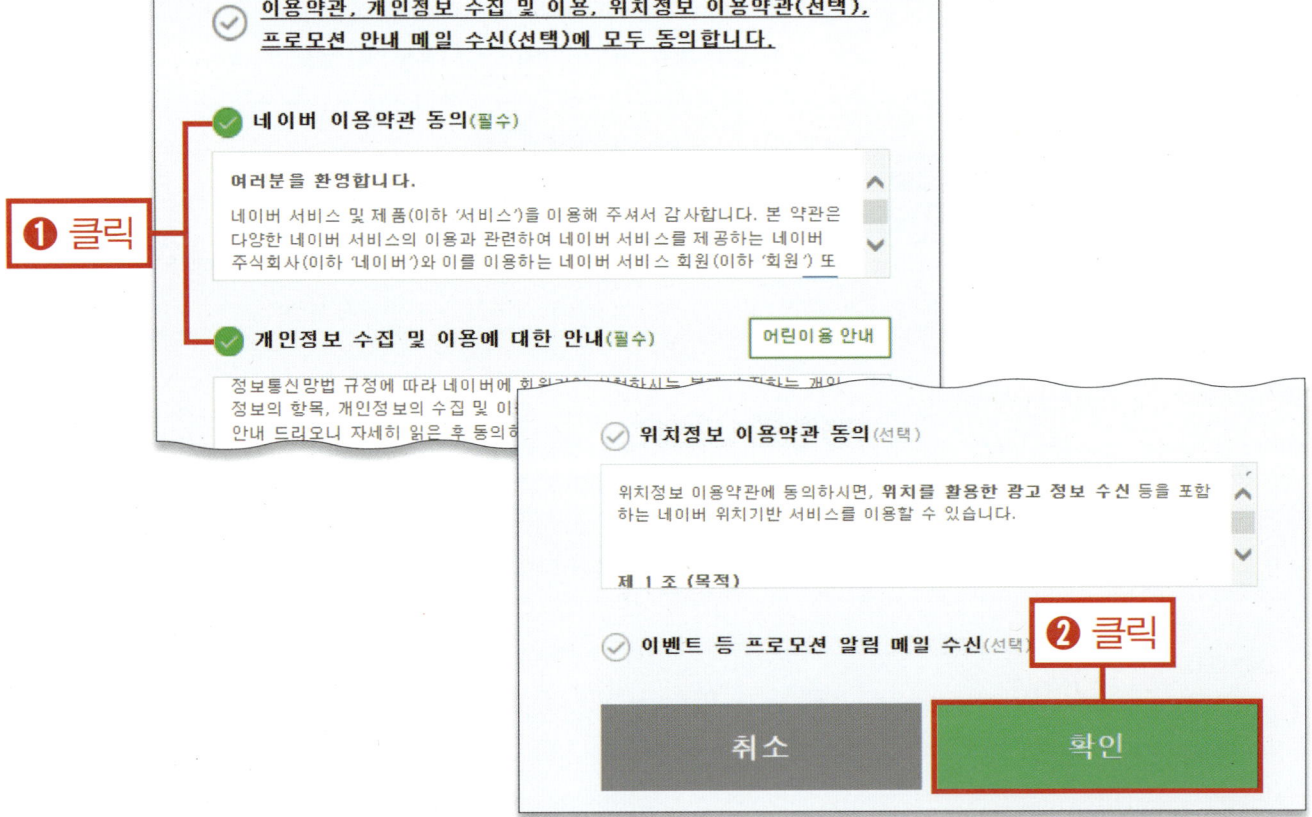

3 '회원 정보 입력' 화면에 각 항목을 빠짐없이 입력한 후 [가입하기] 단추를 클릭합니다.

- 아이디 : 영문, 숫자로 구성하며 영문은 짧게, 숫자는 4자리 이상 입력하면 외우기 쉬운 아이디를 생성할 수 있습니다.

- 비밀번호 : 영문, 숫자, 특수문자로 8자 이상 16자 미만으로 입력합니다. 외부에 노출되지 않도록 주의합니다.

- 비밀번호 확인 : 비밀번호는 화면에 표시되지 않기 때문에 정확한 입력을 위해 동일한 비밀번호를 한 번 더 입력해 줍니다.

- 이름, 생년월일, 성별을 입력합니다.

- 본인 확인 이메일 : 타 사이트에 이메일이 없는 경우 생략 가능합니다.

- 휴대폰 번호를 정확하게 입력하고 [인증번호 받기] 버튼을 클릭합니다.

- 휴대폰에 온 '본인 확인 문자'를 확인하여 인증번호를 입력합니다.

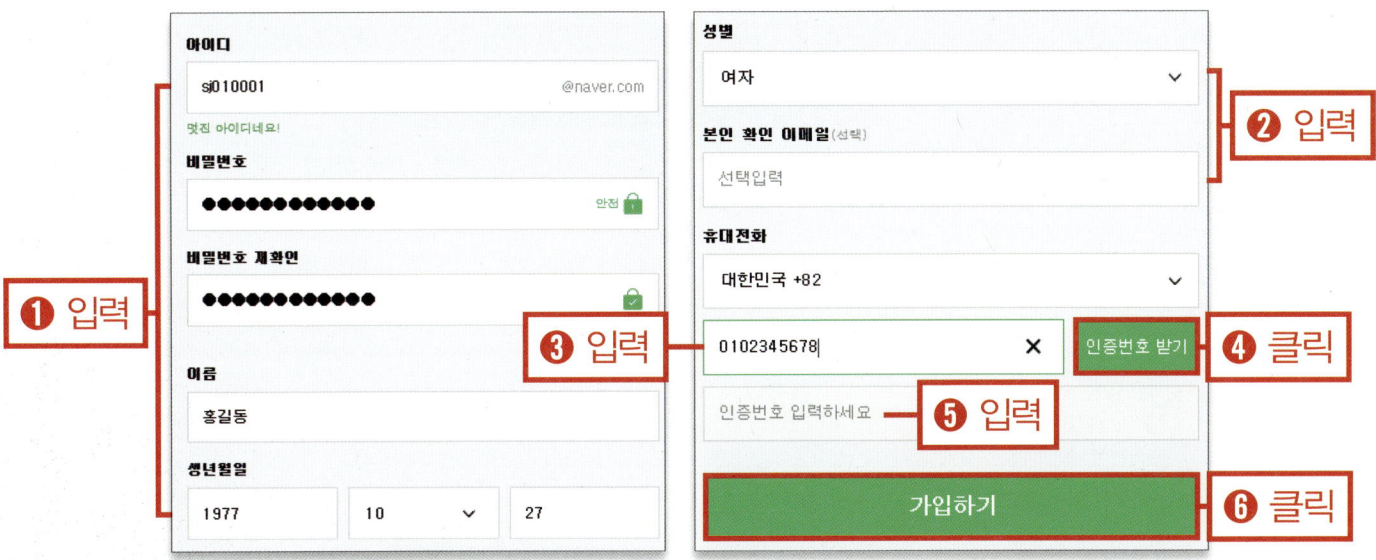

'환영합니다!' 메시지와 함께 회원가입 완료 창이 나타나면 [시작하기]를 클릭합니다. '네이버' 메인 화면으로 이동되며 오른쪽에 가입한 이름과 사용할 수 있는 서비스가 함께 표시됩니다.

STEP 2 네이버 메일 보내기

1 '네이버' 메인 화면에서 [NAVER 로그인]을 클릭합니다. 가입한 '아이디'와 '비밀번호'를 입력하고 [로그인] 단추를 클릭합니다.

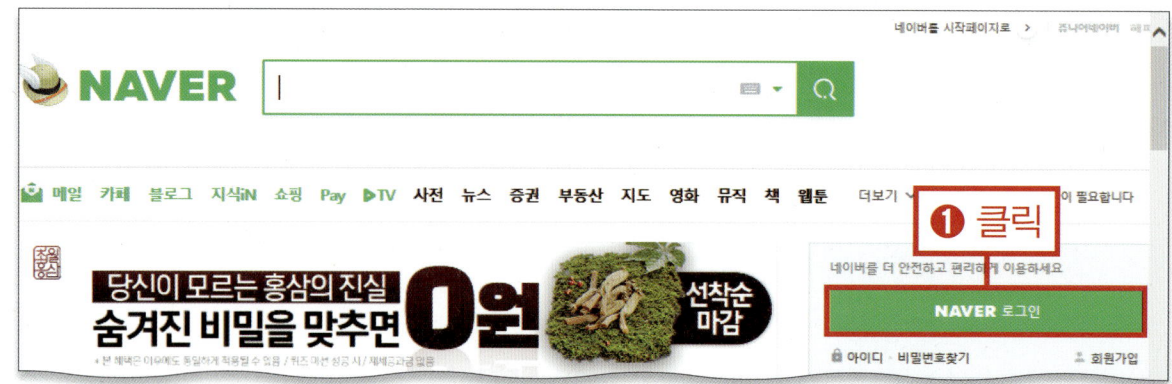

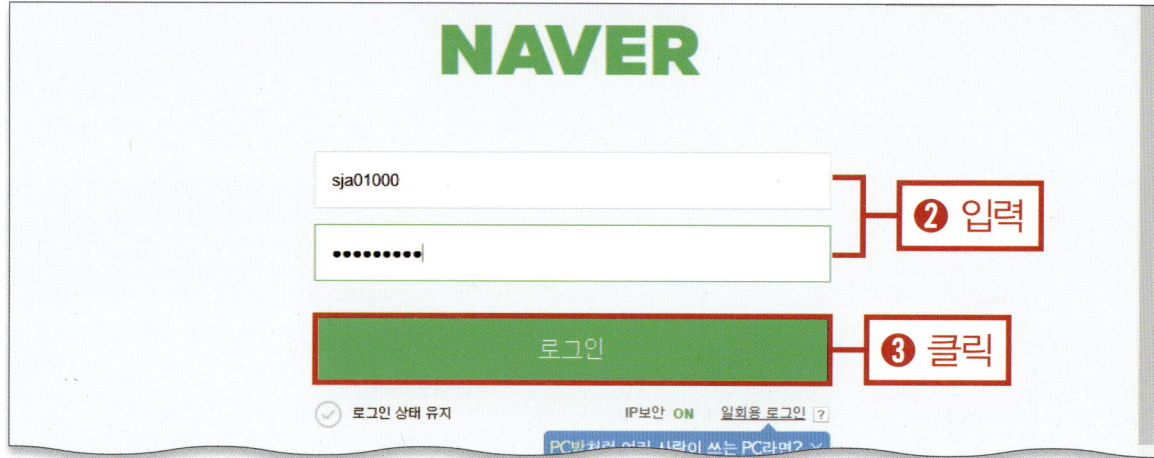

2 오른쪽에 본인의 이름과 서비스 메뉴가 나타납니다. 그중 [메일]을 클릭합니다.

> **조금 더 배우기**
> [메일]을 클릭하면 '메일 페이지'에 들어가지 않고 '받은 편지' 확인 및 '메일 쓰기'가 가능합니다.

3 받은 편지함에 '네이버'에서 온 환영 편지를 확인할 수 있습니넛. 메일 중 [네이버 회원가입을 환영합니다.] 제목을 클릭합니다.

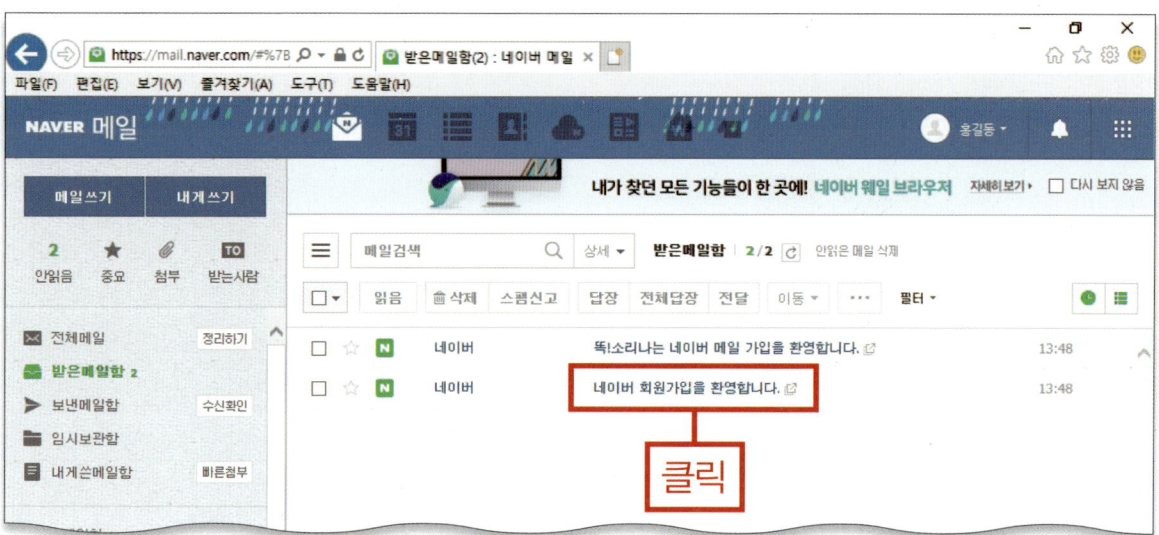

4 메일 내용을 확인할 수 있습니다.

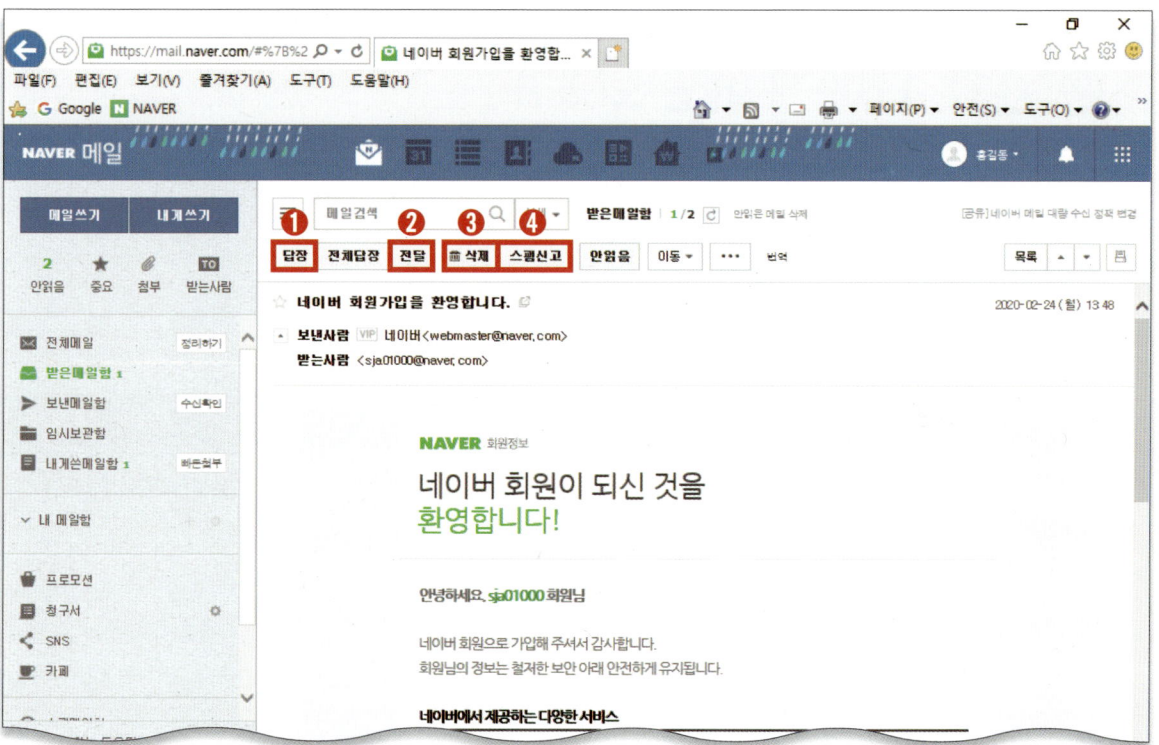

① **답장** : 받는 사람이 자동으로 입력되며 편지에 답장을 쓸 수 있습니다.
② **전달** : 받은 편지를 다른 사람에게 전달해 줄 수 있습니다.
③ **삭제** : 편지가 휴지통으로 이동합니다.
④ **스팸신고** : 광고성 편지로 분류되어 해당 아이디의 편지는 받을 수 없습니다.

5 왼쪽 메뉴에서 [받은메일함]을 클릭합니다. 오른쪽에 받은 메일 목록이 나타나며 읽은 편지는 회색으로, 읽지 않은 편지는 파란색으로 표시됩니다.

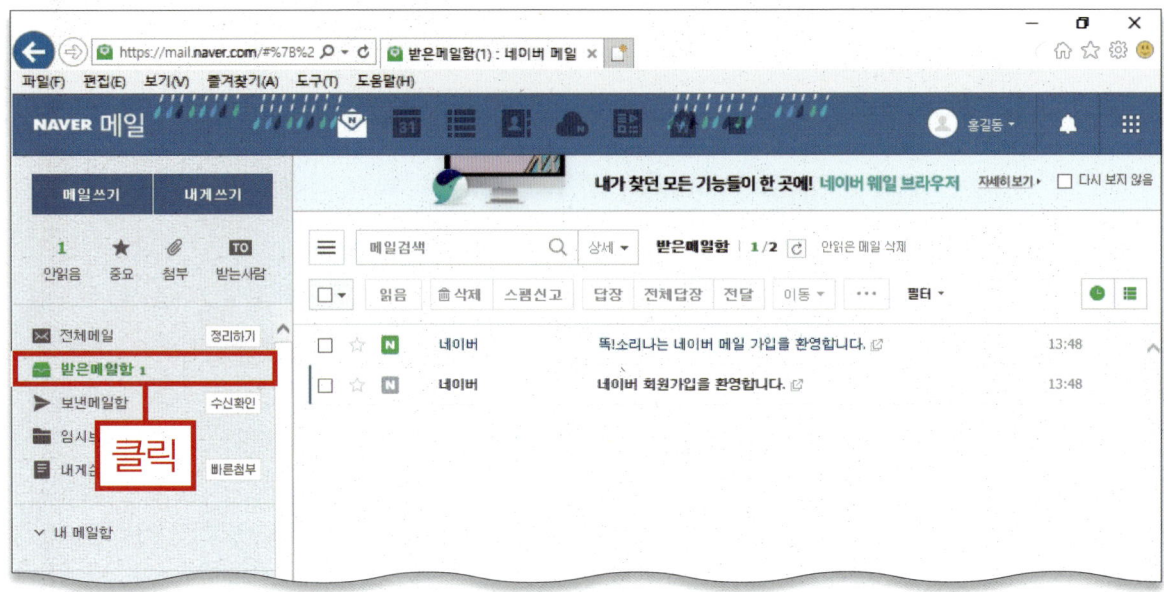

STEP 3 나에게 메일 보내기

1 네이버 메일 화면의 왼쪽 메뉴에서 [내게쓰기]를 클릭합니다. 제목을 '편지쓰기 연습'이라고 입력합니다.

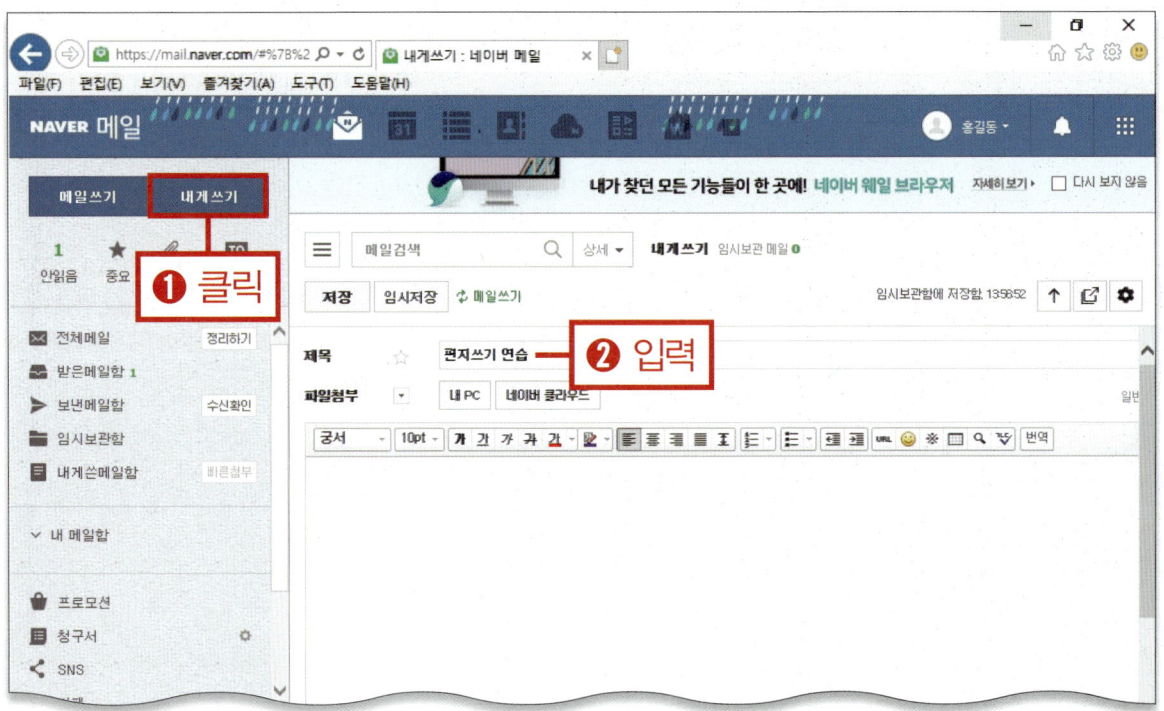

2 아래와 같이 본문을 입력합니다.

> 안녕하세요.
> 편지 쓰기 연습을 해보겠습니다.
> 글자체를 변경할 수 있어요.
> 글자의 크기도 14로 해볼까요.
> 글자의 속성을 지정할 수 있어요.
> 진하게
> 밑줄
> 기울임
> 글자색 변경
> 배경색 변경
> 멋진편지를 연습해 보아요.

3 각 부분을 블록 지정하여 아래와 같이 서식을 지정한 후 [저장] 단추를 클릭합니다.

- 글자체 ~ : 궁서   · 글자의 크기~ : 14pt
- 글자 속성 : [진하게](가), [밑줄](갇), [기울임](가), [글자색](갇), [배경색](🖉)

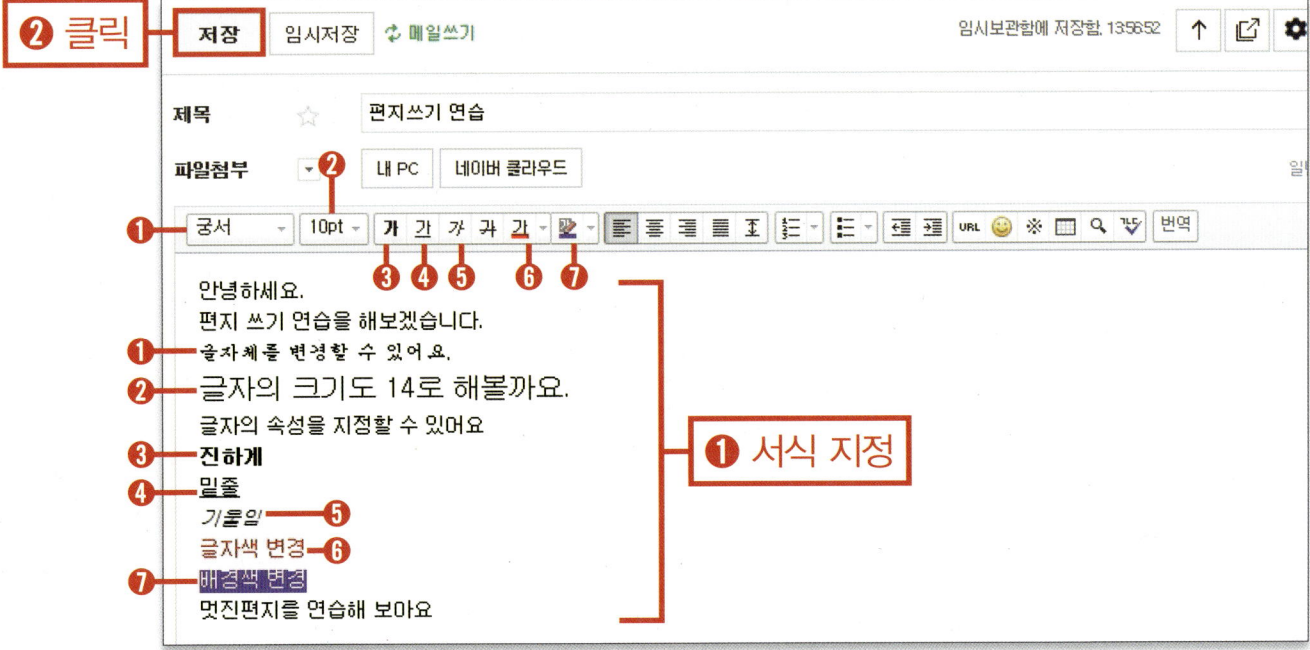

CHAPTER 15 인터넷 메일 계정 만들기 | **107**

4 메일이 저장됩니다. [내게쓴메일함]을 클릭한 후 [편지쓰기 연습]을 클릭합니다.

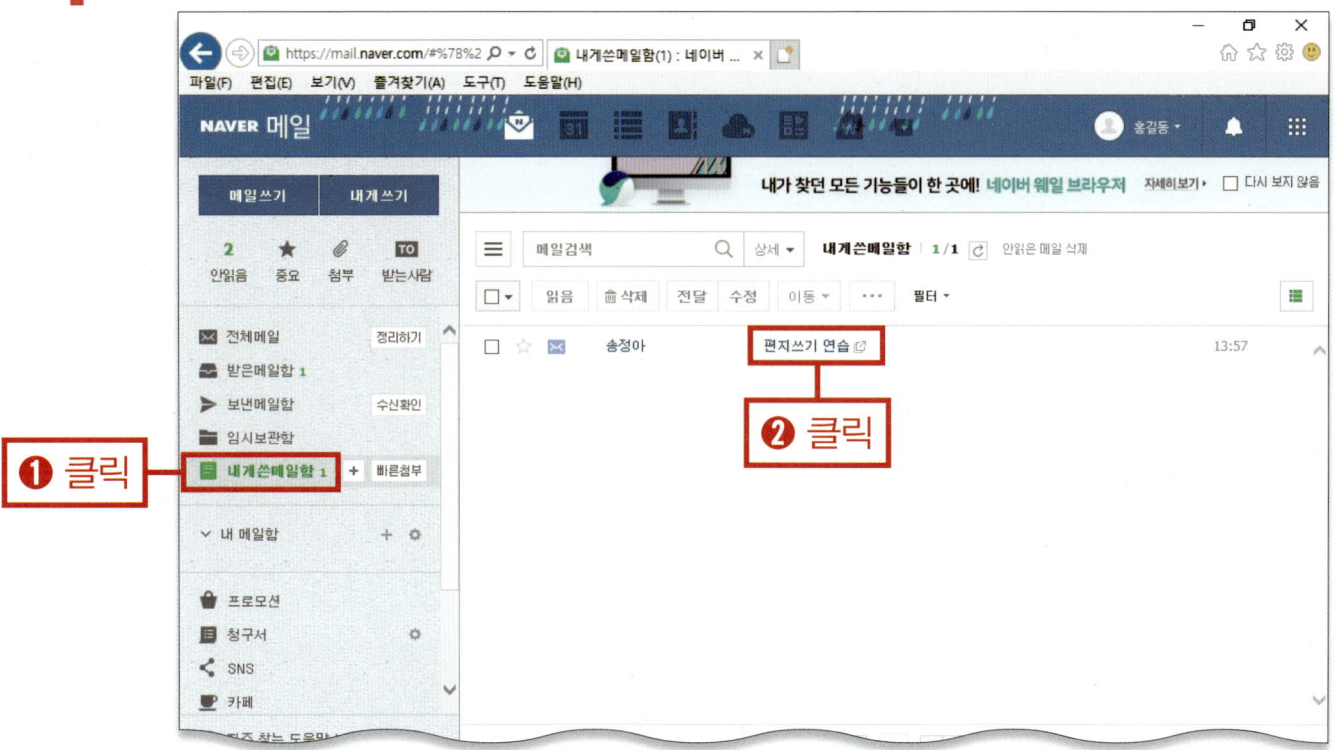

5 앞서 작성한 메일 내용을 확인할 수 있습니다.

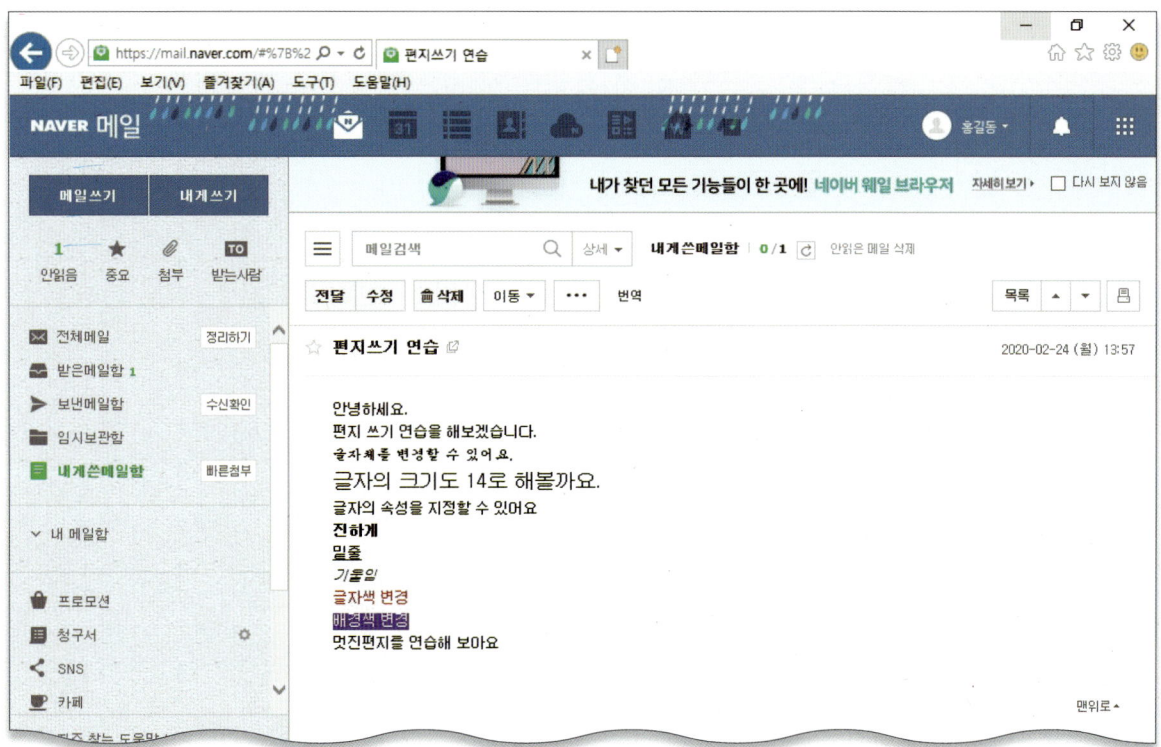

STEP 4 파일 첨부하여 메일 보내기

1 [내게쓰기]를 클릭한 후 '제목'에 '파일 보내기'를 입력합니다. '파일첨부'에서 [파일첨부 열기](▼) 버튼을 클릭한 다음 [내 PC]를 클릭합니다.

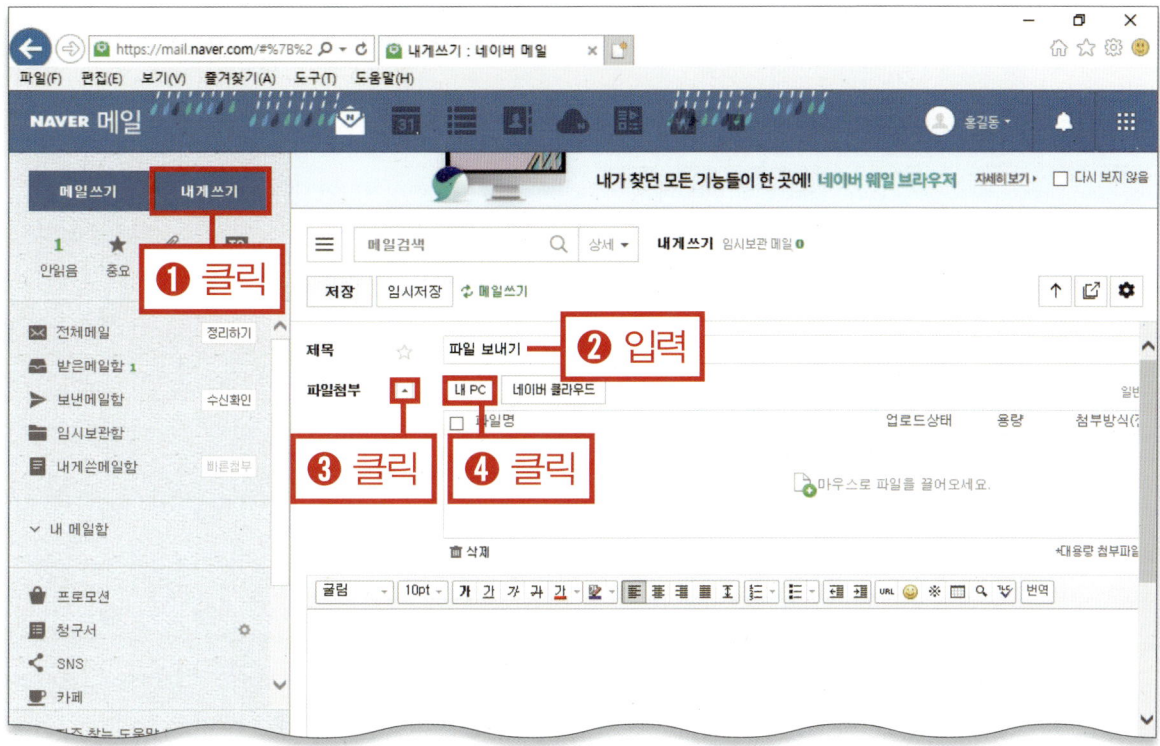

2 '업로드할 파일 선택' 대화상자가 나타나면 다운로드 받은 [결과파일] 폴더를 선택합니다. 파일 목록에서 [배경그림.png]를 클릭한 후 Ctrl을 누른 상태로 [진달래꽃 편지.jpg]를 클릭합니다. 2개의 파일이 동시에 선택됩니다. [열기] 버튼을 클릭합니다.

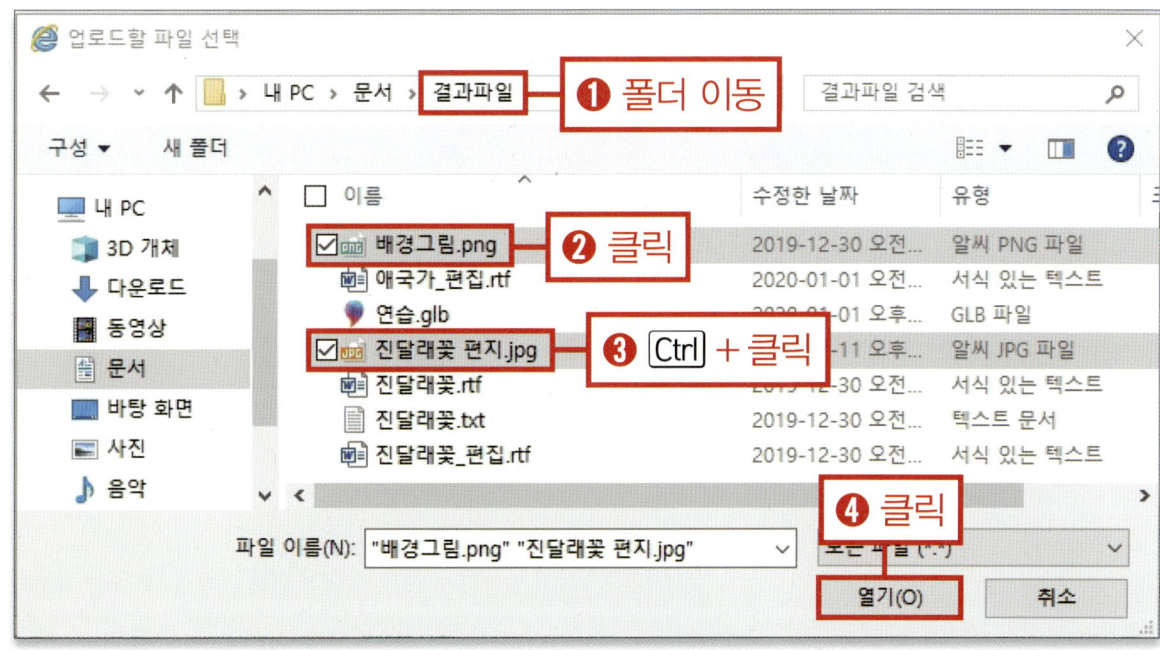

CHAPTER 15 인터넷 메일 계정 만들기 | 109

3 본문에 '예제파일 첨부 하여 보내기'를 입력하고 [저장] 단추를 클릭합니다.

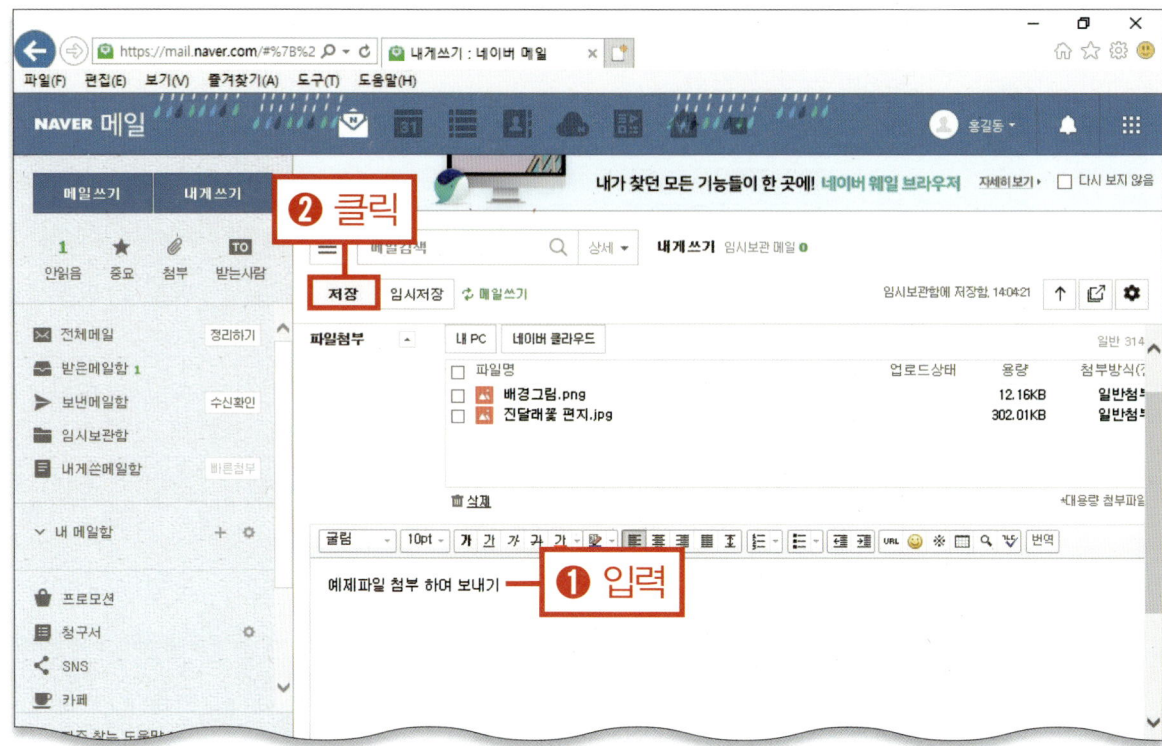

4 왼쪽 메뉴에서 [내게쓴메일함]을 클릭합니다. 첨부 파일이 있는 경우에는 오른쪽 편지 목록에 [첨부파일 있음](📎) 단추가 표시됩니다. 제목을 클릭하여 편지를 열면 첨부된 파일을 확인할 수 있습니다.

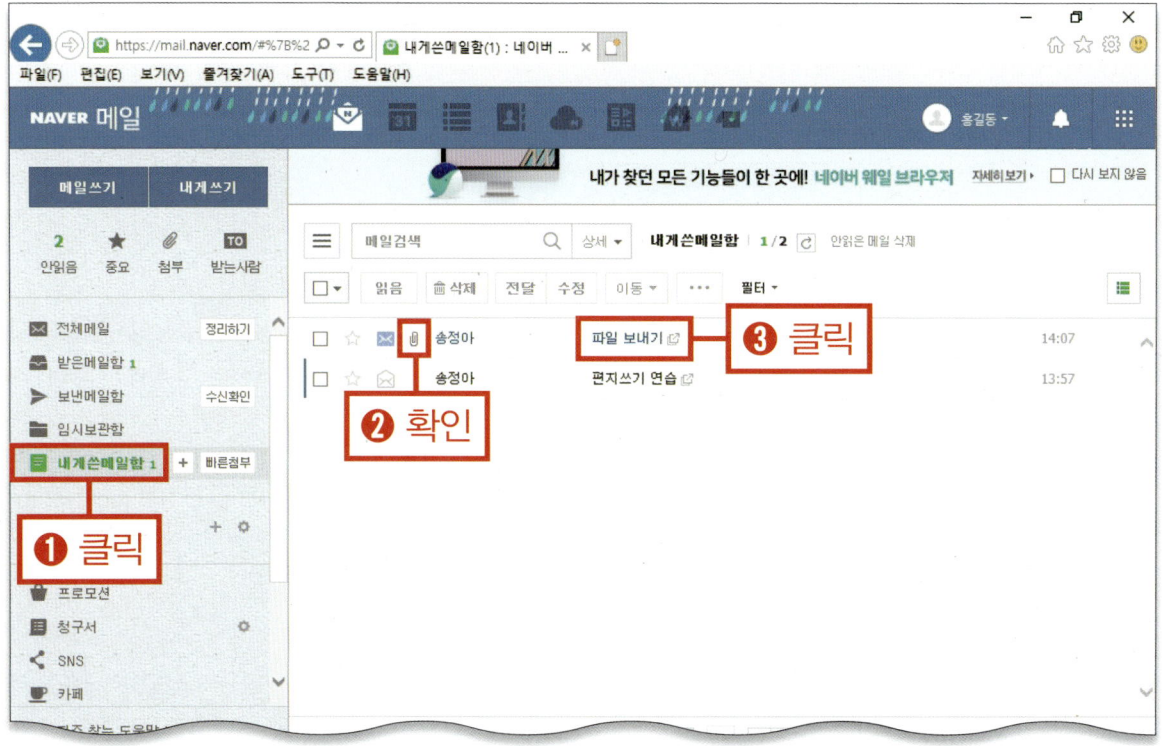

STEP 5 받는 사람을 지정하여 편지쓰기

1 네이버 메일 화면의 왼쪽 메뉴에서 [메일쓰기]를 클릭한 후 '받는 사람'에 이메일 주소를 입력한 다음 제목과 본문을 아래와 같이 작성합니다.

① 굴림, 14pt, 진하게, 파랑
② 굴림, 12pt

2 '컴조아 모임공지' 맨 앞을 클릭하여 커서를 위치시킨 후 [특수기호](※)를 클릭합니다. [일반기호] 탭에서 [참고표](※)를 클릭한 후 [적용]을 클릭합니다. 이번에는 맨 뒤에 커서를 둔 후 동일한 방법으로 특수기호를 넣습니다.

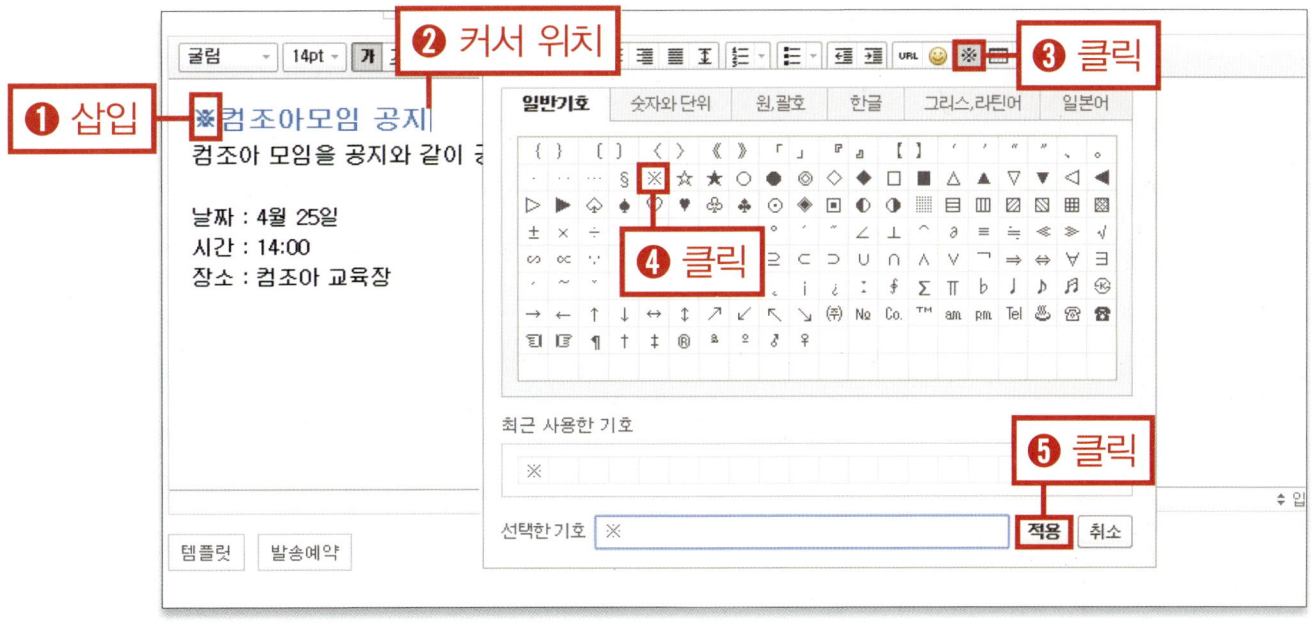

3 두 번째 줄의 '컴조아 모임~ ' 앞에 커서를 두고 [이모티콘](☺)을 클릭합니다. [말풍선] 탭을 클릭한 후 [안녕](안녕?) 이모티콘을 선택합니다.

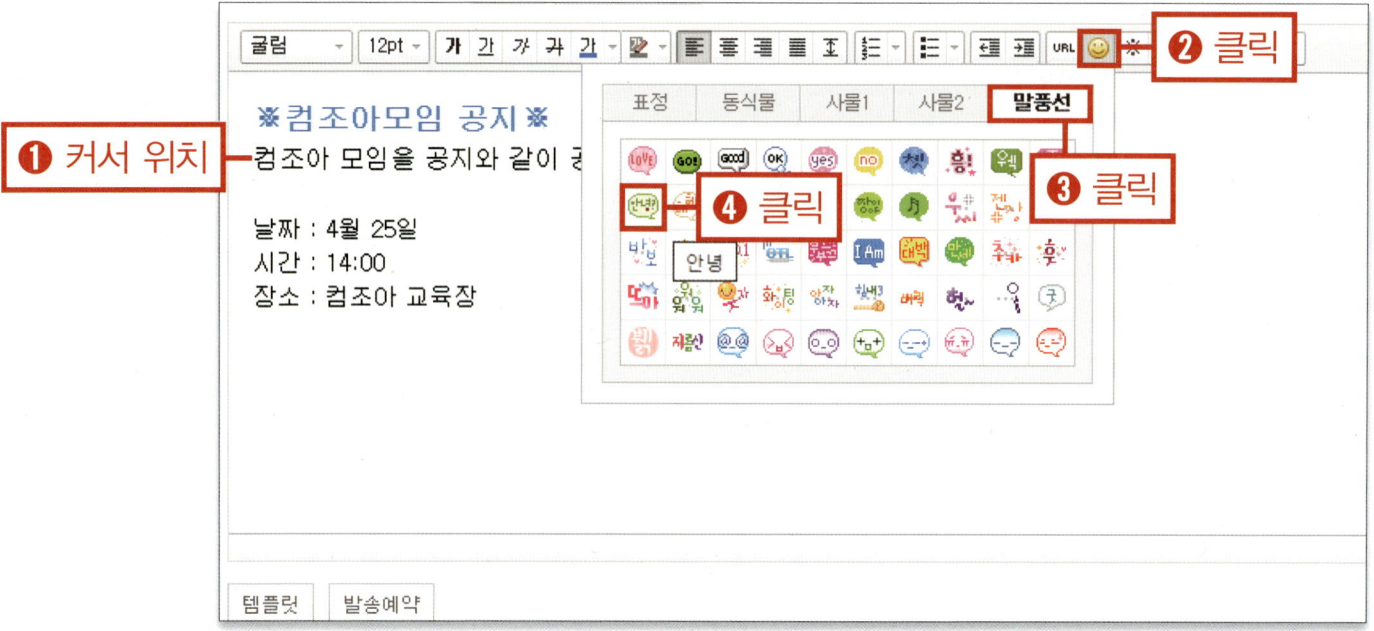

4 '날짜', '시간', '장소'를 드래그해 블록으로 지정합니다. 이후 [글머리기호](☰)의 [목록 단추](▼)를 클릭한 다음 [green-check]를 선택합니다.

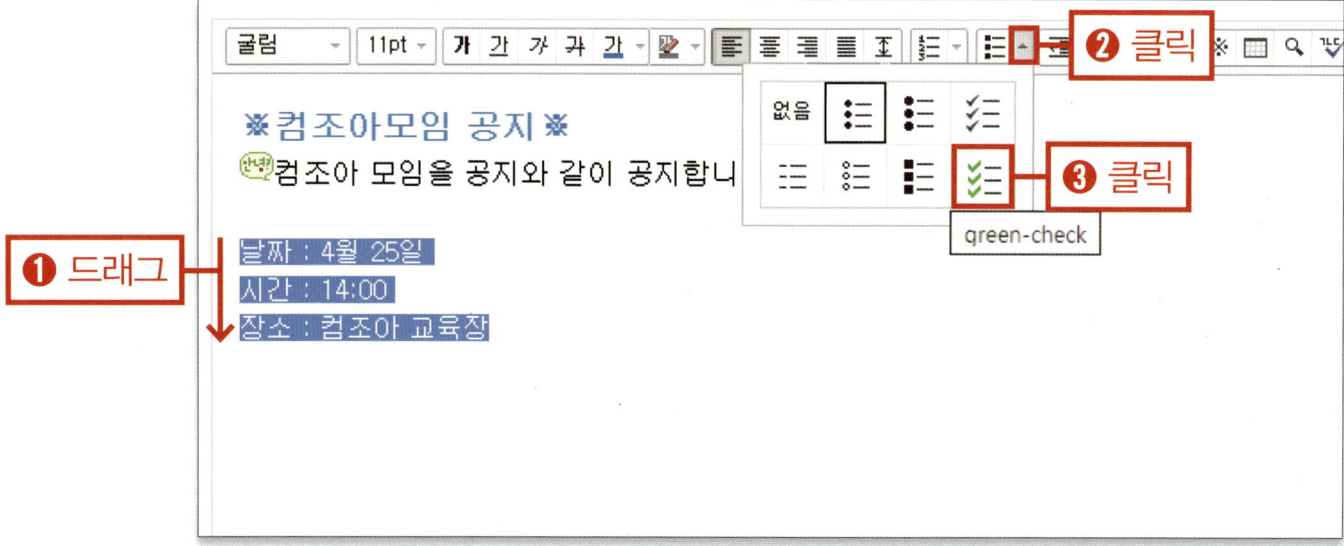

5 메일 쓰기가 완료되면 [보내기] 버튼을 클릭하여 메일을 발송합니다.

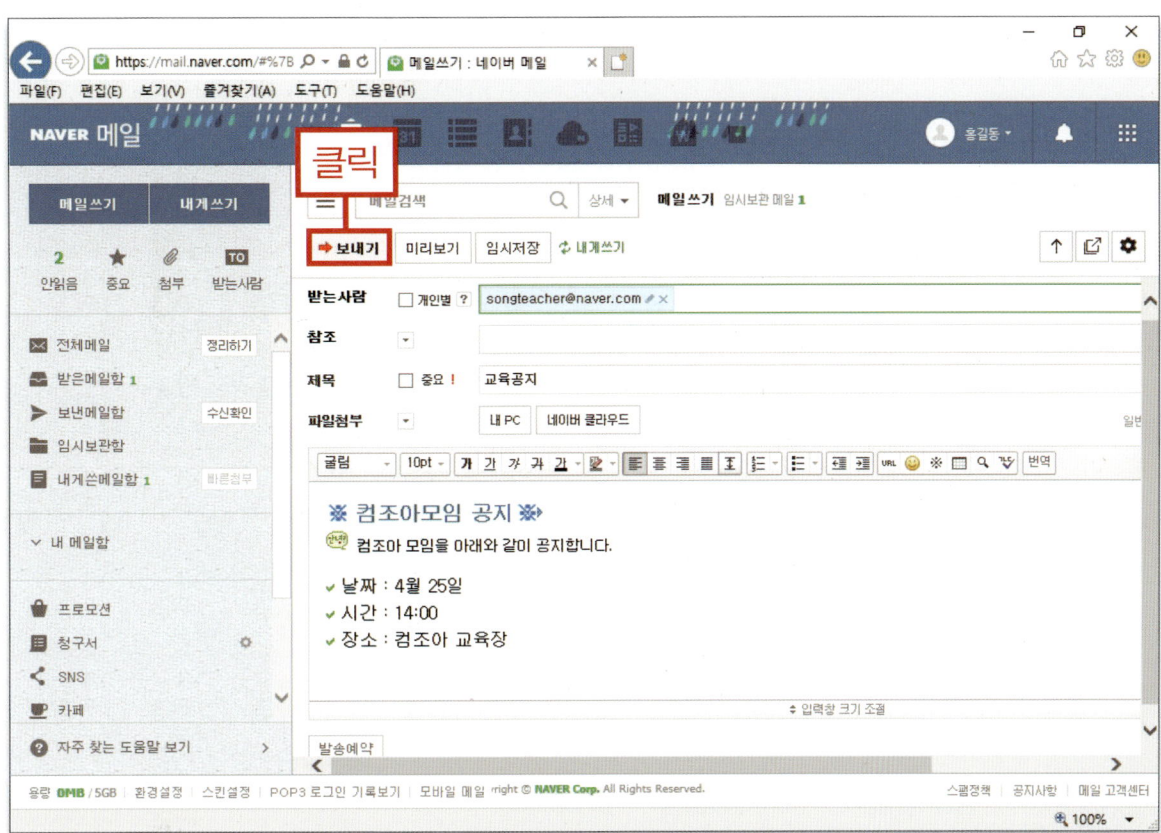

 처음 발송하는 메일의 경우 메일쓰기 마지막 단계인 '메일을 성공적으로 보냈습니다.'에서 발송 메일의 주소를 '주소록'에 저장할 수 있습니다. 이름을 입력하고 [주소록에 저장] 단추를 클릭하면 됩니다.

 메일 주소는 '아이디@회사명.종류'로 구성됩니다. 회원 가입할 때 부여받은 아이디가 메일 주소가 됩니다.
- **네이버** : 아이디@naver.com
- **다음** : 아이디@daum.net
- **구글** : 아이디@gmail.com

STEP 6 NAVER 메일 메뉴 살펴보기

1 [안읽음]을 클릭하면 전체 메일에서 읽지 않은 편지만 필터링하여 볼 수 있습니다.

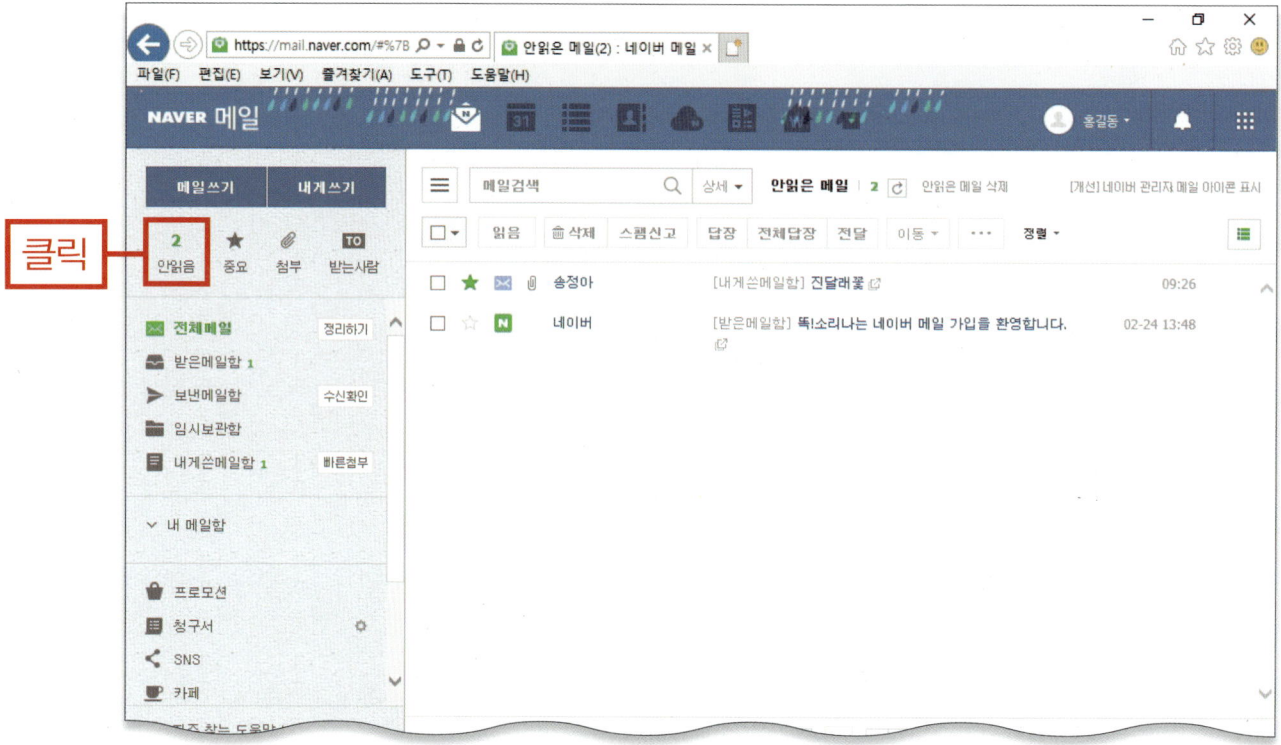

2 [중요] 단추를 클릭하면 전체 편지 중 [중요](★)를 체크해 둔 편지만 필터링하여 볼 수 있습니다.

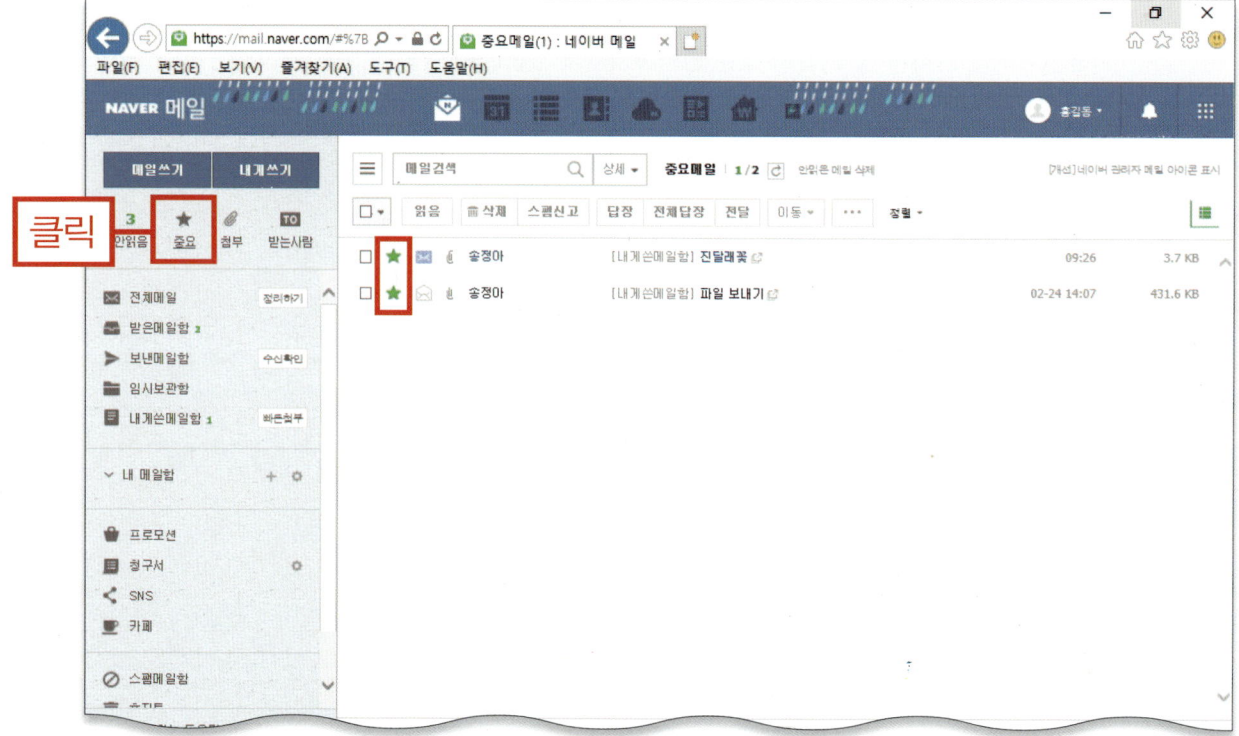

3 [첨부]를 클릭하면 전체 편지 중 첨부 파일이 포함된 편지만 필터링하여 볼 수 있습니다. 첨부 파일의 내용이 미리 보기로 나타납니다.

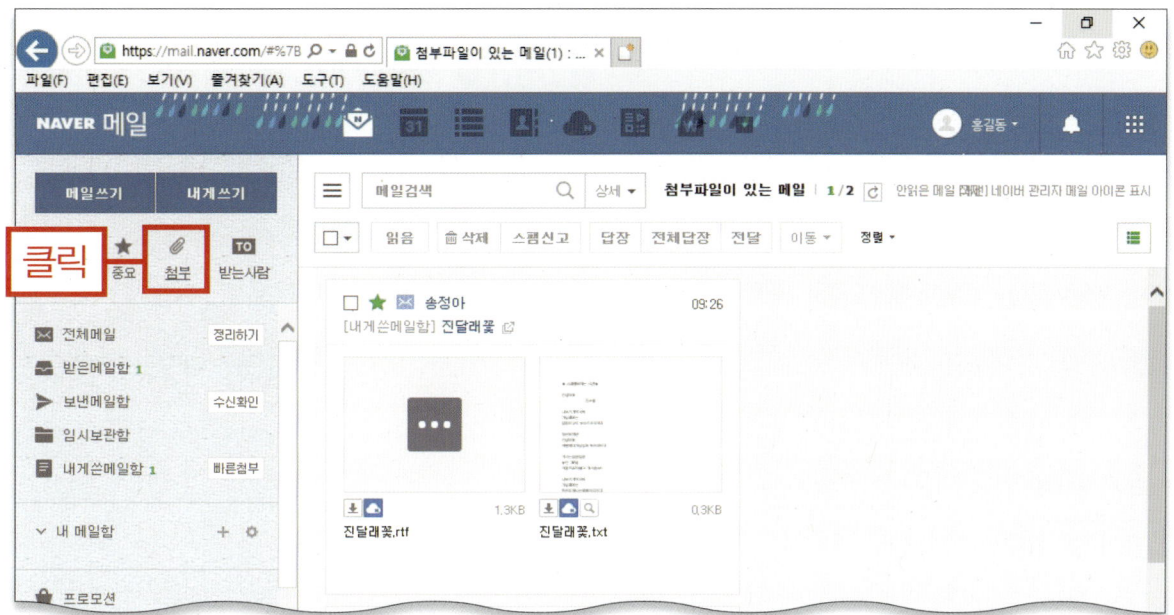

4 '보낸메일함' 오른쪽의 [수신확인] 단추를 클릭합니다. 내가 보낸 편지를 상대방이 언제 읽었는지 확인할 수 있습니다. 잘못 발송한 편지의 경우 '발송취소'를 클릭하면 상대방 편지함에서 해당 편지가 삭제됩니다.

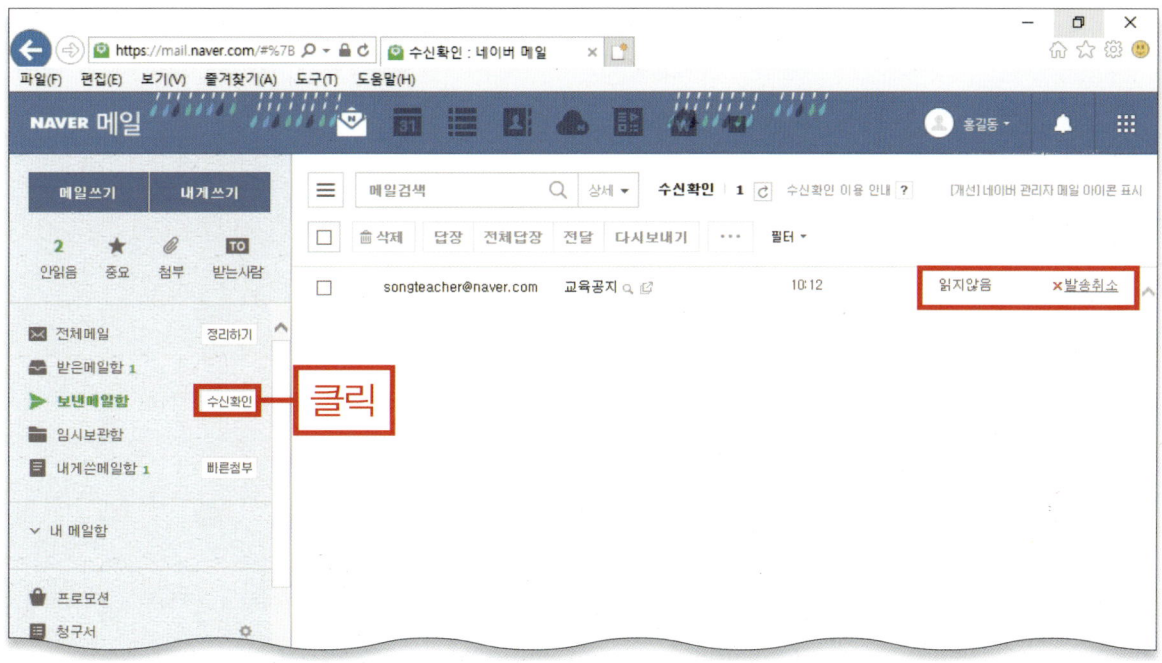

 발송 취소의 경우 발신처(네이버)와 수신처(네이버)가 동일해야 합니다.

CHAPTER 15 인터넷 메일 계정 만들기 | **115**

CHAPTER 16
주소록 추가하고 변경하기

POINT

주소록을 이용하면 메일을 쓸 때마다 주소를 입력하지 않아도 되고 여러 명에게 편지를 쓸 때 유용하게 활용할 수 있습니다. 자주 사용하는 메일 주소의 경우 주소록에 저장해 두면 주소록에서 주소를 선택하여 쉽게 발송할 수 있습니다. 이번 장에서는 주소록에 주소를 추가하고 편집하는 방법을 배워 보겠습니다.

완성 화면 미리 보기

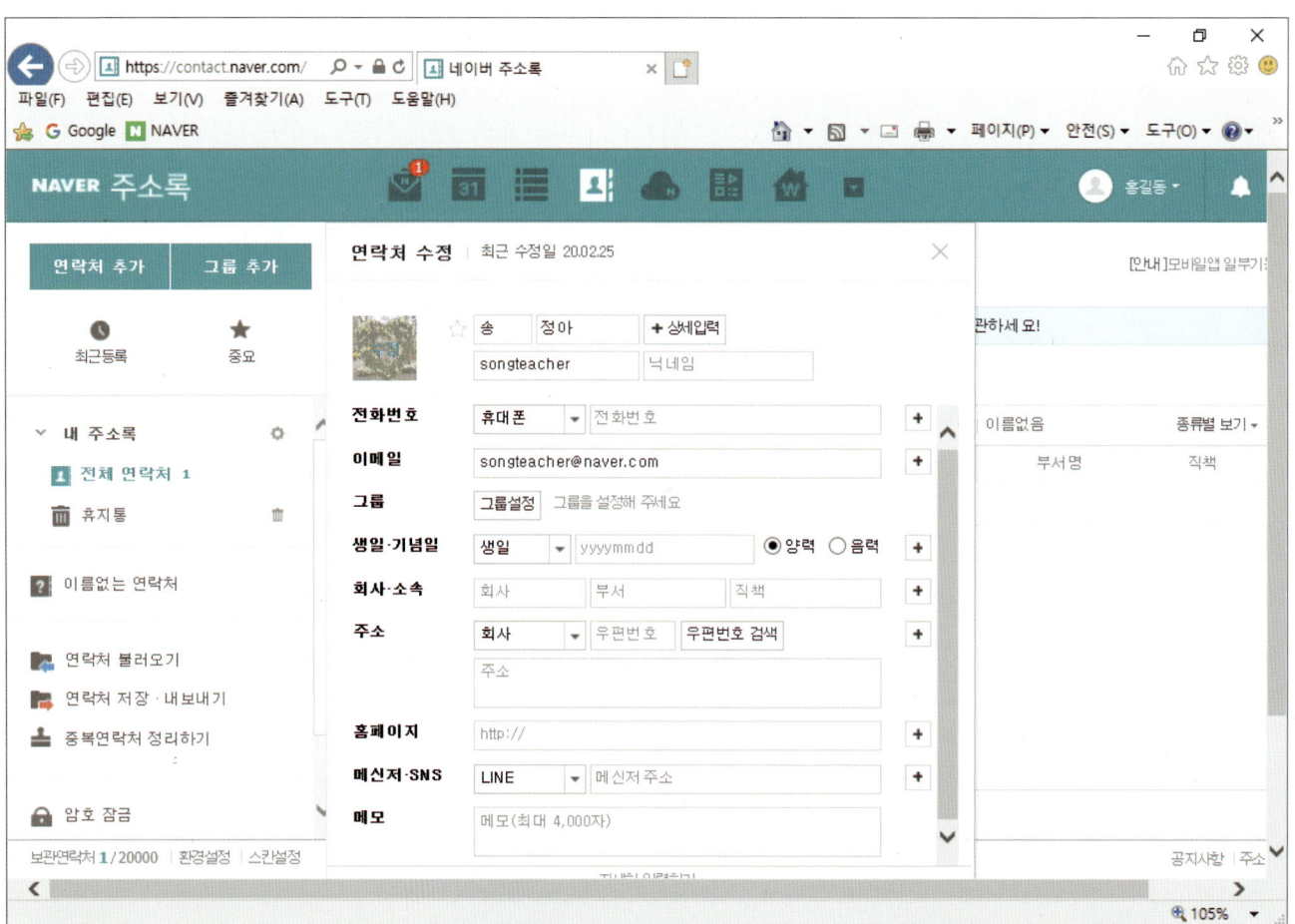

여기서 배워요! 네이버 주소록 추가하기, 수정하기

STEP 1 주소록 관리하기

1 ····· '네이버' 메일 메인 화면의 상단 메뉴에서 [주소록](📇)을 클릭합니다. 'NAVER 주소록' 화면이 나타나면 왼쪽 메뉴에서 [연락처 추가] 단추를 클릭합니다.

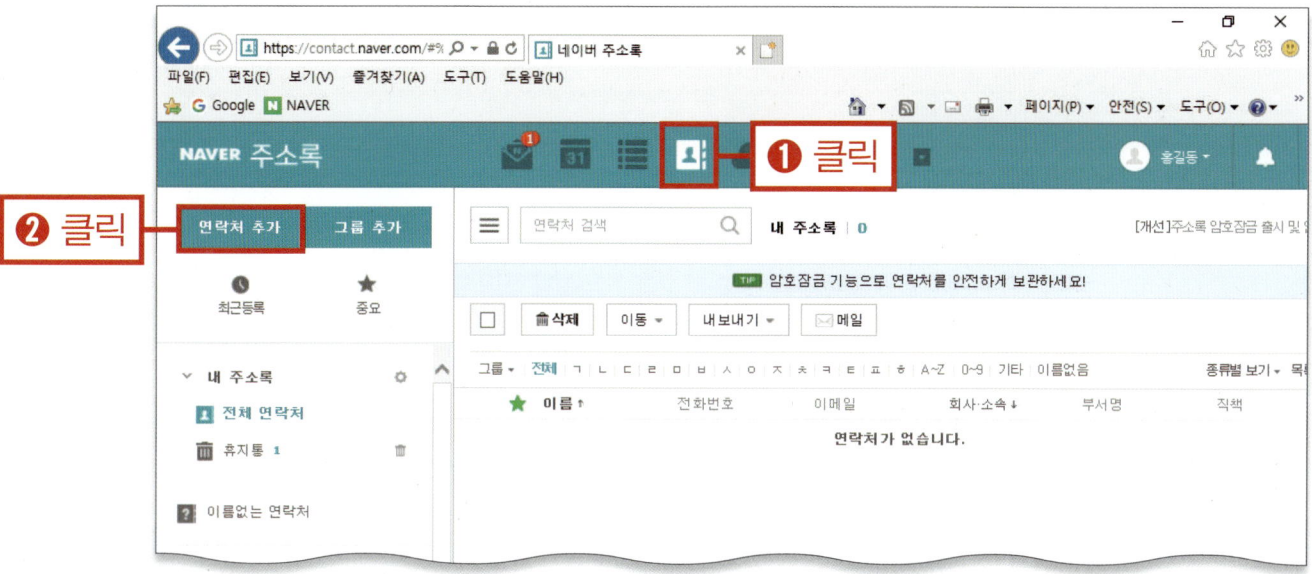

> **조금 더 배우기**
> '네이버' 사이트에 접속한 후 '아이디'와 '비밀번호'를 입력하여 네이버 메일에 로그인한 후 진행하도록 합니다.

2 ····· '이름'과 '이메일 주소' 등 필요한 내용을 입력하고 [저장] 단추를 클릭합니다.

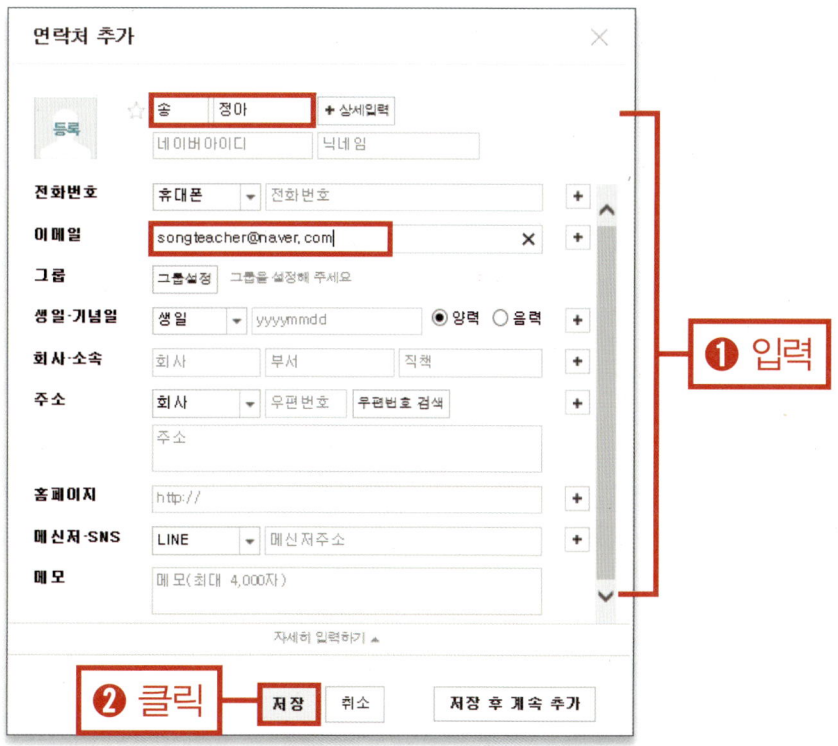

CHAPTER 16 주소록 추가하고 변경하기 | **117**

3 주소록에 추가되었습니다. 이번에는 등록한 주소록을 추가 및 수정하기 위해 '이름'을 클릭합니다. '연락처 상세보기' 대화상자가 나타나면 [수정]을 클릭합니다

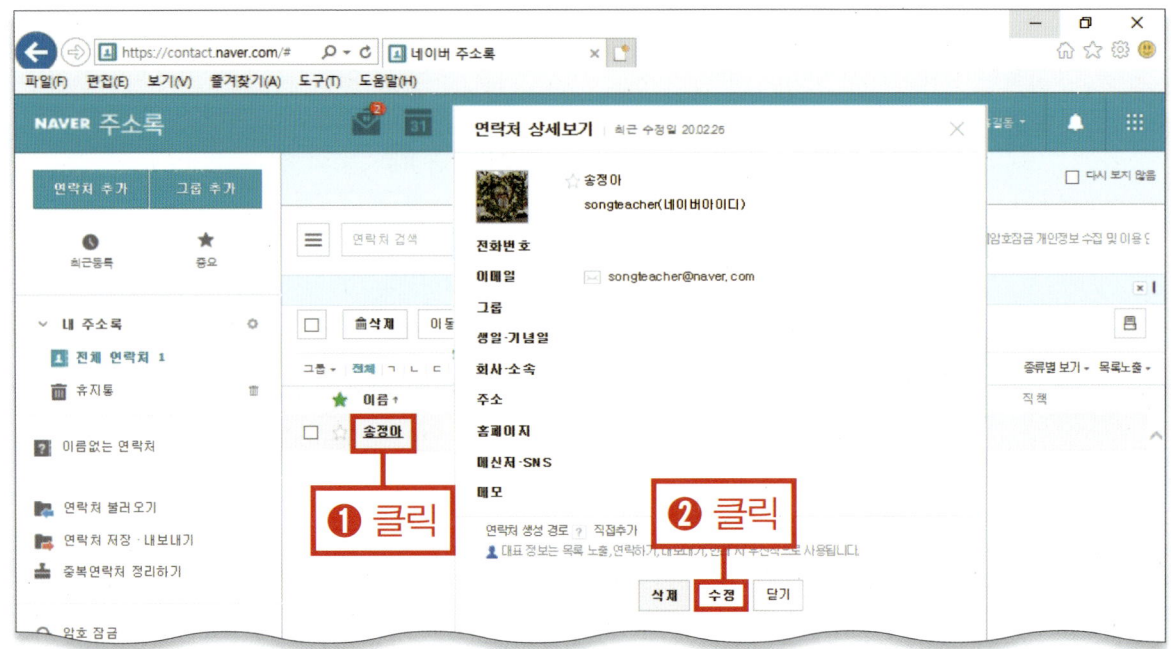

4 연락처를 추가 및 수정한 후 [저장] 단추를 클릭합니다.

STEP 2 주소록을 이용한 메일 쓰기

1 상단 메뉴에서 [메일](📧)을 클릭합니다. 'NAVER 메일' 화면이 나타나면 [메일쓰기] 단추를 클릭합니다. '받는 사람' 입력란 오른쪽에 있는 [주소록] 단추를 클릭합니다. '이메일 주소' 목록에서 메일 주소를 클릭하여 체크한 다음 '받는 사람'의 [추가](▶) 단추를 클릭한 후 [확인]을 클릭합니다.

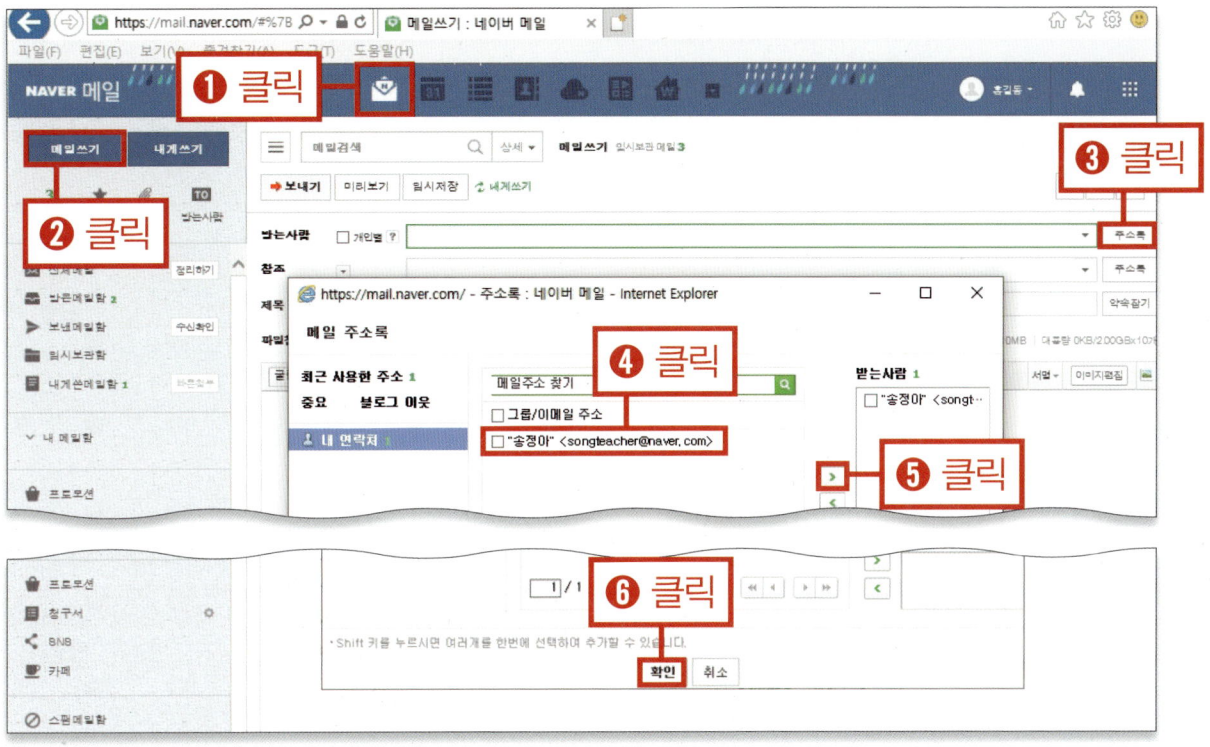

2 '받는사람' 입력란에 주소가 자동으로 입력됩니다. '제목'과 '내용'을 입력하여 메일을 작성한 후 [보내기]를 클릭합니다.

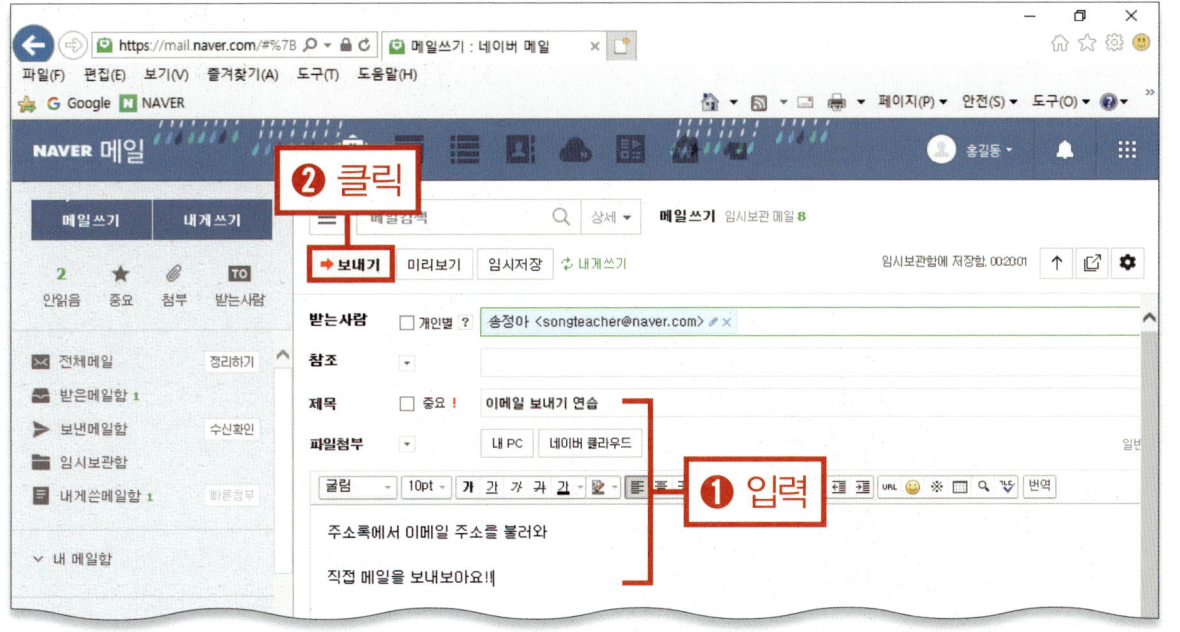

혼자서도 만들 수 있어요!

1 '내게쓰기'를 이용하여 편지를 쓴 후 저장해 보세요.
· 제목 : '바람이 불어 -윤동주-'
· 본문은 인터넷에 검색하여 복사한 후 붙여넣기

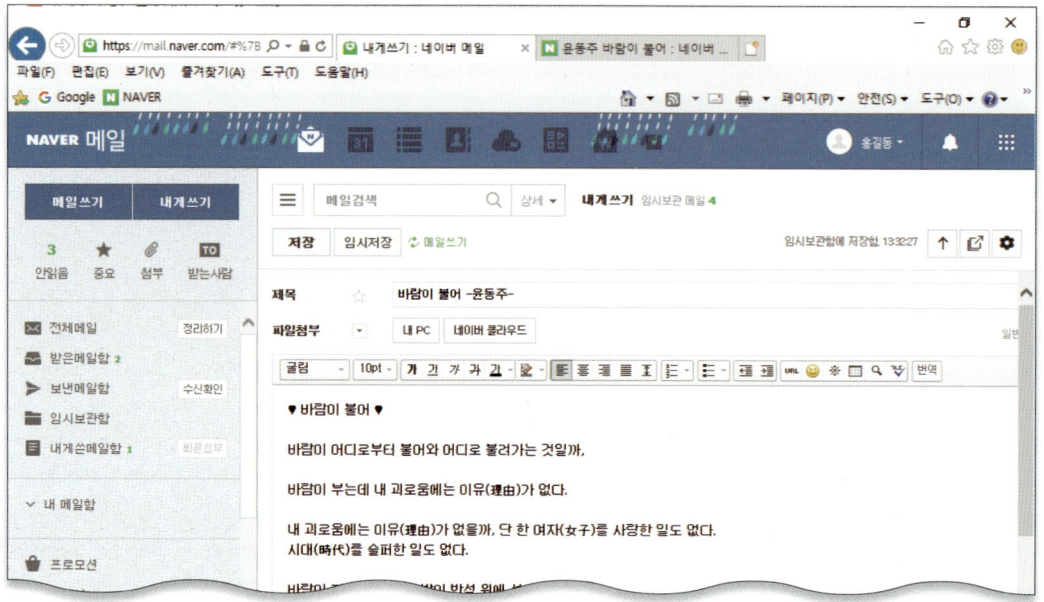

> **HINT** [내게쓰기] 클릭 후 '제목' 입력 → 인터넷에서 '윤동주 바람이 불어'를 검색 후 드래그해 복사(Ctrl+C) → '본문'에 복사한 내용 붙여넣기(Ctrl+V) → [저장] 단추 클릭

2 '파일첨부'를 이용하여 친구에게 편지를 써 보세요.

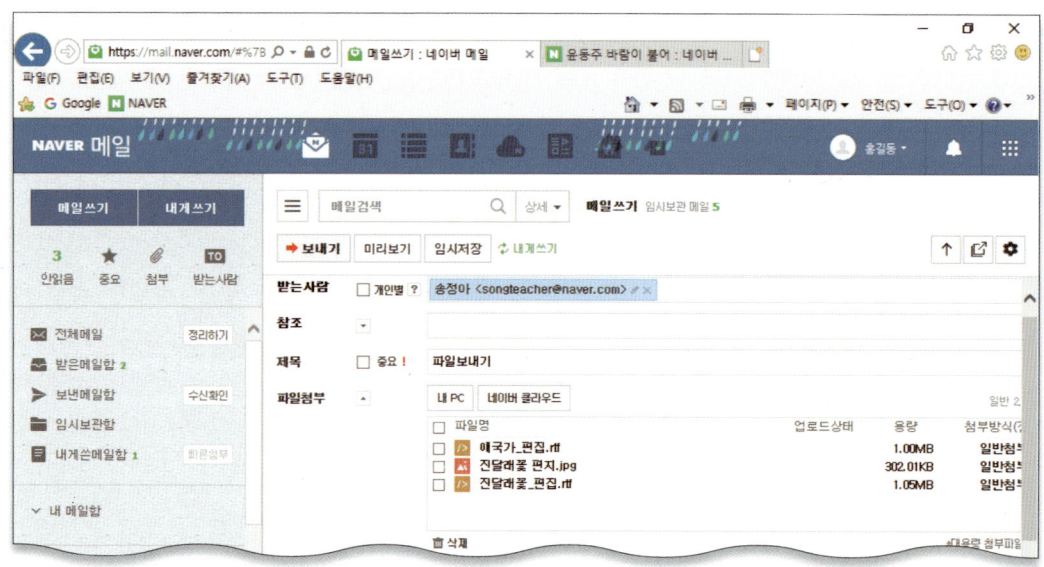

> **HINT** [메일쓰기] 클릭 후 '받는사람' 입력 → '제목'은 '파일보내기'로 입력 → '파일첨부'에 [내 PC] 클릭하여 [결과 파일] 폴더 선택 후 Ctrl을 누른 상태로 [애국가_편집.rtf], [진달래꽃.jpg], [진달래 꽃_편집.rtf] 클릭 → 파일 삽입되면 내용 입력 후 [보내기] 클릭

CHAPTER 17
인터넷 활용하기

일상생활에서 활용할 수 있는 다양한 웹 서비스에 대해 알아봅니다. 길 찾기, 버스 검색, 지하철 검색, 사전과 번역 서비스를 이용하는 방법을 배워 보도록 하겠습니다.

완성 화면
미리 보기

여기서 배워요!

네이버 지도, 길 찾기, 버스 검색, 지하철 검색, 사전과 번역기 이용

STEP 1 | 네이버 지도를 이용한 주소 검색

1 '네이버' 사이트에 접속합니다. 검색란에 '네이버 지도'를 입력한 후 Enter↵를 누릅니다. 검색 목록에서 [네이버 지도]를 클릭합니다.

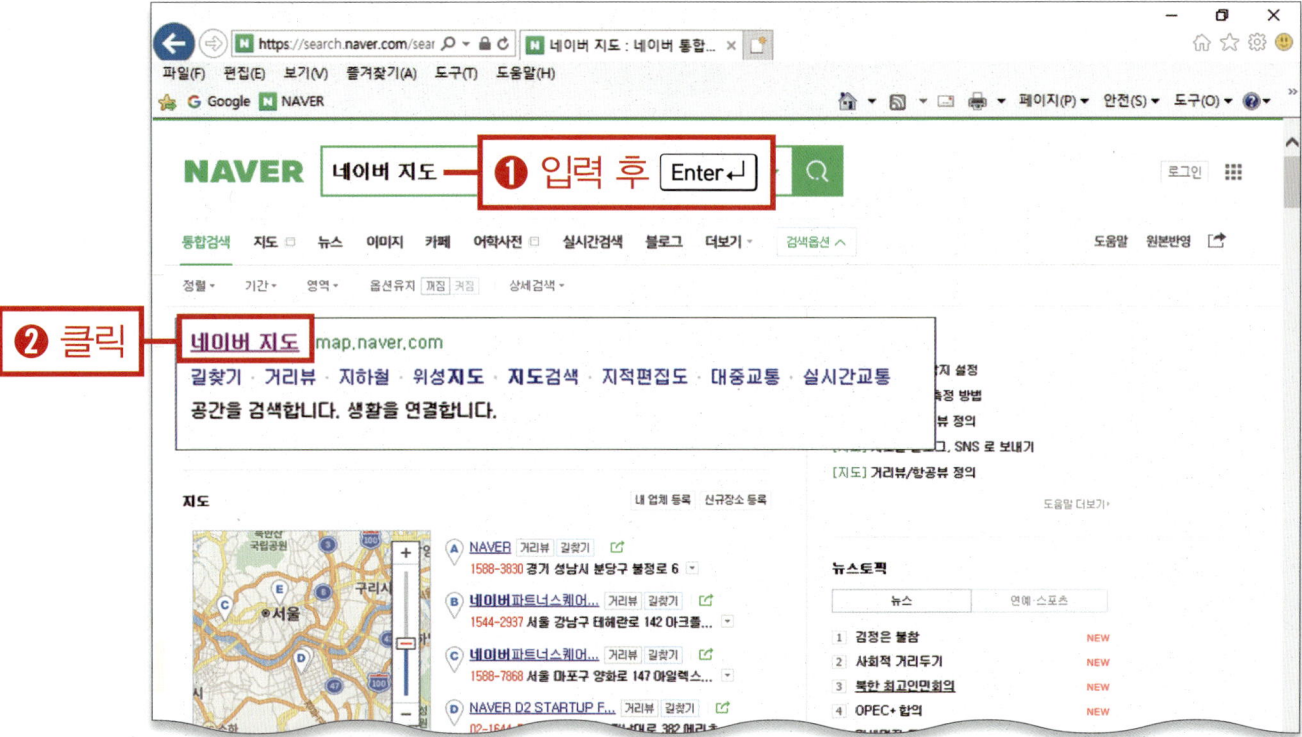

2 '네이버 지도' 메인 화면이 나타납니다. 왼쪽 검색란에 '경복궁'을 입력한 후 Enter↵를 누릅니다. 장소 목록이 나타나면 [경복궁]을 클릭합니다.

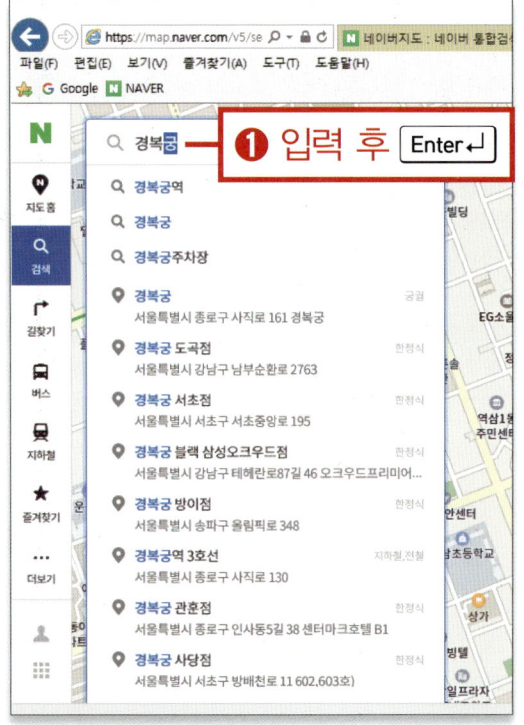 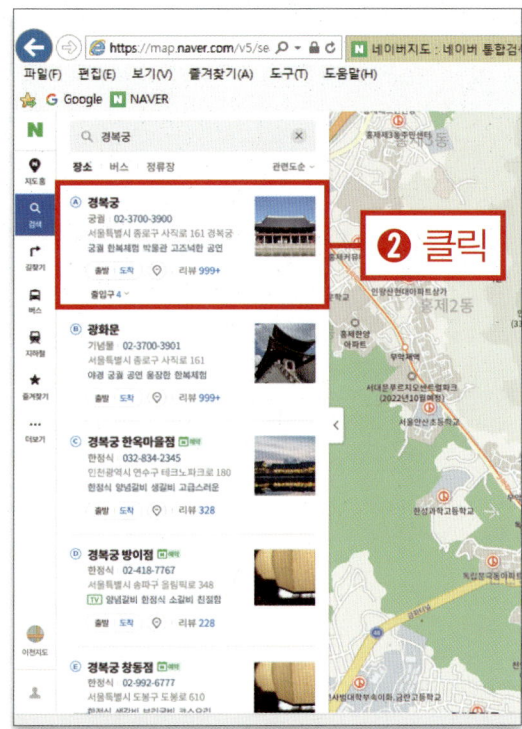

3 경복궁의 위치, 날씨, 전화번호, 입장 시간 등의 정보가 표시됩니다.

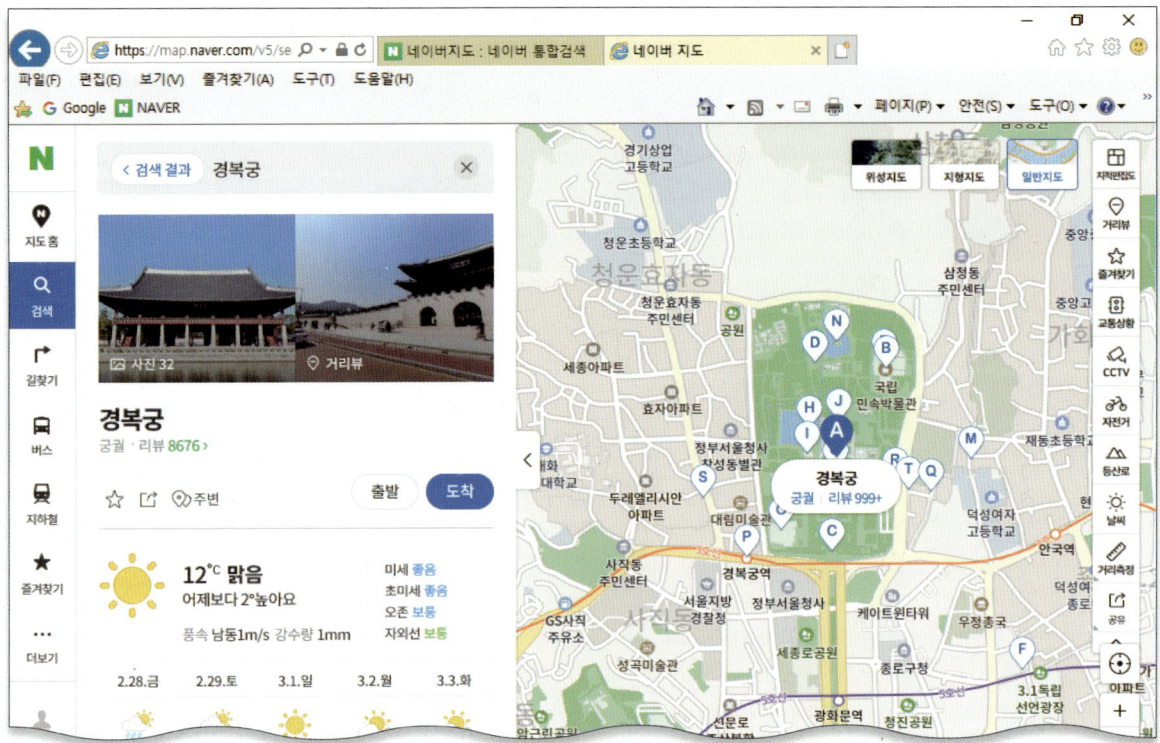

4 [주변] 단추를 클릭합니다. '경복궁' 주변의 음식점, 카페, 편의점 등 다양한 시설들을 검색할 수 있습니다.

CHAPTER 17 인터넷 활용하기 | **123**

5 오른쪽 메뉴 목록에서 [거리뷰] 단추를 클릭하면 거리뷰로 볼 수 있는 주요 도로가 표시됩니다. 경복궁을 클릭합니다.

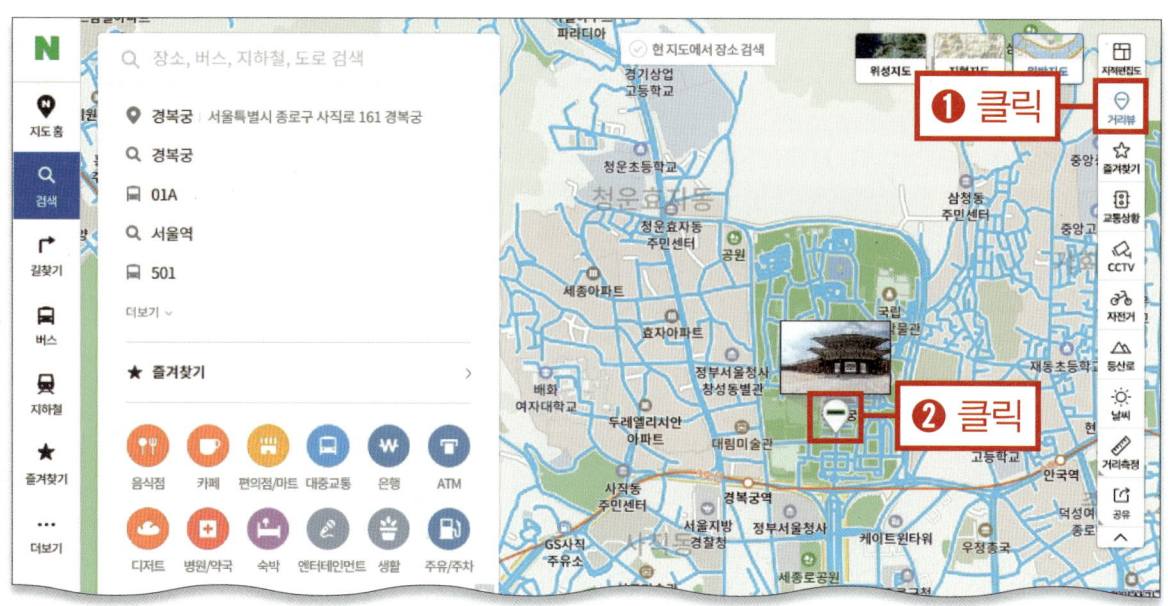

6 경복궁의 내부를 거리뷰를 통해 볼 수 있습니다. 거리뷰의 '이동 단추'를 클릭하면 상하좌우로 이동할 수 있습니다. 거리뷰 보기를 종료하려면 [닫기](❌) 버튼을 클릭합니다.

 왼쪽 하단 작은 지도에 표기된 물방울 모양의 (📍)을 옮겨서 이동할 수도 있습니다.

7 [거리뷰]를 클릭하여 종료한 후 이번에는 오른쪽 메뉴 목록에서 [위성지도] 단추를 클릭합니다. 위성 사진을 통해 검색한 장소를 볼 수 있습니다.

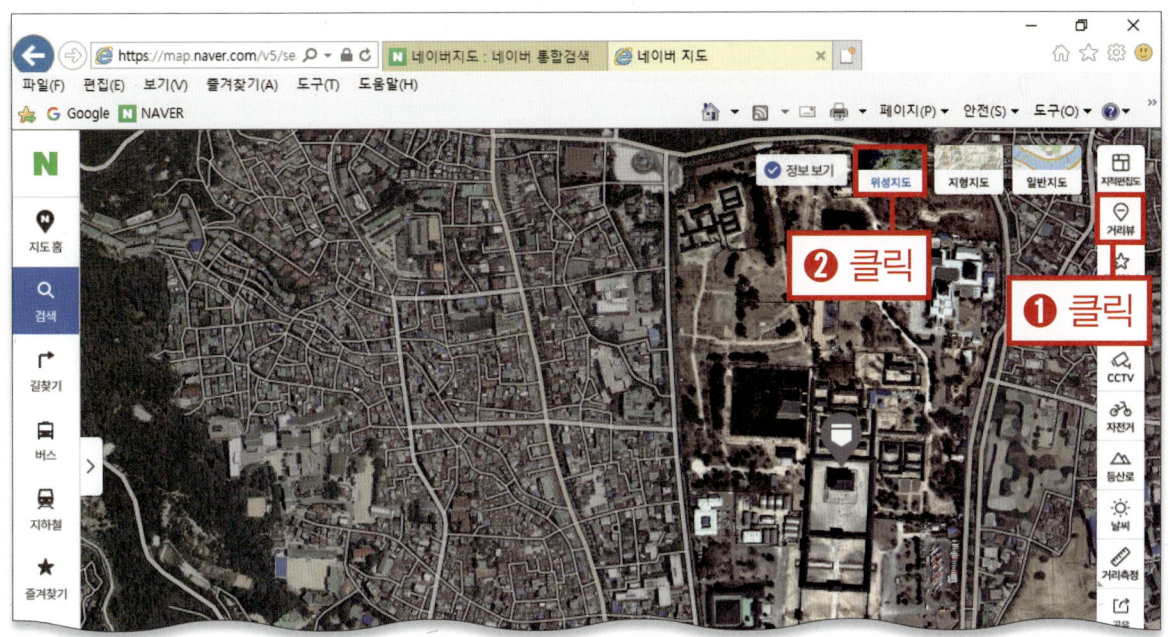

STEP 2 네이버 지도를 이용한 길찾기

1 '네이버 지도' 화면의 왼쪽 메뉴에서 [길찾기]를 클릭합니다. '출발지를 입력하거나 지도를 클릭하세요'란을 클릭하여 '서울역'을 입력합니다. 장소 목록이 나타나면 [서울역 1호선]을 선택합니다. '도착지'도 마찬가지로 '도착지'란을 클릭하여 '경복궁'을 입력한 후 목록에서 [경복궁]을 클릭합니다.

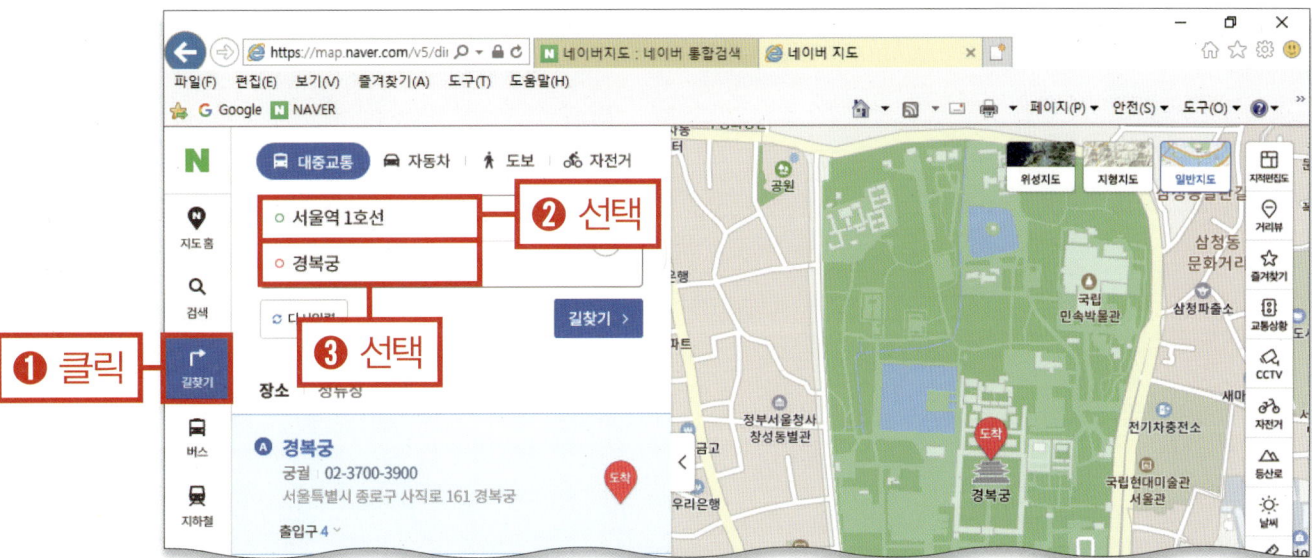

CHAPTER 17 인터넷 활용하기 | 125

2 입력이 완료되면 [길찾기]를 클릭한 후 [대중교통]을 클릭합니다. 대중교통으로 갈 수 있는 다양한 방법을 확인할 수 있습니다.

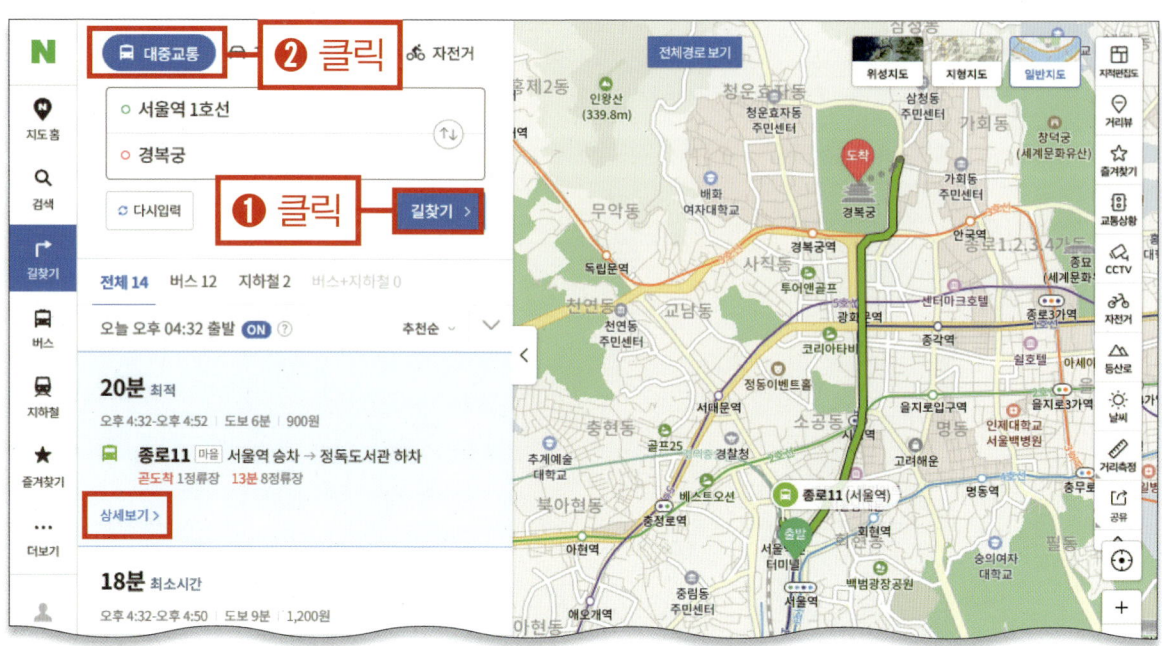

> 조금 더 배우기 : [상세보기]를 클릭하면 도보 시간, 환승 경로 등 상세한 정보를 확인할 수 있습니다.

3 이번에는 상단 메뉴에서 [자동차]를 클릭합니다. 자동차 경로로 변경되며 자동차로 갈 수 있는 거리와 통행료 비용, 주유비, 택시비 등을 함께 확인할 수 있습니다.

STEP 3 버스/지하철 검색하기

1 '네이버 지도' 화면의 왼쪽 메뉴에서 [버스]를 클릭합니다. '버스 번호를 입력하세요'를 클릭한 후 '서울역'을 입력하고 Enter↵를 누릅니다. 서울역 도착 버스 정보를 확인할 수 있습니다. 자신의 경로와 알맞은 '버스 번호'를 클릭해 봅니다.

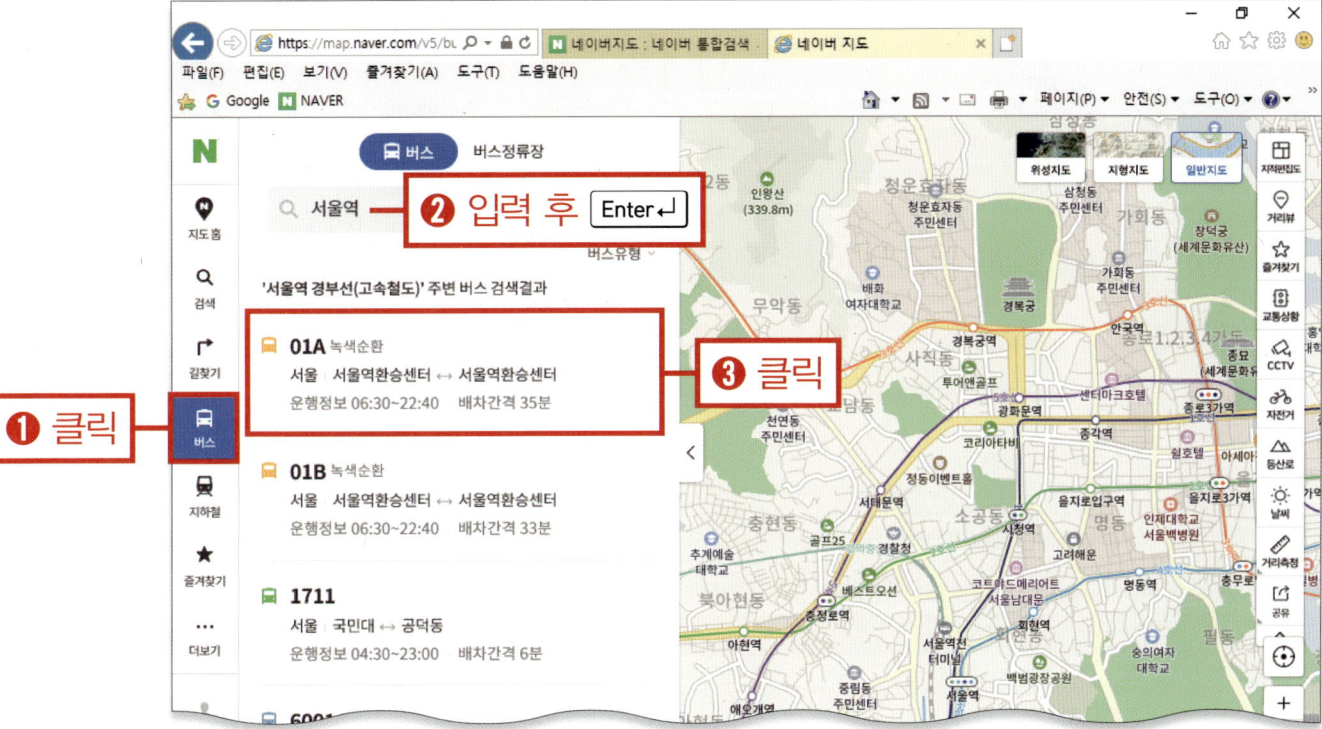

2 버스 노선과 함께 현재 버스의 위치가 나타납니다.

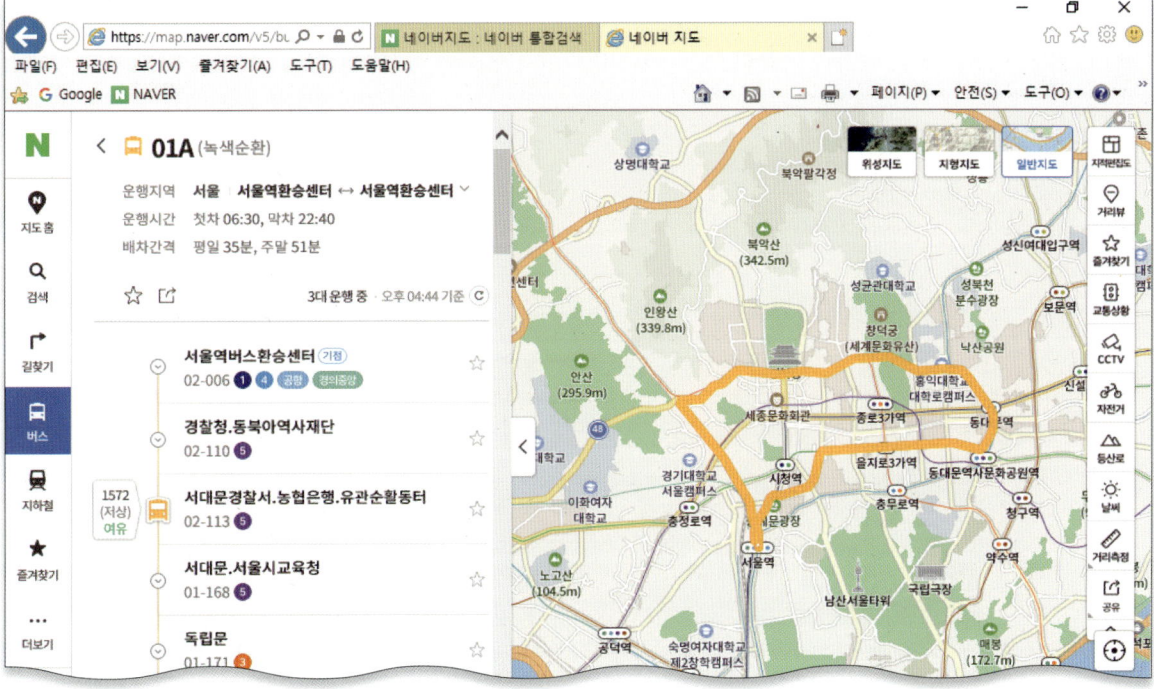

CHAPTER 17 인터넷 활용하기 | 127

3 이번에는 왼쪽 메뉴에서 [지하철]을 클릭합니다. '출발지 입력'에는 '서울역'을, '도착지 입력'에는 '홍대입구역'을 입력하여 선택한 후 [지하철 길찾기]를 클릭합니다. 지하철 노선도와 걸리는 시간, 환승역을 상세하게 확인할 수 있습니다.

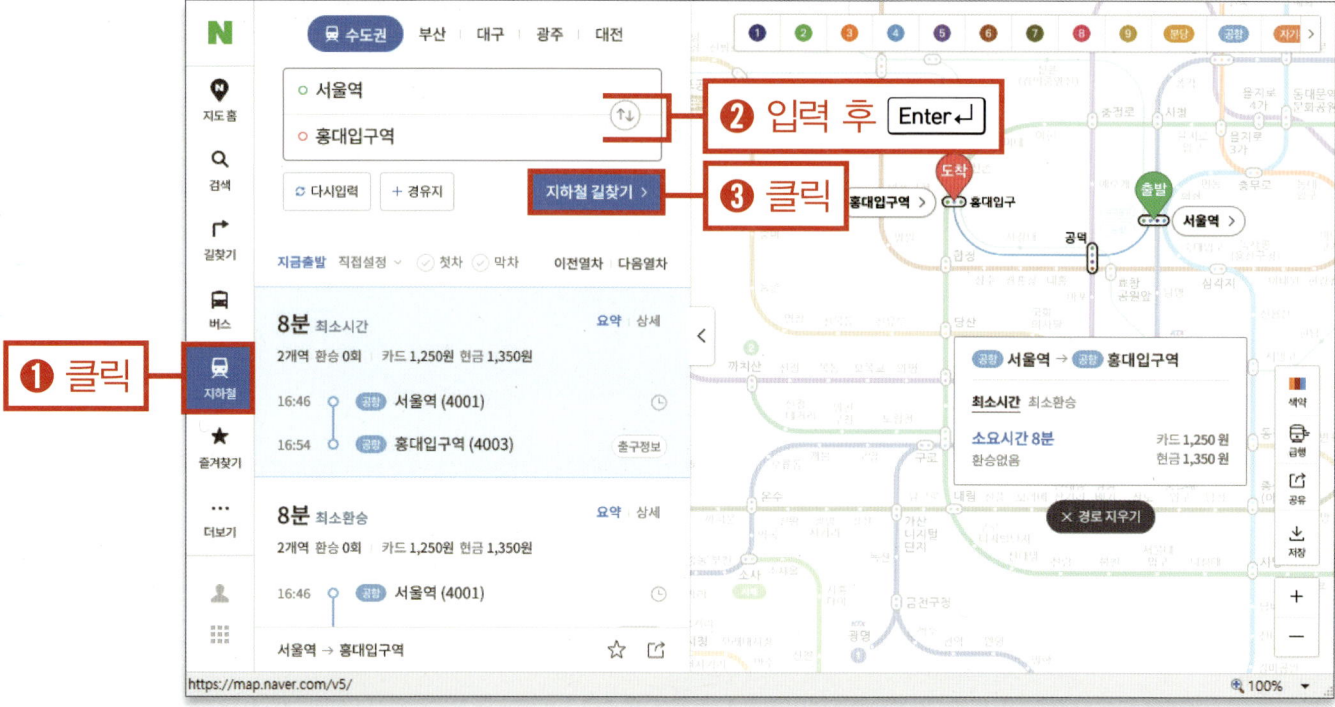

STEP 4 인터넷 사전과 번역기 이용하기

1 '네이버' 메인 화면으로 돌아온 후 상단 메뉴에서 [사전]을 클릭합니다.

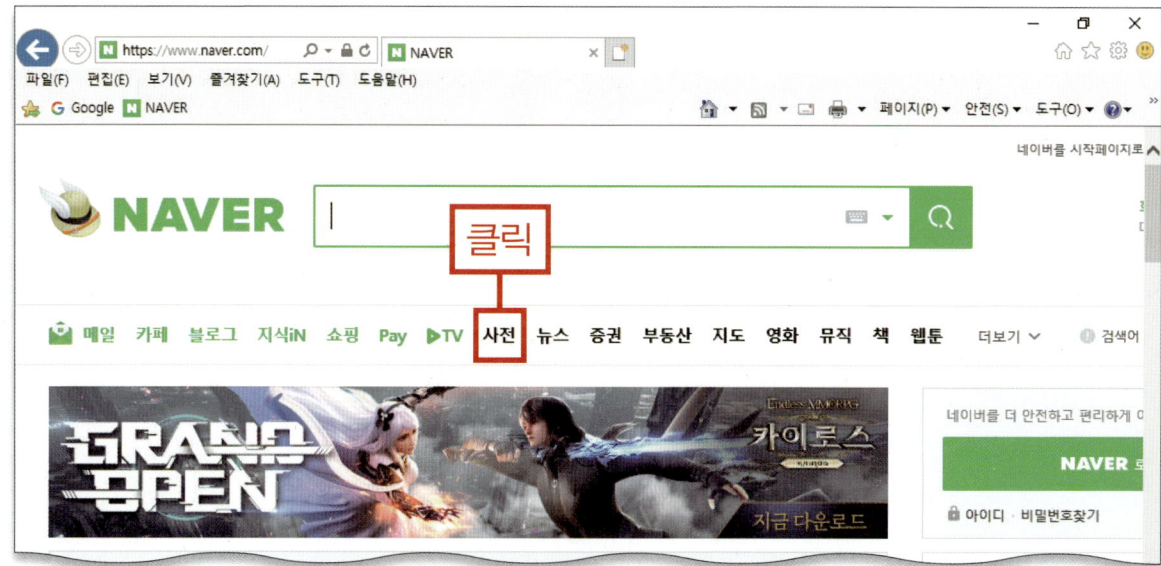

2 'NAVER 사전' 화면이 나타납니다. '어학사전' 검색란에 검색할 단어를 입력한 후 Enter⏎를 누릅니다. 입력한 단어의 뜻이 하단에 검색되어 나타납니다. 이번에는 상단의 [파파고]를 클릭합니다.

 파파고는 네이버가 무료로 제공하는 번역 서비스입니다. 한국어, 영어, 일본어, 중국어 등 다양한 언어의 번역 서비스를 제공하고 있습니다.

3 'papago' 화면의 왼쪽 글상자는 번역할 문장, 오른쪽 글상자는 번역된 문장이 나옵니다. 기본 설정은 '한국어→영어'로 되어 있습니다. 왼쪽 화면에 번역할 문장을 입력하면 오른쪽 화면에 번역된 문장이 나타납니다.

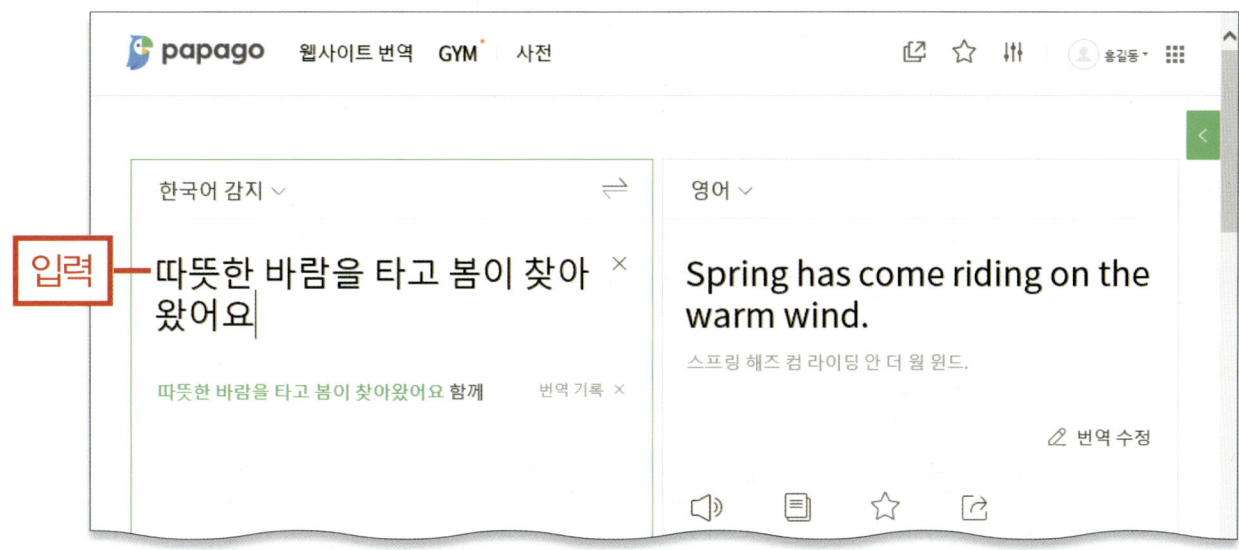

 상단의 '한국어∨', '영어∨'를 클릭하면 번역할/번역될 언어를 바꿀 수 있습니다.

CHAPTER 18

인터넷을 이용한 드라마 보기

POINT

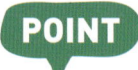

인터넷을 이용하면 지나간 드라마나 뉴스를 다시보기로 찾아볼 수 있고, 실시간 방송도 볼 수 있습니다. 이번 장에서는 KBS에 가입하여 다시보기 서비스를 이용하는 방법에 대해 배워 보겠습니다.

완성 화면 미리 보기

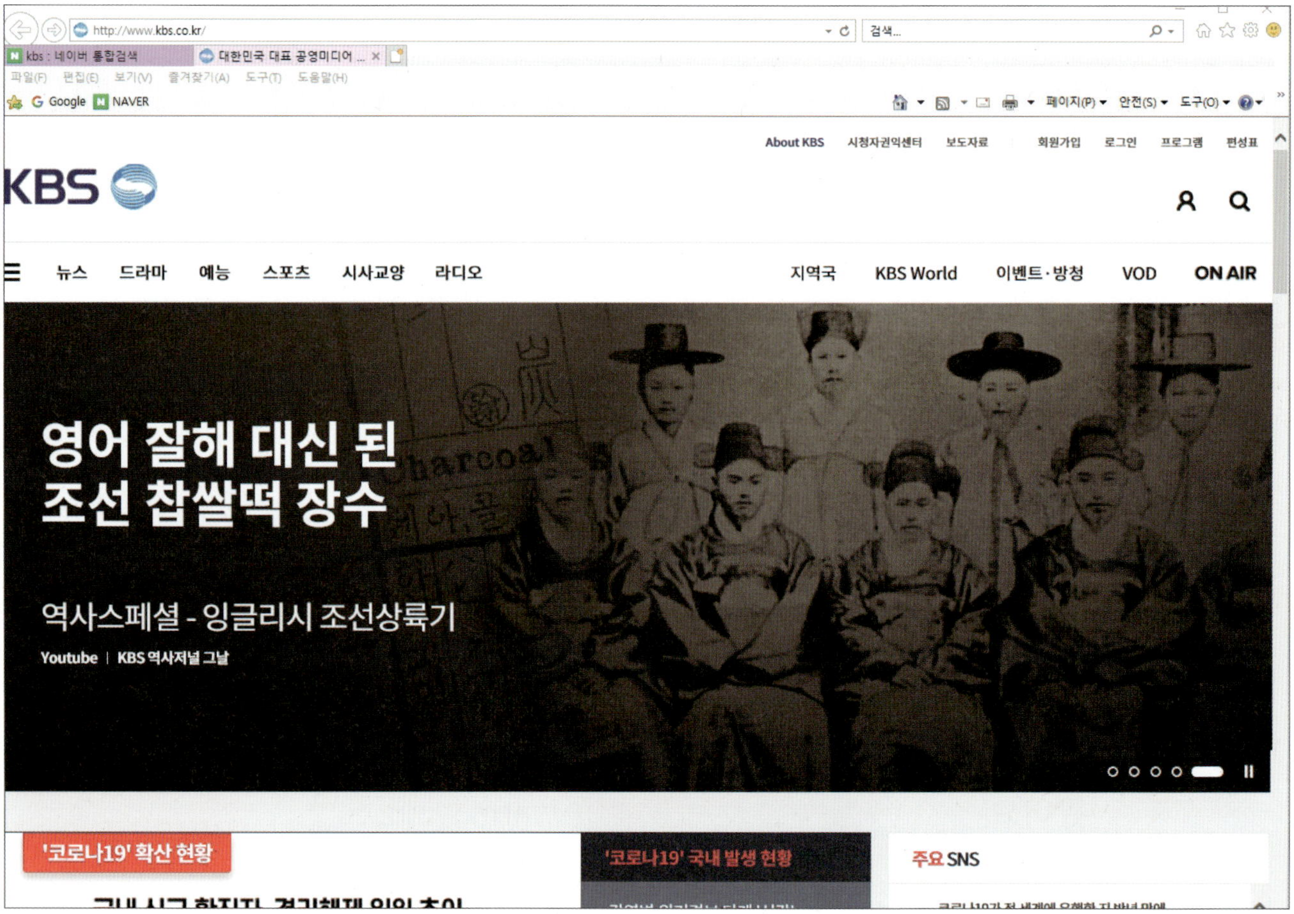

여기서 배워요! KBS 사이트에 회원 가입하기, 드라마 시청하기

STEP 1 KBS 사이트에 회원 가입하기

1 '네이버' 사이트에 접속한 후 검색란에 'kbs'를 입력하고 Enter↵ 를 누릅니다. 검색 목록에서 [대한민국 대표 공영미디어 KBS]를 클릭합니다.

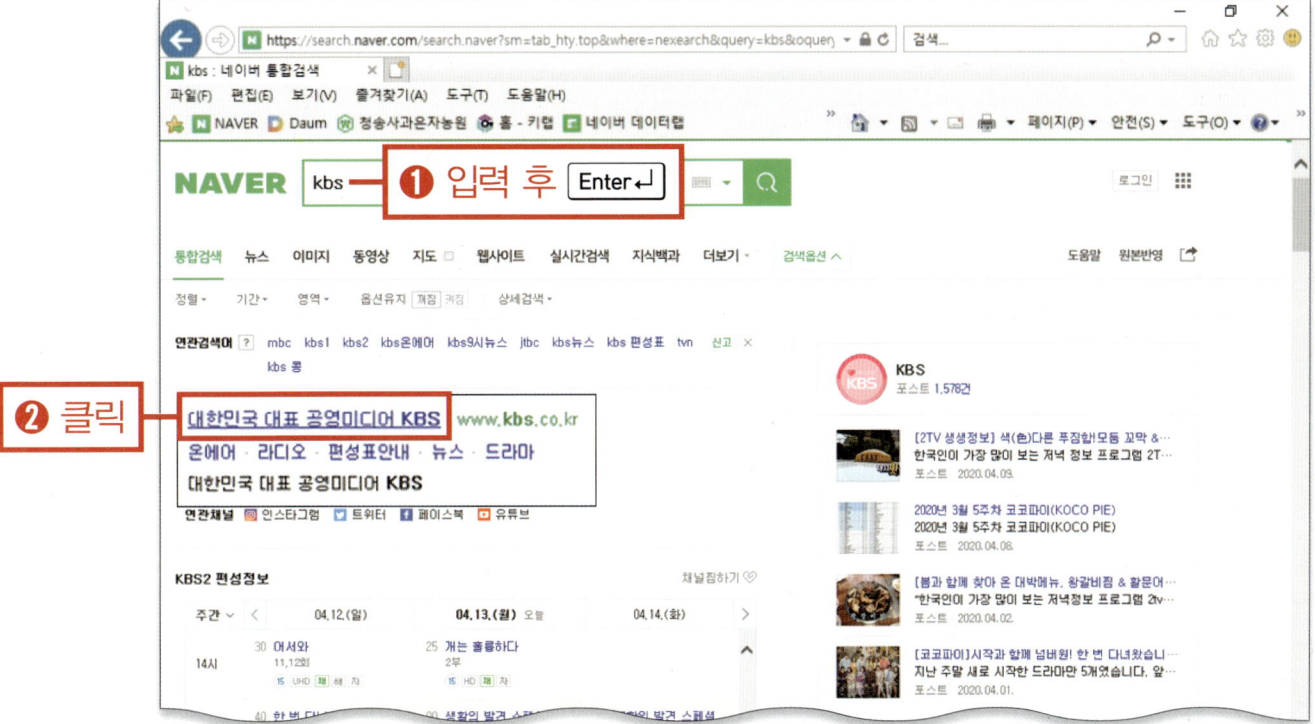

2 'KBS' 메인 화면이 나타나면 오른쪽 상단 메뉴에서 [회원가입] 단추를 클릭합니다. 'KBS 회원'에서 [일반회원 만 14세 이상]을 클릭합니다.

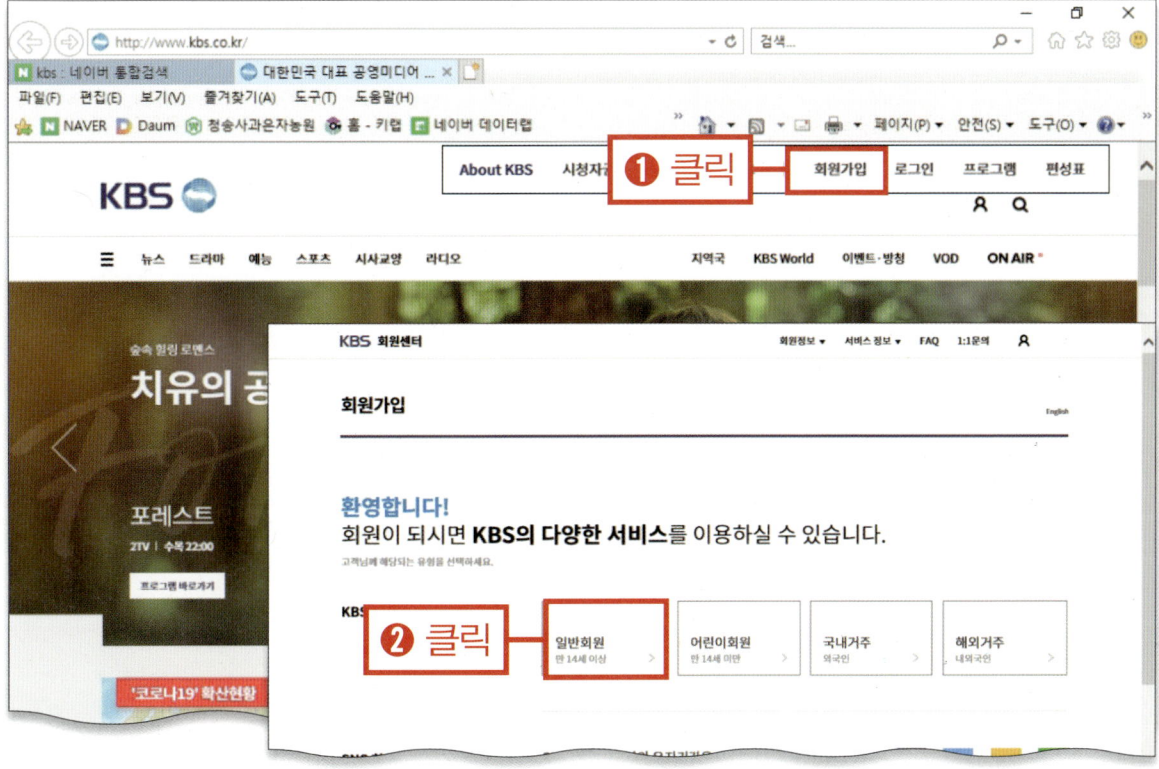

CHAPTER 18 인터넷을 이용한 드라마 보기 | 131

3 '약관 동의'의 필수 항목들을 모두 체크하고 [다음]을 클릭합니다.

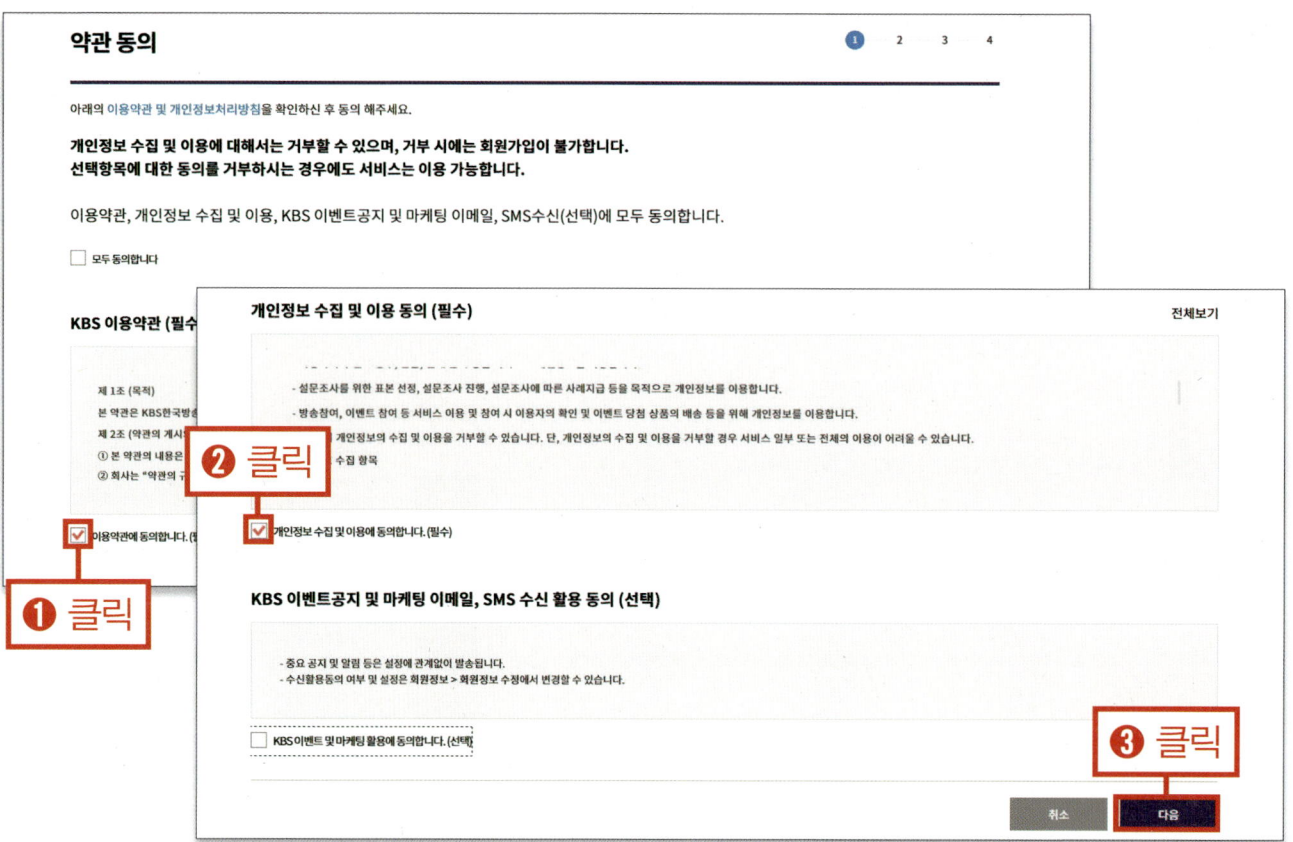

 '필수'라고 적힌 항목들은 모두 클릭하여 체크 표시하도록 합니다. '선택'으로 적힌 항목들은 개인 정보를 마케팅 용도로 활용한다는 내용으로 체크하지 않아도 됩니다.

4 '본인인증'을 하기 위해 [휴대폰 인증]을 클릭합니다.

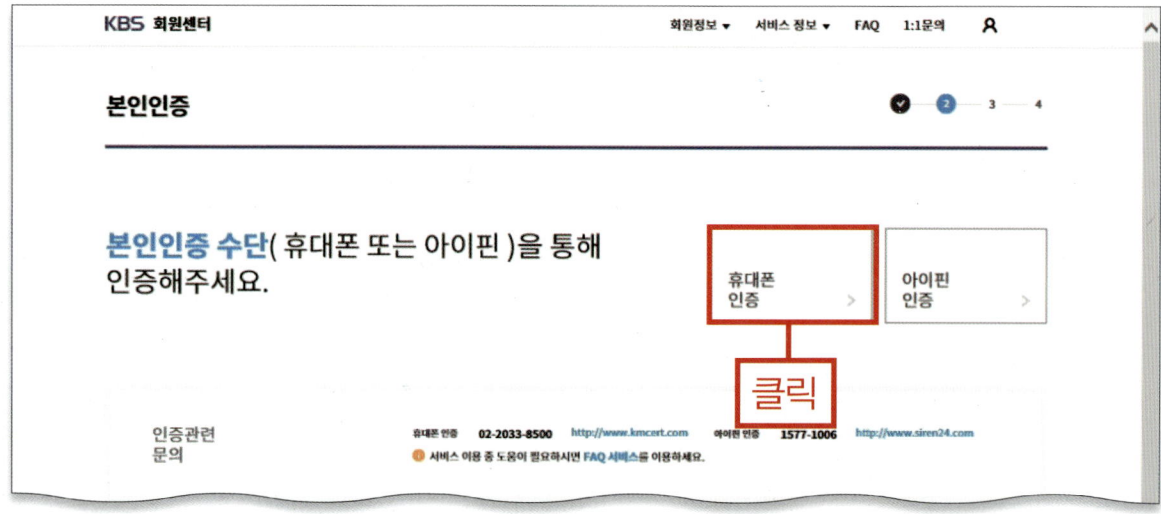

5 '휴대폰 인증' 대화상자에서 이용 중인 통신사를 선택한 후 '약관 동의'의 '필수' 항목들을 모두 체크하고 [시작하기]를 클릭합니다. [문자인증]을 클릭한 후 자신의 휴대폰 가입 정보와 보안숫자를 입력하고 [확인]을 클릭합니다. 휴대폰으로 인증번호가 오면 입력한 후 [확인]을 클릭합니다.

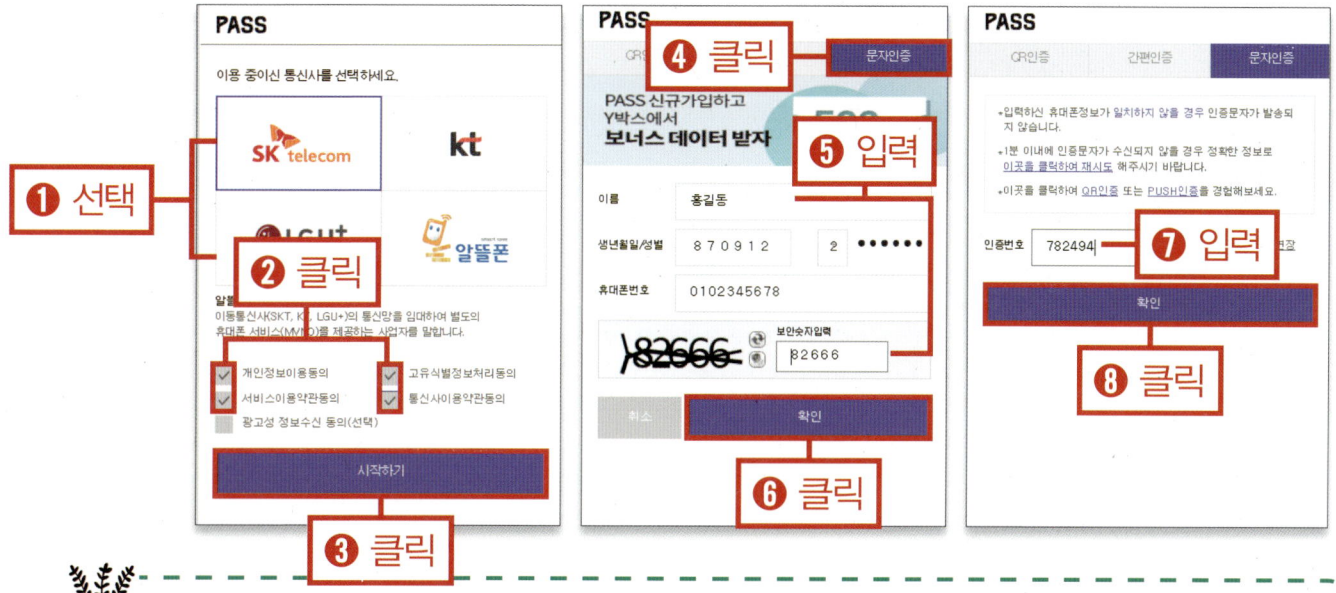

> 조금 더 배우기
> 인증을 위한 프로그램을 설치하라는 대화상자가 나타나면 설치합니다. '개인정보이용동의' 대화상자가 나타나면 내용을 확인한 후 [닫기]를 클릭합니다.

6 '정보입력' 화면이 나타나면 정보를 기입한 후 [가입완료]를 클릭합니다.

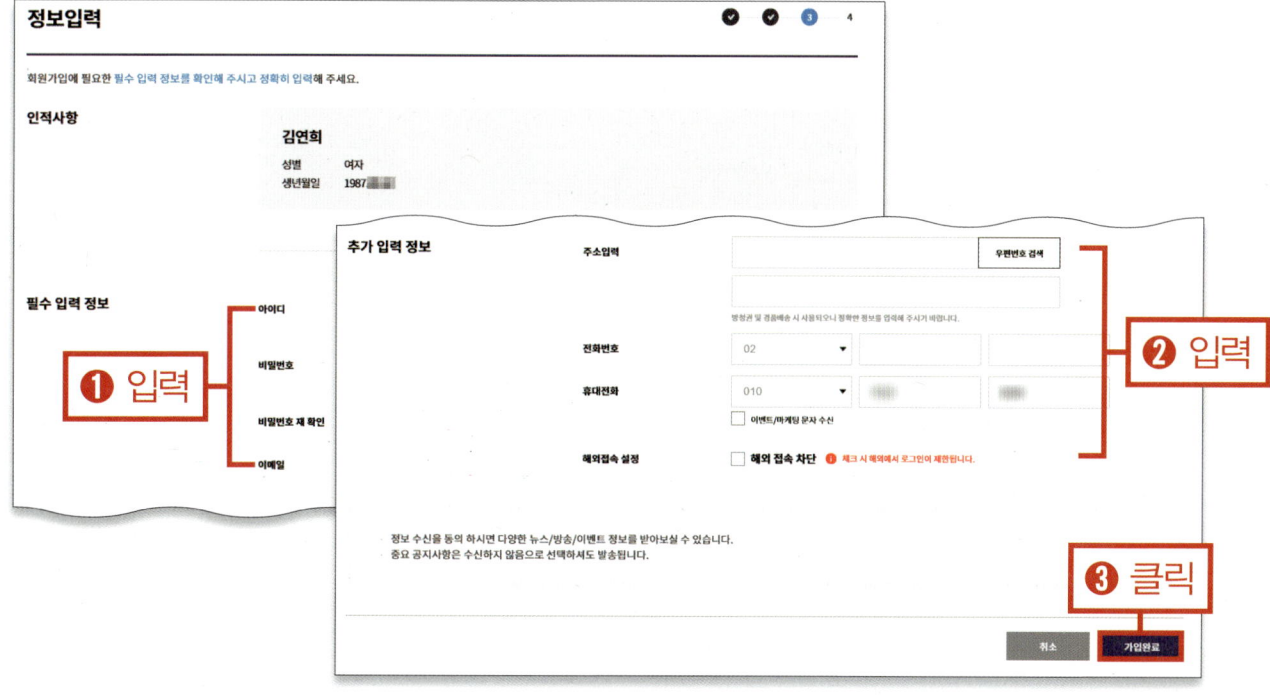

7 '가입 완료' 화면이 나타나면 [로그인]을 클릭합니다. '아이디'와 '비밀번호'를 입력하고 [로그인]을 클릭합니다.

STEP 2 드라마 시청하기

1 왼쪽 상단 메뉴에서 [드라마]를 클릭한 후 보고 싶은 드라마를 선택합니다.

2 [방송보기]를 클릭한 후 [다시보기]를 클릭합니다.

3 보고 싶은 회차를 클릭하고 [재생](▶) 단추를 눌러 줍니다.

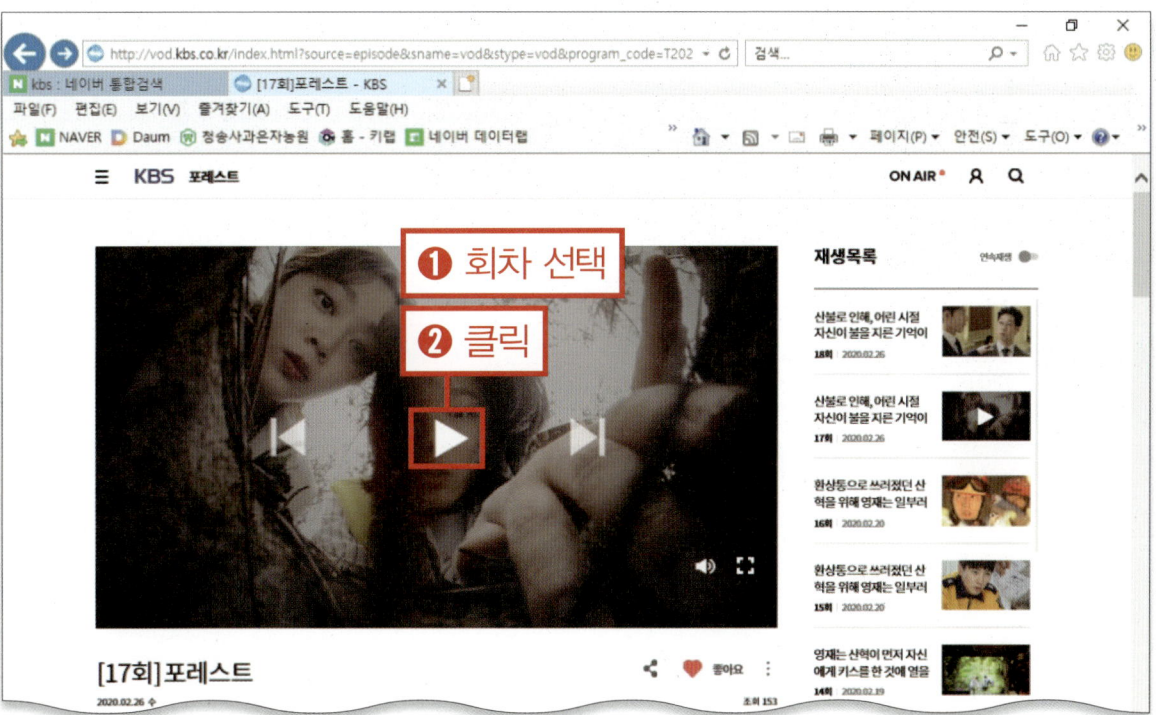

> 조금 더 배우기: 3주 이전의 회차는 '전체 보기'가 가능하고 최근 회차는 '3분 보기'만 지원해 줍니다.

CHAPTER 19

인터넷을 이용한 예약하기

POINT

인터넷을 통해 기차 예약, 버스 예약, 영화, 공연 등을 조회하고 예약할 수 있습니다. 이번 장에서는 열차를 조회하여 예매하는 법과 영화 예매 방법에 대해 배워 보도록 하겠습니다.

완성 화면 미리 보기

여기서 배워요!

코레일 회원 가입하기, 기차 예매하기, CGV 영화 예매하기

STEP 1 기차 예매하기

1 ······ '네이버' 검색란에 '코레일'을 검색한 후 'KORAIL 한국철도공사' 사이트에 접속합니다. 이후 왼쪽 상단의 [통합회원가입]을 클릭합니다.

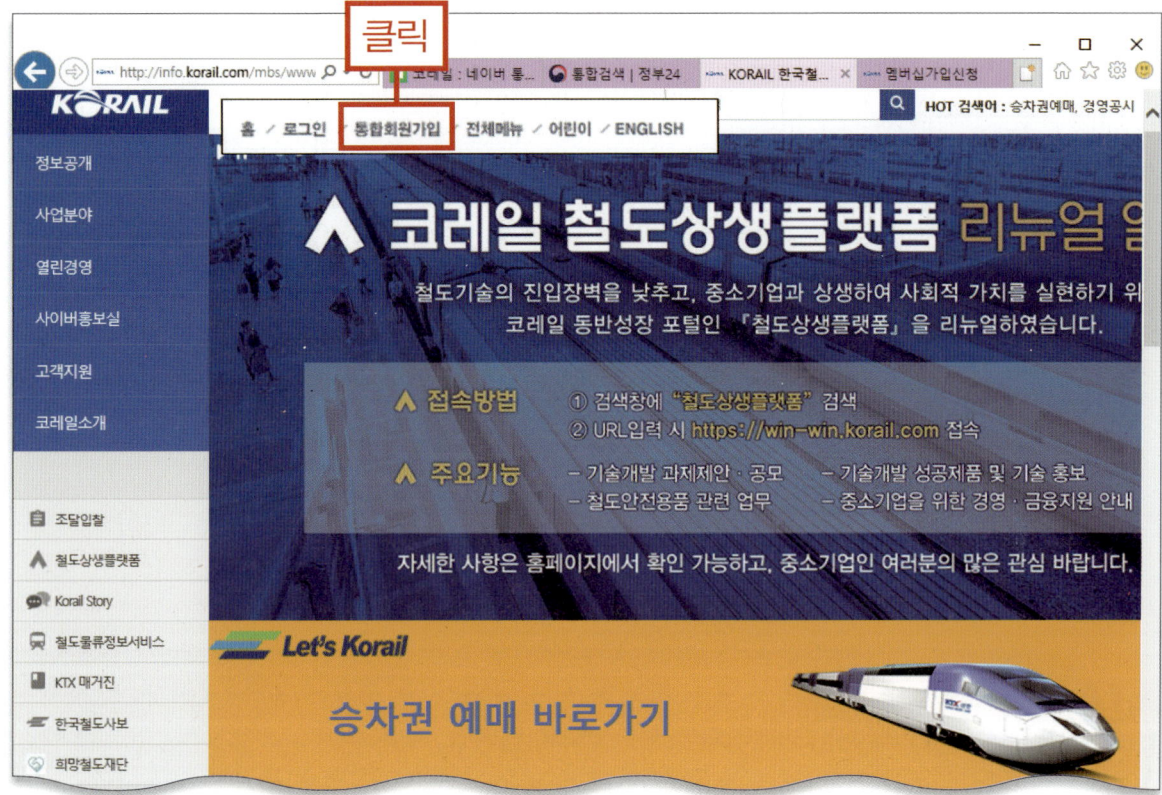

2 ······ '멤버십가입신청' 화면이 나타나면 [만14세 이상의 고객]을 클릭합니다.

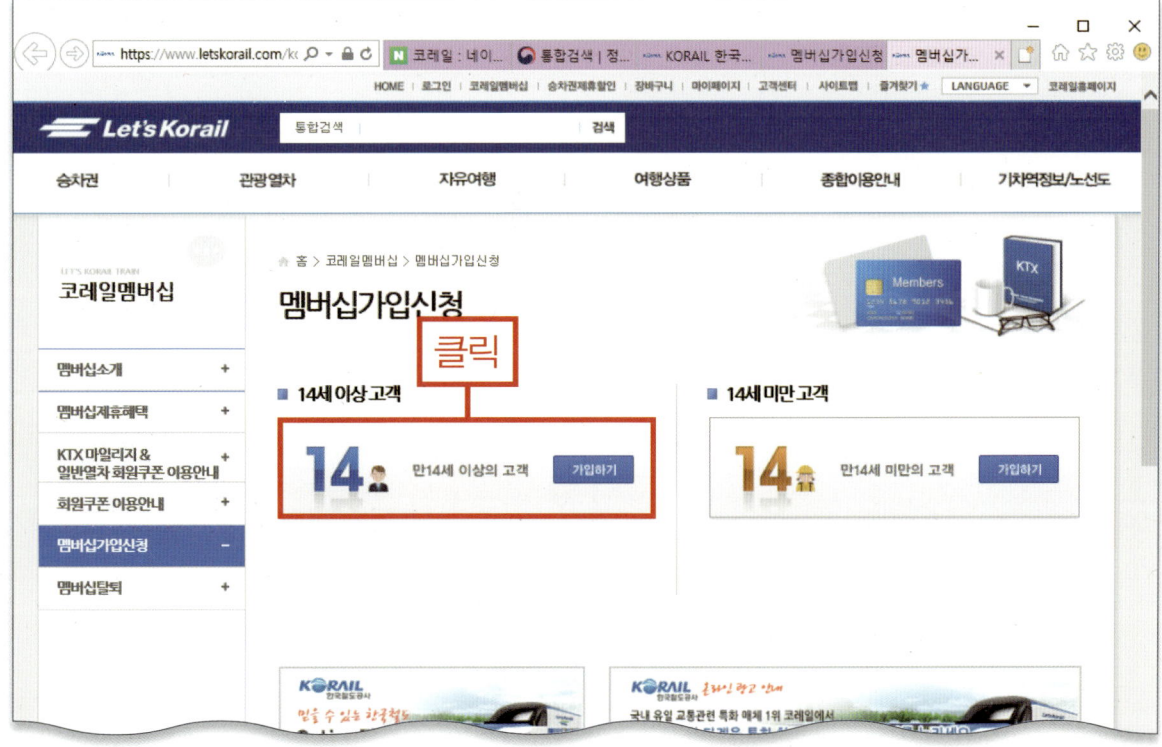

3 '회원가입 여부확인' 화면이 나타나면 '휴대전화로 인증'의 [확인]을 클릭하여 인증 과정을 진행합니다.

 '휴대폰 인증' 과정은 133페이지를 참고하도록 합니다.

4 이후 [코레일멤버십가입] 단추를 클릭합니다. '약관동의' 화면이 나타나면 약관을 확인한 후 클릭하여 체크 표시한 다음 [확인]을 클릭합니다.

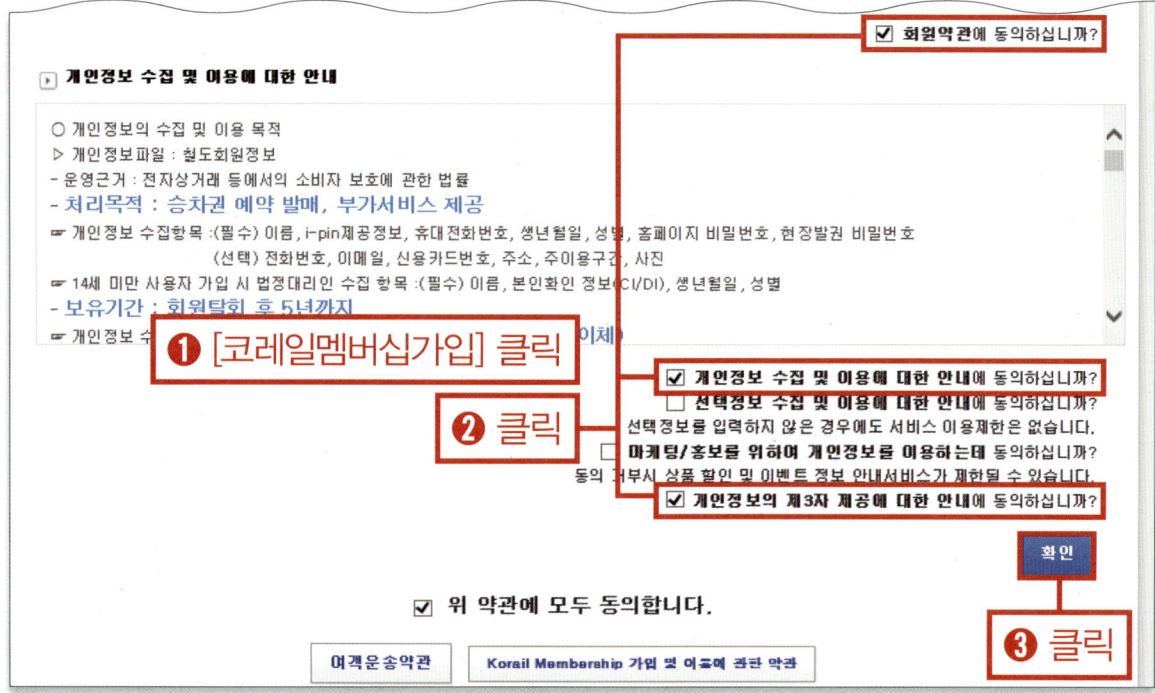

5 '멤버십 가입 신청' 화면이 나타나면 필수 표시된 항목(*)을 입력한 후 [신청]을 클릭합니다. 가입이 완료되면 '회원번호'를 반드시 확인하여 적어 둡니다.

 '회원 가입'을 하고 로그인을 한 후 예매를 해야 마일리지가 적립됩니다. 회원번호를 외우기 힘든 경우 휴대폰 인증을 통해 휴대폰 번호를 이용하여 로그인하도록 합니다.

6 가입이 완료되면 [로그인]을 클릭합니다. '코레일멤버십번호'와 '비밀번호'를 입력한 후 [확인]을 클릭합니다. 로그인되면 상단의 [마이페이지]를 클릭합니다.

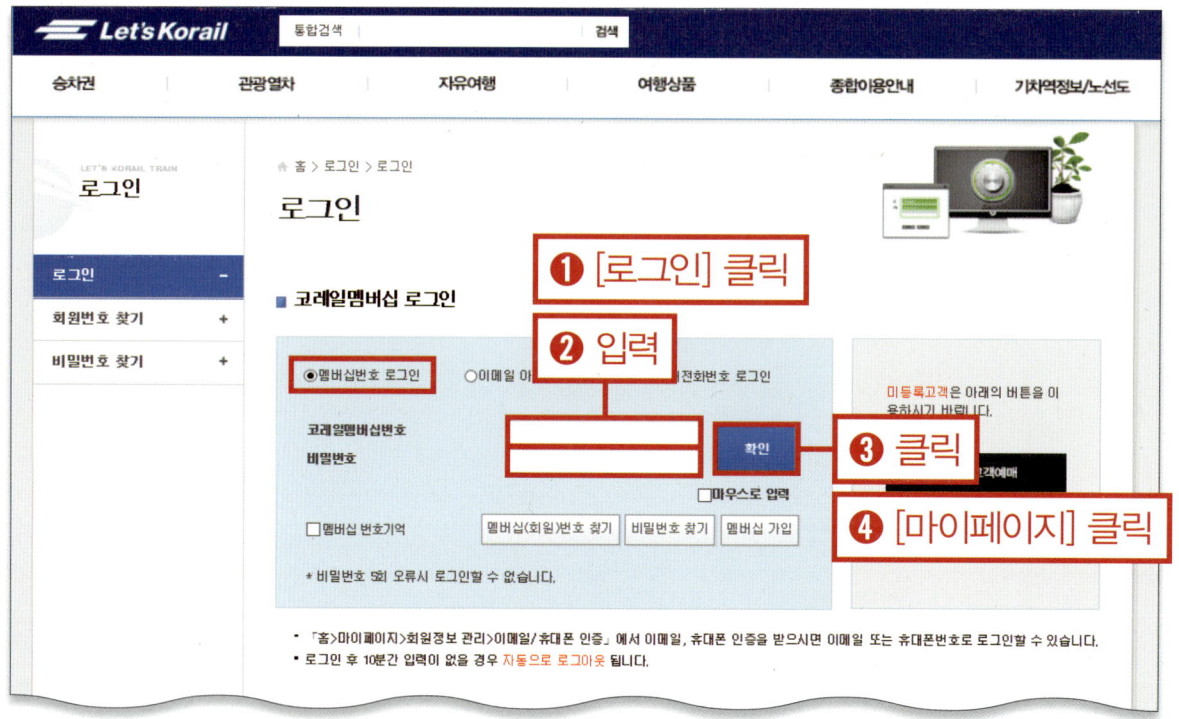

7 '마이페이지' 화면에서 [휴대폰 인증/변경]을 클릭합니다.

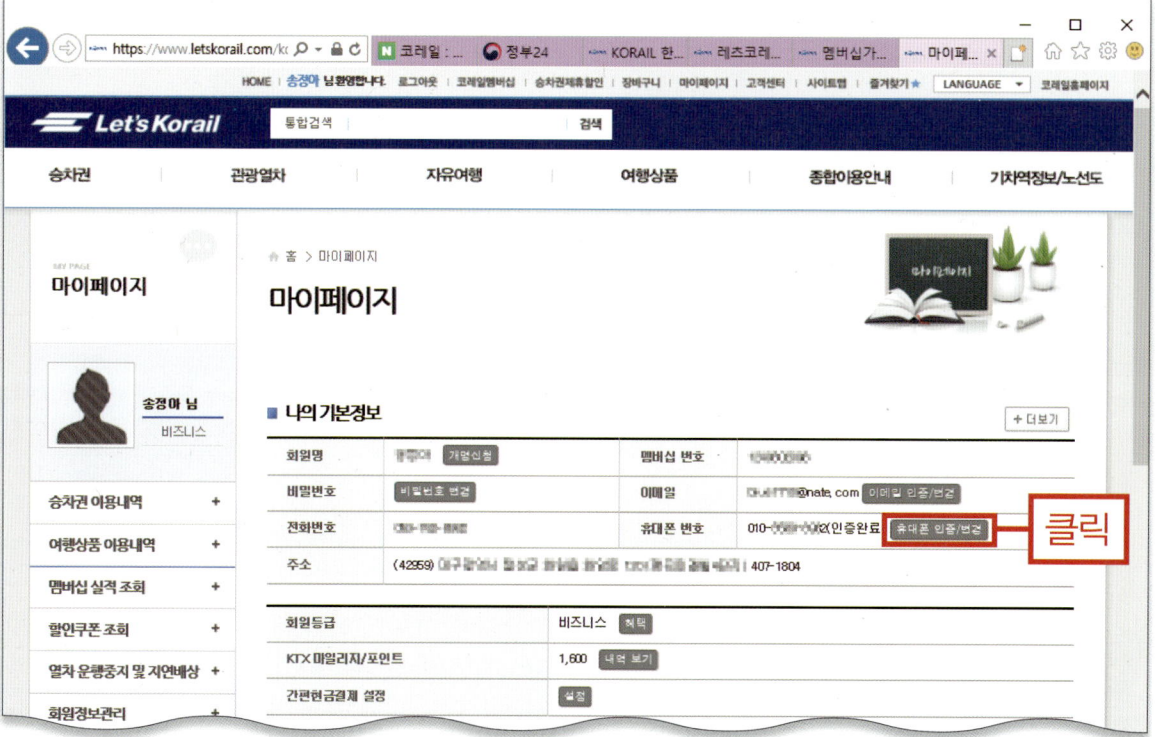

8 '이메일/휴대폰 인증' 화면에서 '휴대폰 인증/변경'의 [인증요청]을 클릭한 후 '휴대폰인증' 대화상자가 나타나면 자신의 휴대폰으로 온 인증번호를 '인증번호'란에 입력한 후 [입력]-[확인]을 클릭합니다.

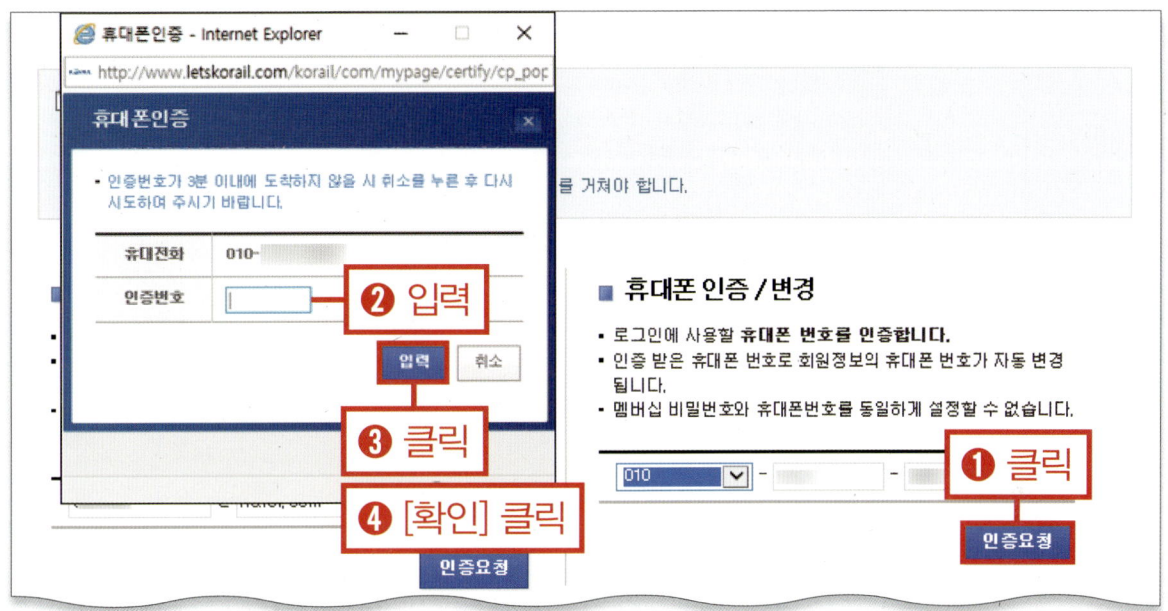

 인증이 완료되면 코레일 메인 화면 상단에 [로그인]을 클릭합니다. [휴대전화번호 로그인]을 클릭하고 '휴대전화'와 '비밀번호'를 입력한 후 [확인]을 클릭하여 로그인하도록 합니다.

9 상단 메뉴에서 [승차권]을 클릭합니다. '인원 정보', '출발역', '도착역', '출발일', '출발 시간'을 입력하고 [조회하기]를 클릭합니다. 인원 정보가 맞는지 확인 창이 나타나면 [확인] 단추를 클릭합니다.

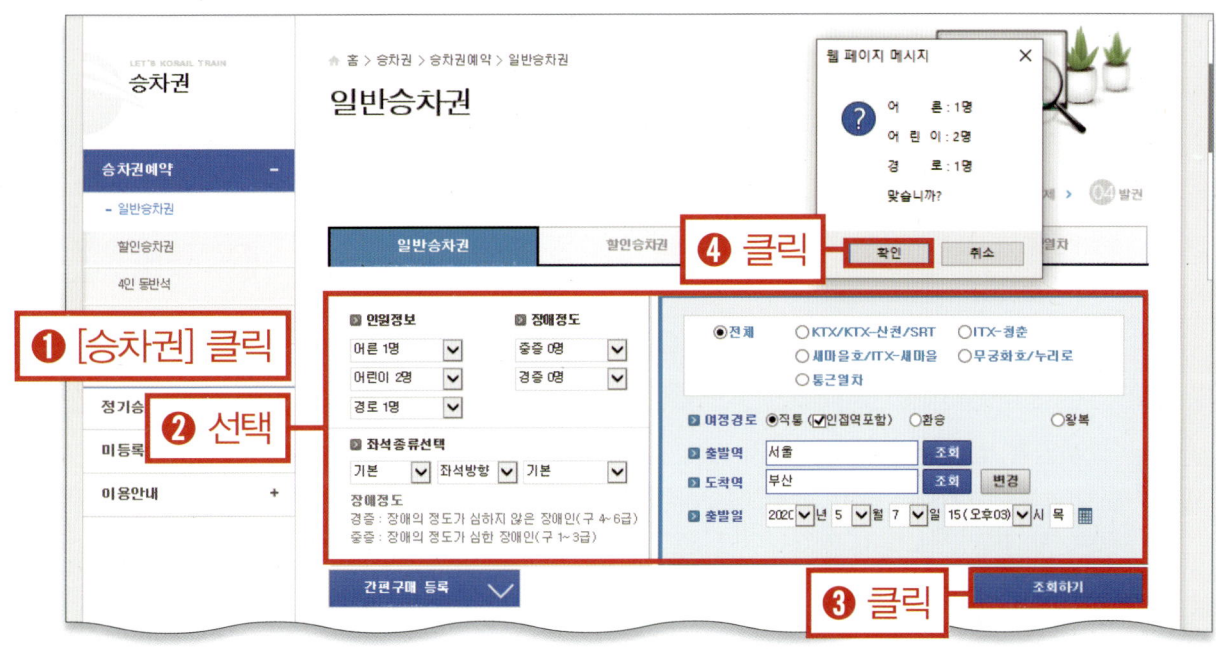

10 조회 결과에서 원하는 열차의 [예매] 단추를 클릭합니다.

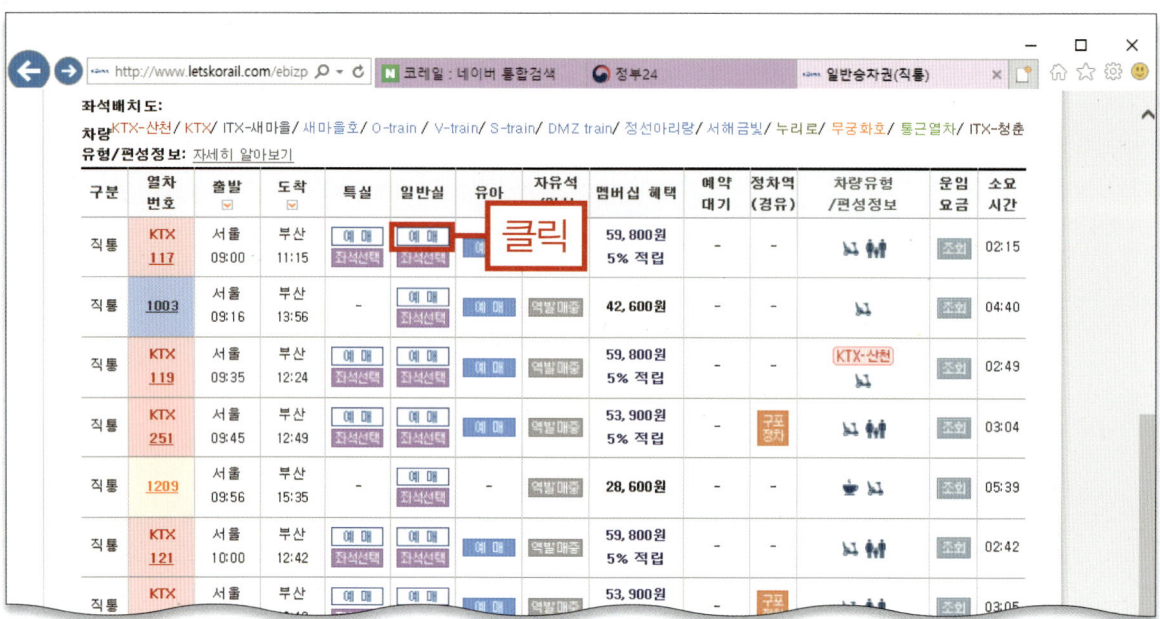

11 좌석 정보와 운임을 확인하고 [결제하기]를 클릭합니다. 신용카드를 이용하여 결제할 수 있습니다. 승차권은 프린터를 이용하여 발급받을 수 있습니다.

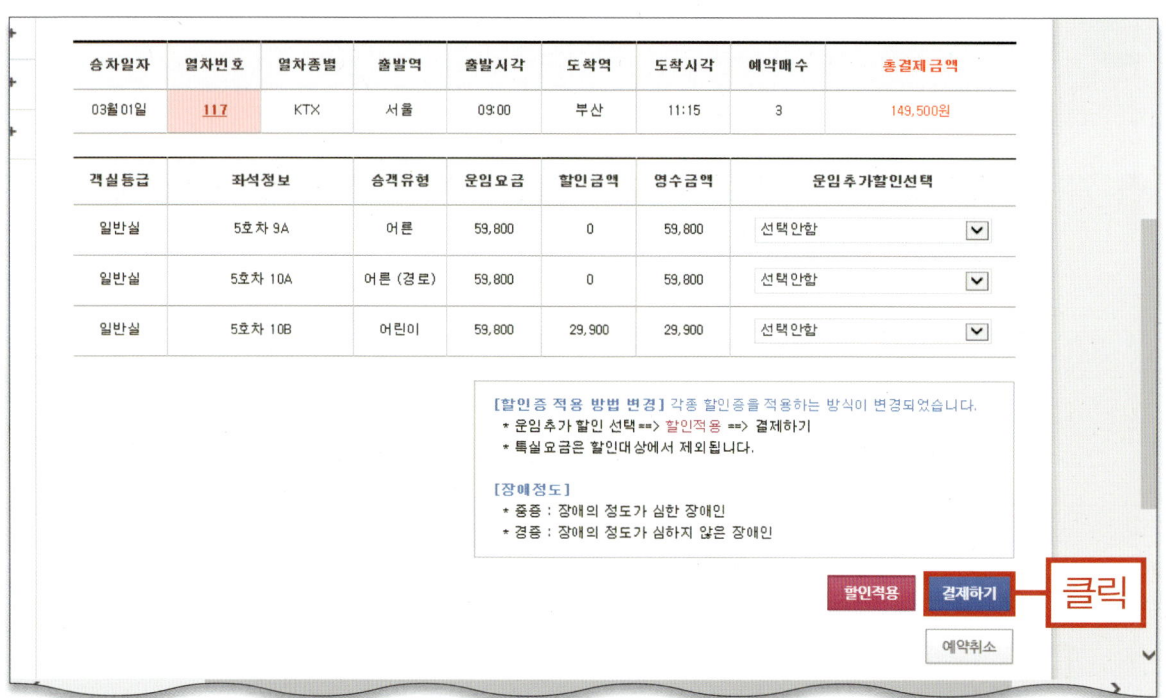

 **'코레일톡' 앱 설치하고 예매하기**

스마트폰의 [Play 스토어] 앱을 실행하여 '코레일톡'을 검색한 후 설치합니다. 설치가 완료되면 로그인을 합니다. 앱을 통해 열차를 조회하고 예매할 수 있습니다.

STEP 2 영화 예매하기

1 '네이버' 사이트에 접속한 후 검색란에 'CGV'를 입력하고 Enter를 누릅니다. 검색 목록에서 [영화 그 이상의 감동, CGV]를 클릭합니다.

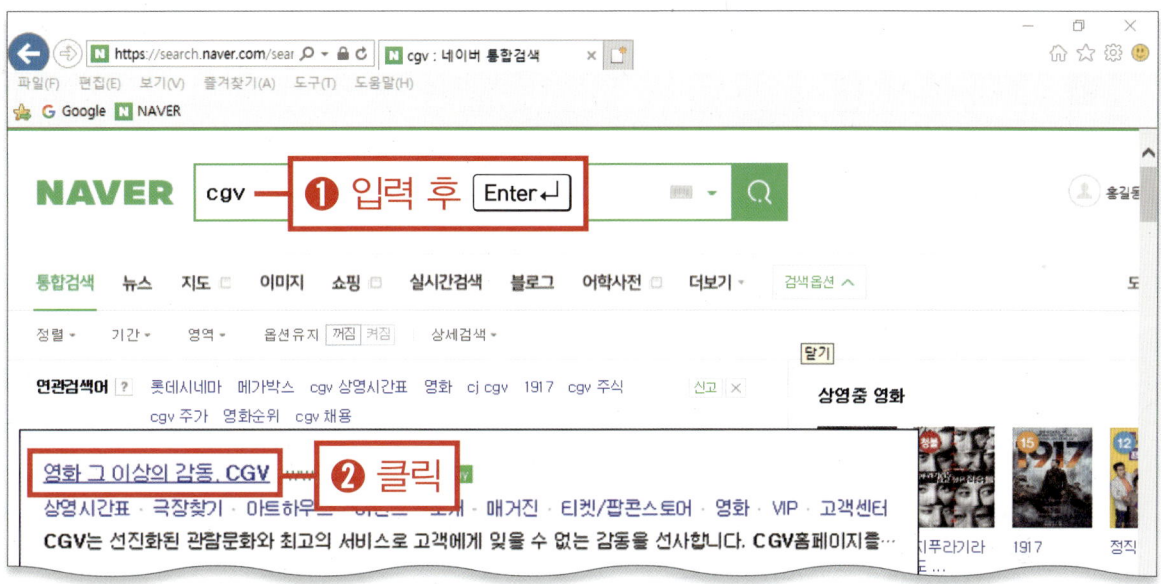

2 가입이 되어 있다면 [로그인]을 클릭하여 '아이디'와 '비밀번호'를 눌러 로그인을 합니다. 그렇지 않다면 [회원가입]을 한 후 로그인하도록 합니다. 상단 메뉴에서 [예매]-[빠른예매]를 차례대로 클릭합니다. '영화', '극장', '날짜', '시간'을 선택한 후 [좌석선택]을 클릭합니다.

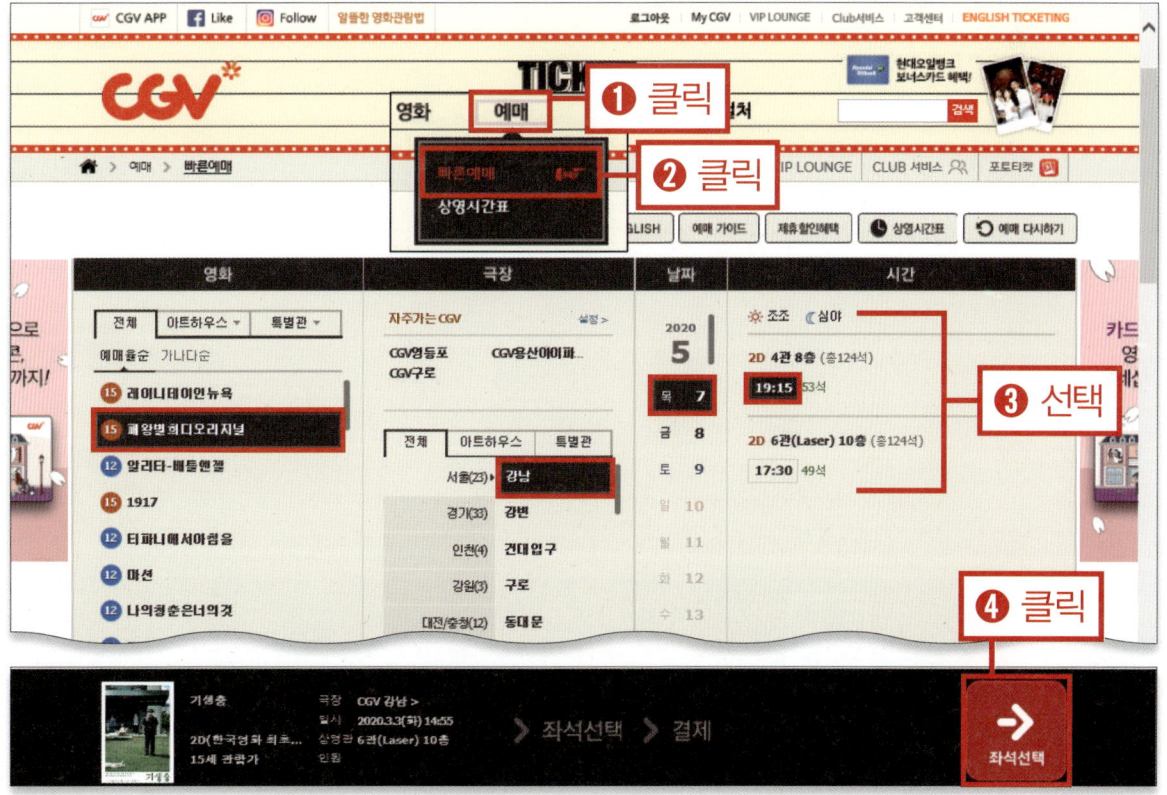

CHAPTER 19 인터넷을 이용한 예약하기 | **143**

3 '인원'을 선택한 후 원하는 '좌석'을 클릭합니다. 이후 [결제선택]을 클릭합니다.

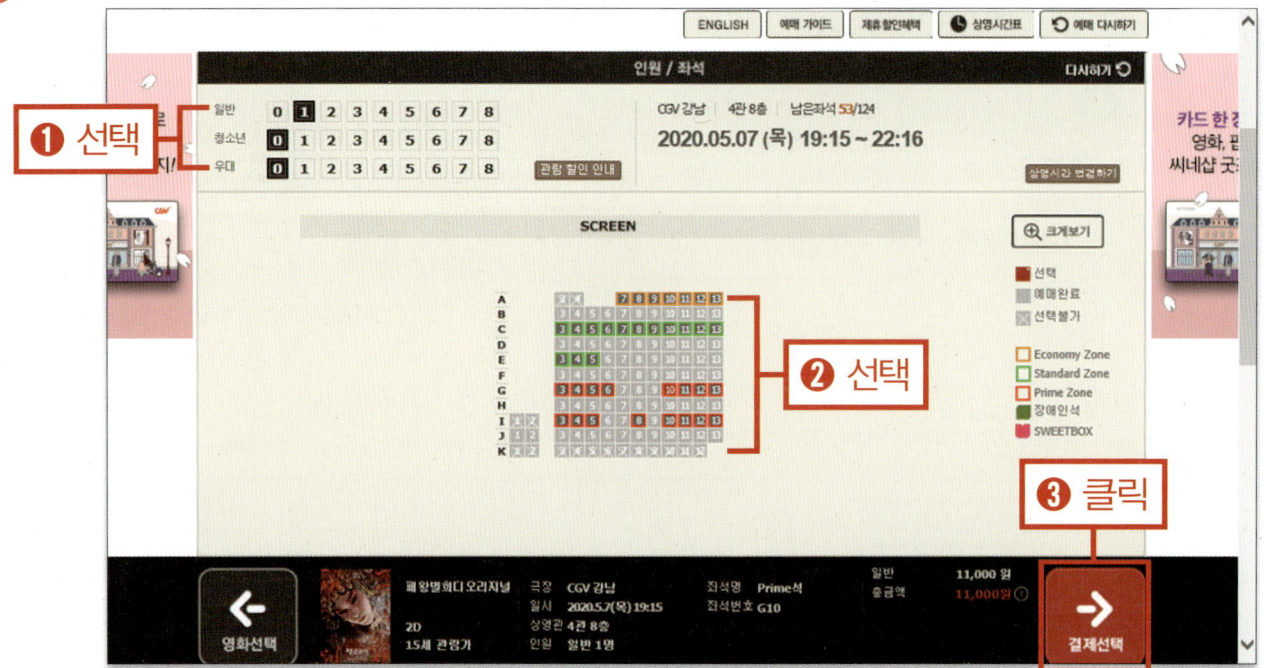

4 '결제 수단' 화면이 나타나면 '최종결제 수단'을 선택한 후 [결제하기]를 클릭합니다. 결제가 완료되면 '예매번호'가 발급됩니다. 이 예매번호를 이용하여 극장에서 표를 출력할 수 있습니다. 또한, 예매 내역은 'My CGV'에서 확인할 수 있습니다.

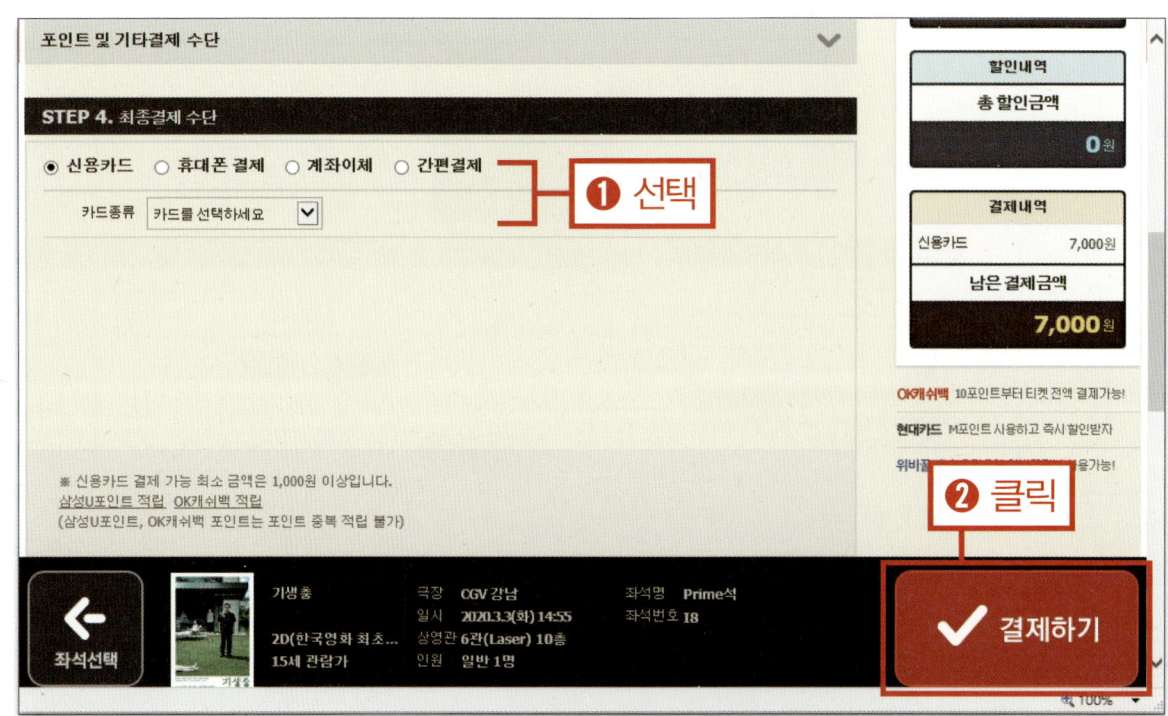

CHAPTER 20

인터넷을 이용한 민원 업무하기

POINT

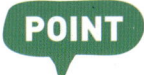

은행에서 공인인증서를 발급받아 컴퓨터에 저장해 두면 각종 민원 업무와 금융 업무, 은행 업무를 직접 방문하지 않고 처리할 수 있습니다. 이번 장에서는 정부24에 방문하여 주민등록등본을 조회하고 발급받는 방법을 알아봅니다.

완성 화면 미리 보기

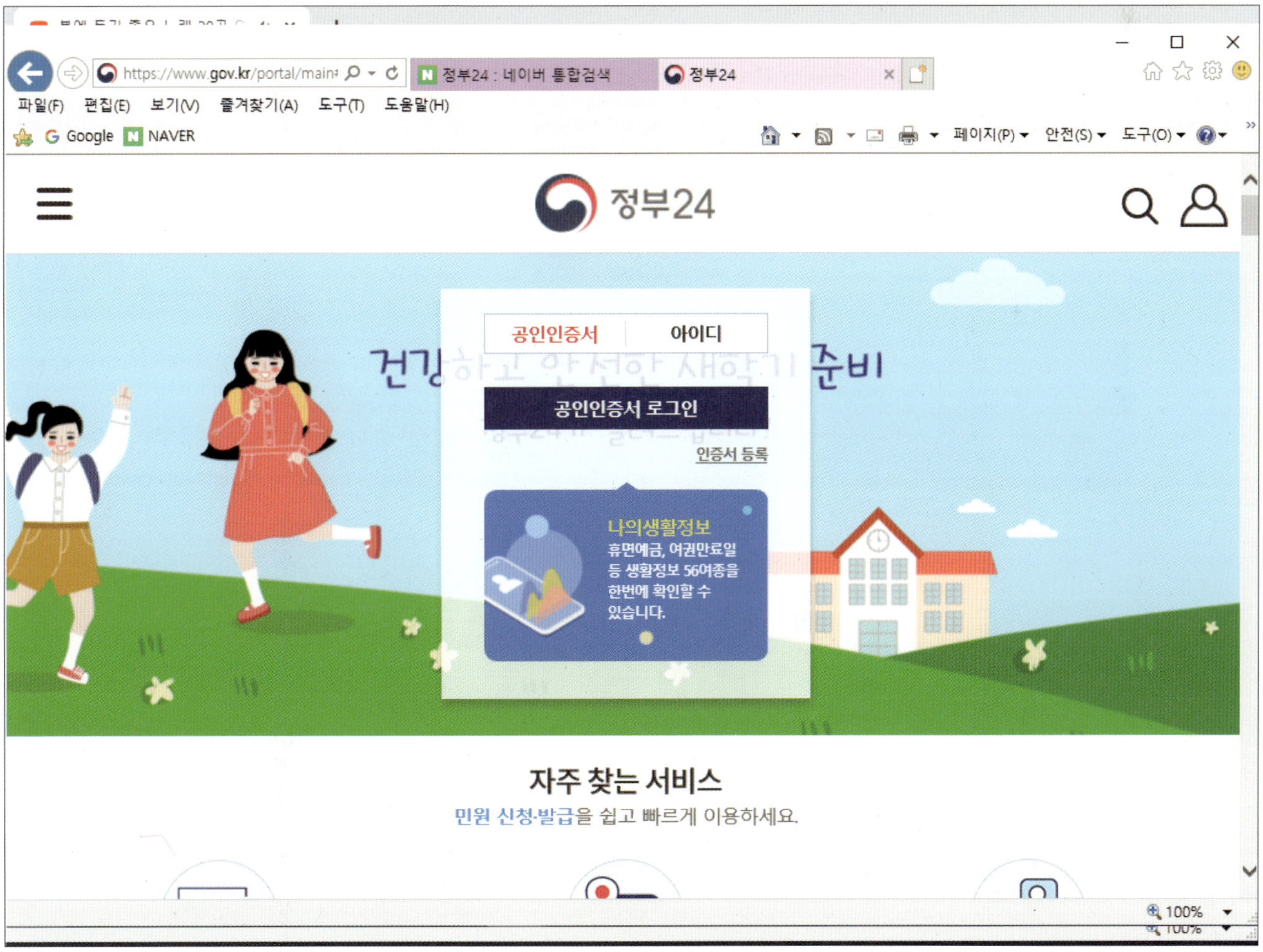

여기서 배워요! 정부24 공인인증서 등록하기, 주민등록등본 조회하고 출력하기

STEP 1 정부24를 이용한 민원서류 발급하기

1 '네이버' 사이트에 접속한 후 검색란에 '정부24'를 입력하고 Enter↵를 누릅니다. 검색 목록에서 [정부24]를 클릭합니다.

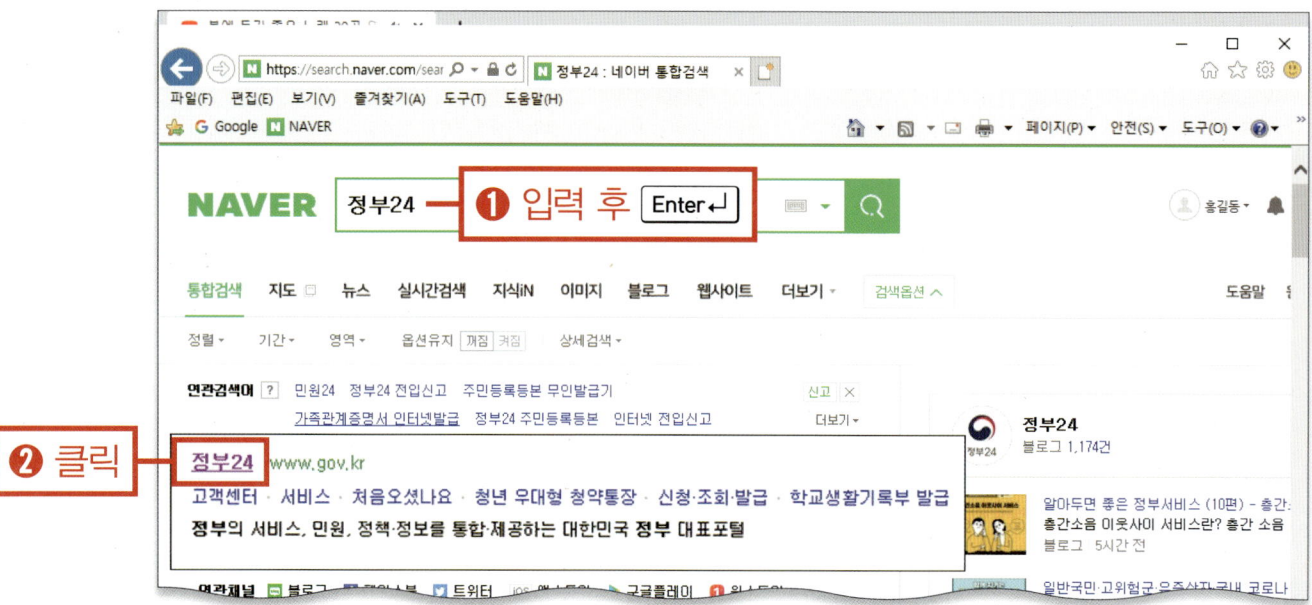

2 '정부24' 메인 화면에서 [로그인](👤)을 클릭합니다.

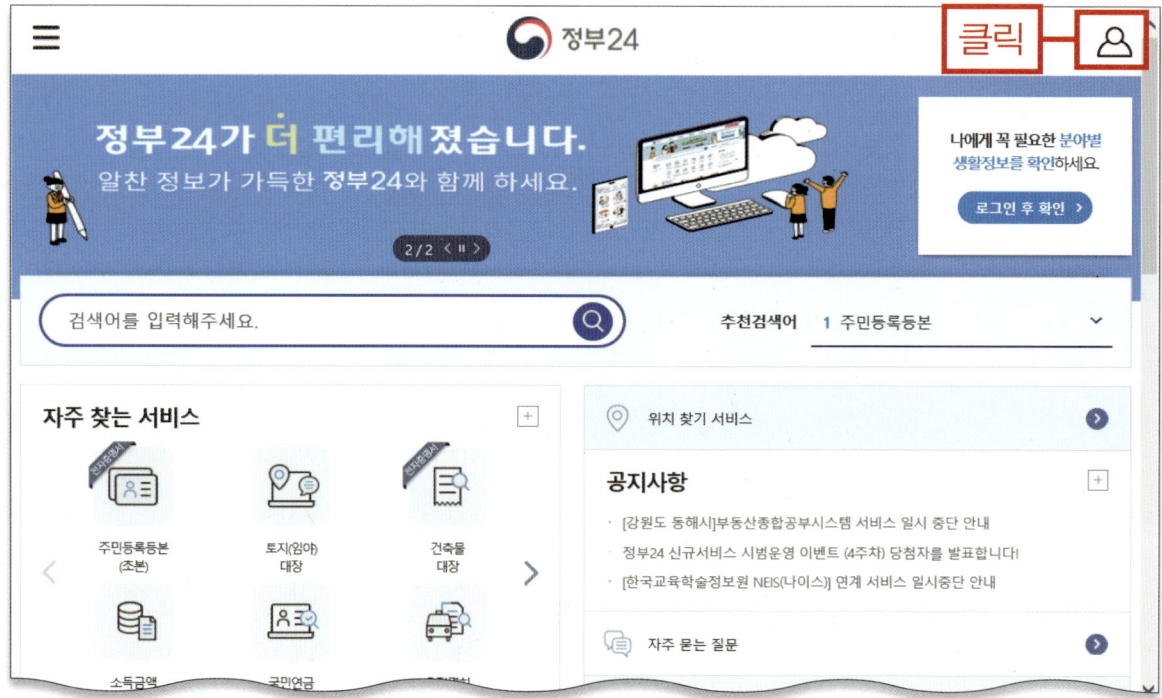

 '공인인증서'란 공인인증기관에서 발급하는 전자 증명서로 전자상거래가 보편화되면서 온라인 금융 거래시 거래자의 신원 확인과 증명을 위해 도입되었습니다. 그러나, 발급 과정이 번거롭고 보관과 갱신의 불편 등의 이유로 2020년 5월 20일 〈전자서명법〉의 정부개정안이 국회를 통과하면서 공인인증서 제도는 폐지되고 민간에서 운영하는 전자서명으로 대체될 예정입니다.

3 '로그인' 화면이 나타나면 [공인인증서 로그인]을 클릭합니다.

4 '인증서 입력 (전자서명)' 대화상자가 나타나면 자신의 공인인증서가 저장된 '인증서 위치'를 선택합니다. 인증서를 확인한 후 '인증서 암호'를 입력한 다음 [확인]을 클릭합니다.

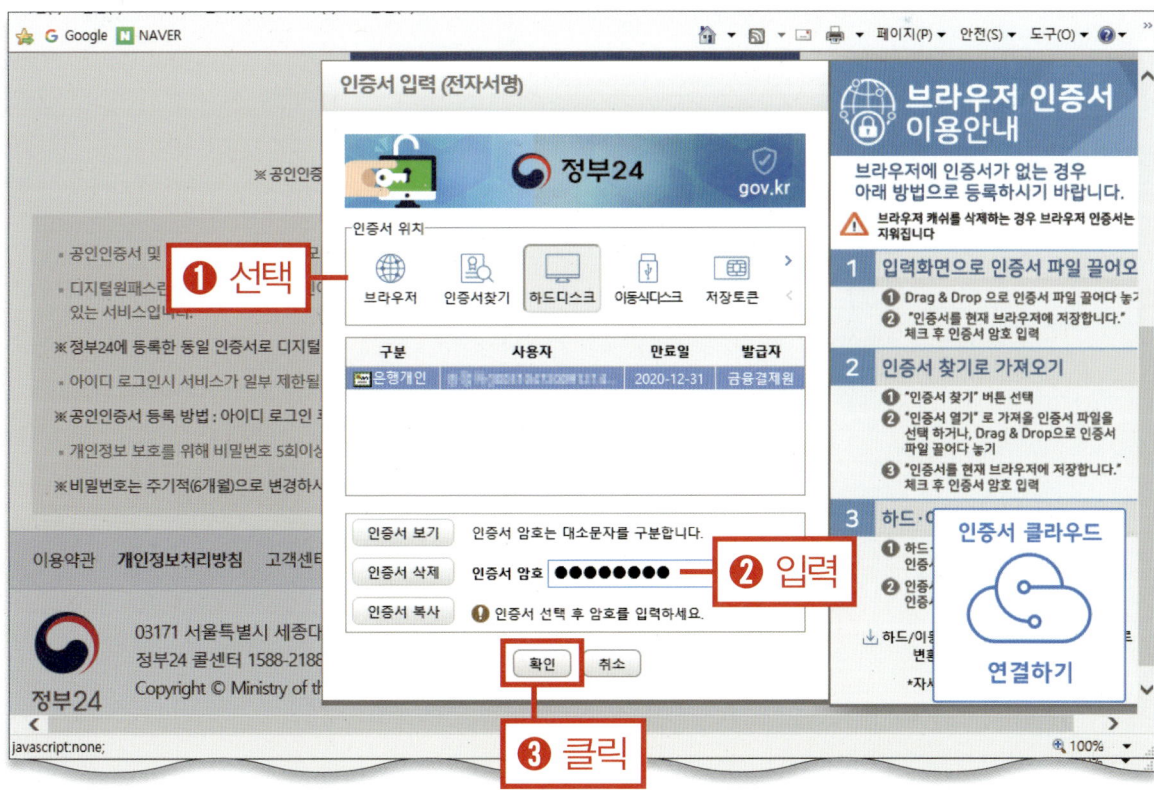

CHAPTER 20 인터넷을 이용한 민원 업무하기 | **147**

5 '정부24' 사이트 메인 화면에서 '자주 찾는 서비스' 메뉴에 있는 [주민등록등본(초본)]을 클릭합니다.

6 '민원안내 및 신청'에서 [신청하기]를 클릭합니다.

7 주민등록상의 주소를 '시-군'까지 입력합니다. '수령방법'은 [온라인발급(본인출력)]으로 되어 있는 것을 확인한 후 [민원신청하기]를 클릭합니다.

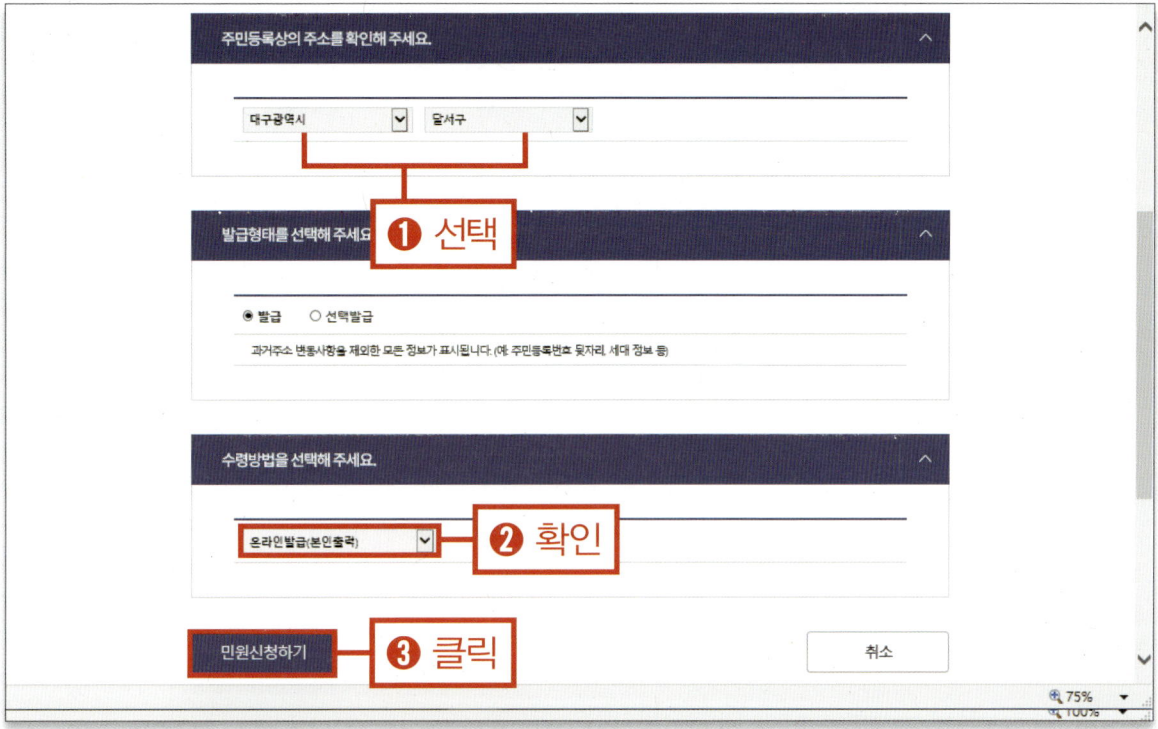

8 '서비스 신청내역'에서 신청한 문서를 확인한 후 [문서출력]을 클릭하고 [인쇄]를 클릭하여 출력합니다.

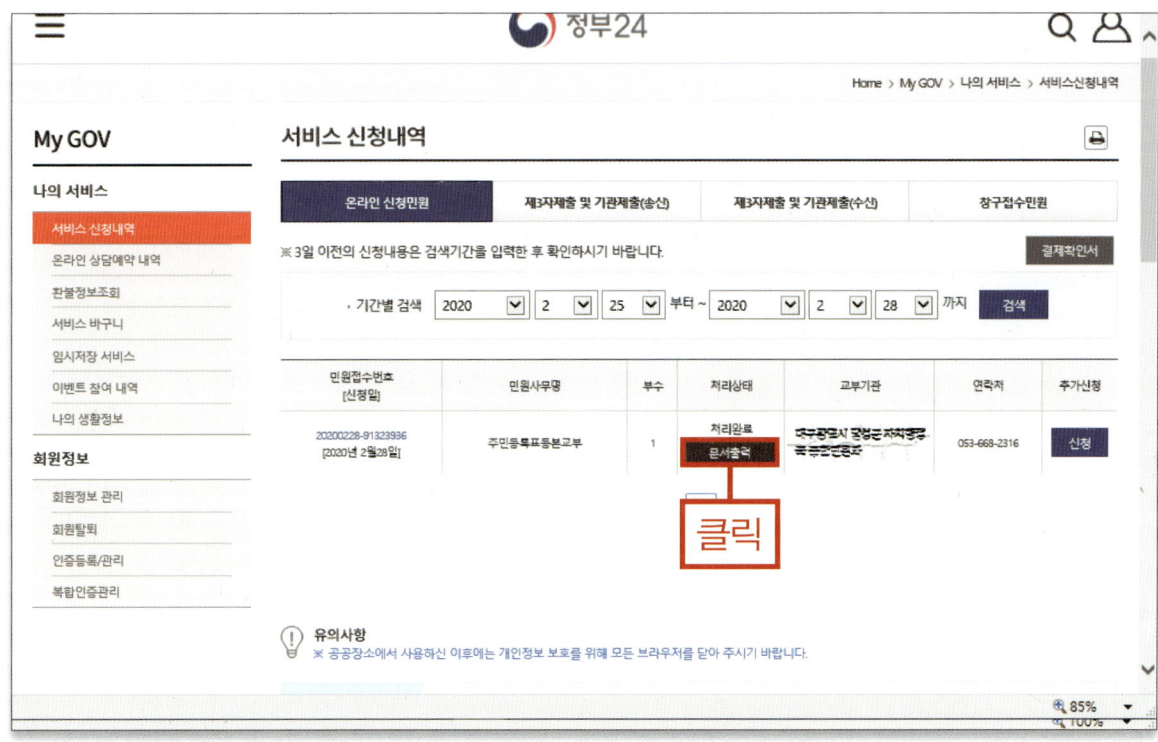

# 혼자서도 만들 수 있어요!

1 '코레일' 사이트를 이용하여 출발역 '서울', 도착역 '부산'으로 가는 'KTX' 열차를 검색해 보고 요금을 조회해 보세요.

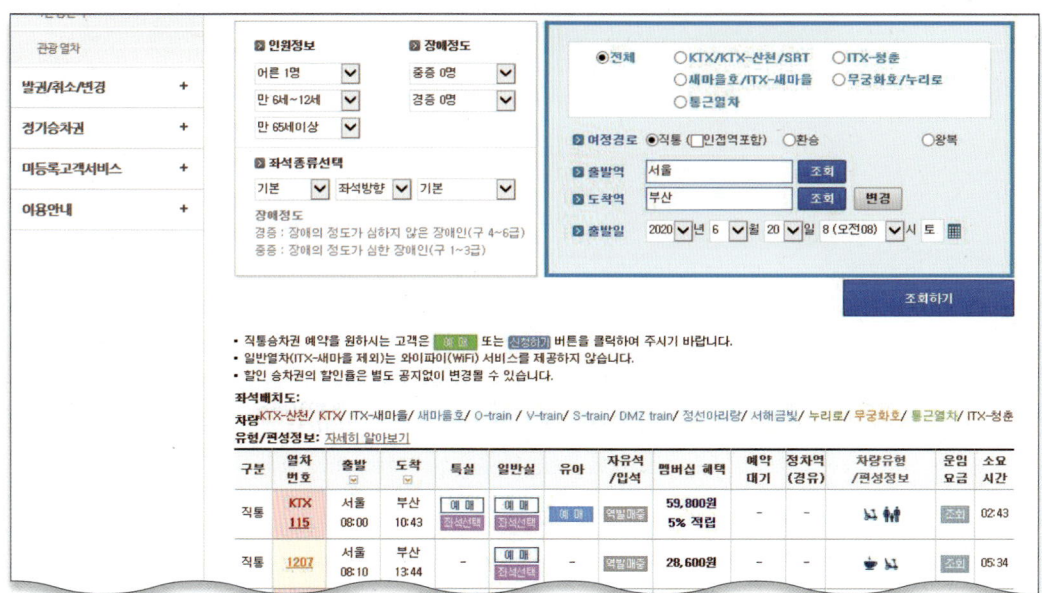

 **HINT** '네이버' 사이트에서 '코레일' 검색하여 사이트 클릭 → 출발지 : 서울, 도착지 : 부산, 날짜 입력 후 [조회] 클릭 → 출발시간의 [운임요금]에 [조회] 클릭

2 '정부24'에서 '건축물대장'을 열람해 보세요.

 **HINT** '네이버' 사이트에서 '정부24'를 검색하여 사이트 클릭 → '자주 찾는 서비스'의 [건축물대장] 신청 클릭 → 열람하고 싶은 건물의 도로명 주소를 입력하고 [민원신청하기] 클릭 → '서비스 신청내역'에서 신청한 문서를 확인

쓱 하고 싹 배우는
윈도우 10 & 인터넷

1판 1쇄 발행 2020년 7월 28일
1판 3쇄 발행 2023년 4월 27일

저　　자 | 송정아
발행인 | 김길수
발행처 | ㈜영진닷컴
주　　소 | 서울특별시 금천구 가산디지털1로 128 STX-V타워 4층 401호
등　　록 | 2007. 4. 27. 제16-4189호

ⓒ2020., 2023. ㈜영진닷컴

ISBN 978-89-314-6298-2

이 책에 실린 내용의 무단 전재 및 무단 복제를 금합니다.
파본이나 잘못된 도서는 구입하신 곳에서 교환해 드립니다.

초보자들도 쉽게 따라 하는
'쓱 하고 싹 배우는' 시리즈

큰 그림과 큰 글씨로 누구나 쉽고 재미있게 배울 수 있는 '쓱싹' 시리즈!
책에 담긴 생활 속 예제를 따라 하다 보면
프로그램의 기본 기능을 손쉽게 익힐 수 있습니다.

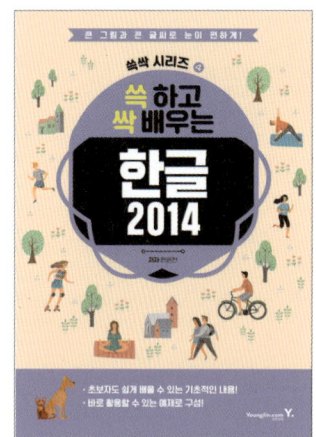

쓱 하고 싹 배우는
한글 2014

안은진 저 | 152쪽 | 10,000원

쓱 하고 싹 배우는
스마트폰

김재연 저 | 152쪽 | 10,000원

쓱 하고 싹 배우는
파워디렉터 17

김영미 저 | 152쪽 | 10,000원

쓱 하고 싹 배우는
파워포인트 2013

최홍주 저 | 152쪽 | 10,000원

쓱 하고 싹 배우는
엑셀 2013

최옥주 저 | 152쪽 | 10,000원